创新型教育学专业精品教材

教师职业道德与教育法律法规

黄志刚　钟增志　张琳林　主编

首都师范大学出版社
CAPITAL NORMAL UNIVERSITY PRESS

图书在版编目（CIP）数据

教师职业道德与教育法律法规 / 黄志刚，钟增志，张琳林主编. -- 北京 : 首都师范大学出版社，2024.12. -- ISBN 978-7-5656-8754-9

Ⅰ. G451.6；D922.16

中国国家版本馆CIP数据核字第2024KJ6792号

JIAOSHI ZHIYE DAODE YU JIAOYU FALÜ FAGUI

教师职业道德与教育法律法规

黄志刚　钟增志　张琳林　主编

责任编辑　王兰玉

首都师范大学出版社出版发行

地　址	北京西三环北路105号
邮　编	100048
电　话	68418523（总编室）　68982468（发行部）
网　址	http://cnupn.cnu.edu.cn
印　刷	河北鹏润印刷有限公司
经　销	全国新华书店
版　次	2024年12月第1版
印　次	2024年12月第1次印刷
开　本	787 mm×1092 mm　1/16
印　张	15
字　数	374千
定　价	45.00元

---

* 版权所有　违者必究

* 如有印装质量问题，请到所购图书销售部门联系调换

* 盗版举报电话：400-117-9835　　客服热线：400-117-9835

本书编委会

主　编 黄志刚　钟增志　张琳林

副主编 杨　军　蔡水清　龙　润

主　审 李艳兰

参　编 郑爱英　徐文芳　何秋兰
　　　　　张江梅

前言

教育是推动社会进步与发展的重要力量。教师作为这一伟大事业的践行者，承担着立德树人、教书育人的神圣使命。他们的一言一行，不仅影响着学生的学业水平，还深刻塑造着学生的品格与灵魂，影响着整个社会的道德风气。同时，国家出于对教育发展的高度重视，在新的时代背景下，出台了不少教育政策，加紧修订了各项教育法律法规，以期更好地推动教育事业的蓬勃发展。因此，深入探讨教师职业道德，学习教育法律法规，对于提升教师队伍整体素质、促进我国教育事业的健康发展具有重要意义。于是，我们精心策划并编写了《教师职业道德与教育法律法规》一书。

本书旨在通过详细阐述教师职业道德的理论基础，并深入分析其在教育实践中的具体表现与实践途径，帮助学生深入认识教师职业道德的重要性，激发学生从教的荣誉感与使命感，从而引导他们立志成为具有高尚师德、扎实学识、仁爱之心的教育工作者。同时，本书紧跟时代发展，列举相关教育法律法规，并结合相关案例，引导学生思考，从而使其深入理解教育政策或法规精神。

总体而言，本书具有以下特色。

1. 铸魂育人，传播正确价值导向

党的二十大报告指出："育人的根本在于立德。"本书积极贯彻党的二十大精神，以培养学生正确的人生观、价值观和就业观为己任，在编写过程中融入了丰富的德育元素，如在正文中设置了"修身笃学""时代楷模"等模块，旨在帮助学生树立远大理想、培育爱国情怀，促使其将来成为可担当民族复兴大任的时代新人。

2. 理实结合，引导学生主动学习

本书切实践行"以学生为主体，以教师为主导，以能力为根本"的教育理念，着眼学生的未来职业发展和素质提升，在阐述教师职业道德理论、教育法律法规的同时，紧密结合当前教育领域的实际情况，通过丰富的体例和实践活动帮助学生将理论知识转化为实际行动。

同时，在内容编排上，本书十分注重互动性与参与性，通过设置各种互动问题引导学生积极思考、主动探索，鼓励学生结合自身实践经验和感悟进行反思和总结，从而进一步加深学生对教师职业道德与教育法律法规的理解和认识。

3. 模块丰富，突出综合素质培养

本书的每个项目都设有"项目导读""学习目标""项目检测""预期学习成果评价"模块。

- **项目导读**：简要概述各个项目的主要内容，使学生做到心中有数。

- **学习目标**：阐述学生在学完本项目后应达到的知识目标、能力目标和素养目标。
- **项目检测**：设置不定项选择题、判断题、简答题和案例分析题，旨在检验学生对知识的掌握程度。
- **预期学习成果评价**：采用自评、互评和师评的方式，从基本知识、实践技能、综合素质、活动成果 4 个维度对学生的学习成果进行评价。

同时，本书的每个项目均编排了若干知识模块，每个知识模块均设有"情景导入""任务清单""学以致用"体例；在知识讲解的过程中，还穿插了"修身笃学""时代楷模""课证融通""课堂互动""小贴士""博闻多识"栏目，具有较强的趣味性、指导性和实用性。

- **情景导入**：通过典型的情景引出知识模块的主要内容，以消除学生对理论知识的陌生感。
- **任务清单**：围绕"情景导入"设置简答题，旨在引发学生思考和探索，增强学生学习的目的性。
- **学以致用**：采用读书分享、情景模拟、案例分析、辩论赛等形式开展综合性探究活动，可操作性强，旨在全面提升学生的实践能力。
- **修身笃学**：选用贴合教学实际的案例帮助学生更好地理解所学内容，引导学生深刻领会核心内容。
- **时代楷模**：以模范人物事迹为主要内容，促使学生赓续榜样精神，汲取奋进力量。
- **课证融通**：选取历年教师资格考试的真题，使学生能够随学随练，加深对相关知识的理解和掌握。
- **课堂互动**：结合正文内容设置各种讨论活动，以活跃课堂气氛，并引发学生思考。
- **小贴士**：对相关知识做补充说明，不仅可以促进学生对理论知识的理解，而且可以使学生将知识掌握得更加牢固。
- **博闻多识**：选用新颖、实用且能体现时代精神的阅读材料，以帮助学生开阔视野、拓宽思维，更好地理解正文内容。

4. 平台支撑，打造立体数字资源

本书配有丰富的数字资源，构建了线上线下相结合的教学模式。学生可以借助手机或其他移动设备扫描扉页二维码观看微课视频，教师可以登录文旌综合教育平台"文旌课堂"查看和下载本书的配套资源，如优质课件、教案、"项目检测"答案等。

此外，本书还提供了在线题库，支持"教学作业，一键发布"，教师只需登录"文旌课堂"App，即可迅速选题、一键发布作业、智能批改作业，并查看学生的作业分析报告，提高教学效率，提升教学体验。学生可在线完成作业，巩固所学知识，提高学习效率。

本书由黄志刚、钟增志、张琳林担任主编，杨军、蔡水清、龙润担任副主编，李艳兰担任主审，郑爱英、徐文芳、何秋兰、张江梅参与编写。由于编者水平有限，书中存在的疏漏和不妥之处，诚请广大读者批评指正。

特别说明：

（1）本书在编写过程中，参考了大量资料并引用了部分文章和图片。这些引用的资料大部分已获授权，但由于部分注明来源的资料来自网络，我们暂时无法联系到原作者。对此，我们深表歉意，并欢迎原作者随时与我们联系，我们将按规定支付稿酬。

（2）本书所选案例均来源于真实事件，但为了避免引起误会，部分人物使用了化名。

（3）本书没有注明资料来源的案例均为编者根据真实事件改编。

本书配套资源下载网址和联系方式

网址：https://www.wenjingketang.com
电话：400-117-9835
邮箱：book@wenjingketang.com

CONTENTS 目录

绪　论　教师职业道德与教育法律法规概述 ·· 1
　一、教师职业道德 ·· 2
　二、教育法律法规 ·· 5

上篇　教师职业道德

项目一　明确道德规范，崇尚文明新风 ·· 12

任务一　领会教师职业道德规范 ·· 13
　情景导入 ·· 13
　任务清单 ·· 13
　一、爱国守法——教师职业道德的基本要求 ·· 13
　二、爱岗敬业——教师职业道德的本质要求 ·· 15
　三、关爱学生——教师职业道德的灵魂 ·· 17
　四、教书育人——教师的天职 ··· 18
　五、为人师表——教师职业道德的内在要求 ·· 20
　六、终身学习——教师专业发展的内在动力 ·· 23
　学以致用　讲述模范教师故事 ··· 25

任务二　熟悉教师职业行为规范 ·· 26
　情景导入 ·· 26
　任务清单 ·· 26
　一、教师职业行为规范的主要内容 ··· 27
　二、新时代中小学教师职业行为十项准则 ·· 29
　学以致用　教师职业行为情景模拟 ··· 30

任务三　明确中小学教师职业行为红线 ·· 31
　情景导入 ·· 31
　任务清单 ·· 32
　一、中小学教师违反职业道德行为的类型 ·· 32
　二、中小学教师违反职业道德行为的处理 ·· 34

I

　　　　学以致用　"师德师风建设"主题案例分析 ··· 35
　项目检测 ··· 37
　预期学习成果评价 ··· 39

项目二　践行职业道德，勇担初心使命 ··· 40

任务一　在与学生的关系中践行职业道德 ··· 41
　　情景导入 ··· 41
　　任务清单 ··· 41
　　　一、尊重学生，真诚关爱 ·· 41
　　　二、一视同仁，平等对待 ·· 43
　　　三、耐心陪伴，建立信任 ·· 43
　　　四、注重鼓励，善用表扬 ·· 44
　　　学以致用　"温情呵护，循循善诱"主题读书分享 ·· 45

任务二　在与家长的关系中践行职业道德 ··· 46
　　情景导入 ··· 46
　　任务清单 ··· 46
　　　一、尊重家长，平等对待 ·· 47
　　　二、广纳谏言，虚怀若谷 ·· 47
　　　三、换位思考，相互理解 ·· 48
　　　四、保护隐私，维护权益 ·· 48
　　　五、客观评价，不持偏见 ·· 48
　　　六、主动沟通，消除误会 ·· 48
　　　七、廉洁从业，坚守底线 ·· 49
　　　学以致用　情景模拟——与家长沟通的艺术 ·· 51

任务三　在与同事的关系中践行职业道德 ··· 52
　　情景导入 ··· 52
　　任务清单 ··· 52
　　　一、相互尊重，真诚相待 ·· 53
　　　二、待人谦逊，相互学习 ·· 53
　　　三、分工配合，团结协作 ·· 54
　　　四、公平竞争，坦诚相待 ·· 55
　　　学以致用　"同心同行，携手共育英才"主题案例分析 ······································ 56

任务四　在与管理者的关系中践行职业道德 ··· 57
　　情景导入 ··· 57
　　任务清单 ··· 57

一、相互尊重，相互理解 ·· 57
　　二、互通有无，互相支持 ·· 58
　　三、密切协作，通力配合 ·· 58
　　学以致用　"上下凝心聚力，共促学校发展"主题班会 ············ 59
项目检测 ··· 60
预期学习成果评价 ··· 62

项目三　加强道德修养，绘就职业蓝图 ·························· 63

任务一　熟悉教师职业道德修养 ·································· 64
　　情景导入 ··· 64
　　任务清单 ··· 64
　　一、教师职业道德修养的含义与特点 ···························· 64
　　二、教师职业道德修养的重要性 ································ 66
　　三、教师职业道德修养的内容 ·································· 67
　　学以致用　分享与讨论——我的职业道德提升计划 ············ 70

任务二　提升教师职业道德修养 ·································· 71
　　情景导入 ··· 71
　　任务清单 ··· 71
　　一、提升教师职业道德修养的原则 ······························ 71
　　二、提升教师职业道德修养的方法 ······························ 73
　　学以致用　"职业道德修养提升"辩论赛 ························ 76
项目检测 ··· 77
预期学习成果评价 ··· 80

下篇　教育法律法规

项目四　熟悉学生权利，呵护学生成长 ·························· 82

任务一　了解学生的权利 ·· 83
　　情景导入 ··· 83
　　任务清单 ··· 83
　　一、生存权 ··· 84
　　二、发展权 ··· 84
　　三、受保护权 ··· 85
　　四、参与权 ··· 86
　　学以致用　"呵护学生，权利至上"案例分享会 ················ 88

III

任务二　保护学生的基本权利 ·· 89
　　情景导入 ·· 89
　　任务清单 ·· 89
　　　一、学生权利保护的原则 ·· 89
　　　二、学生权利保护的职责 ·· 93
　　　学以致用　"履行权利保护职责，呵护学生健康成长"主题墙报制作 ·············· 98
项目检测 ·· 100
预期学习成果评价 ·· 102

项目五　掌握从教规定，争做合格教师 ·· 103

任务一　了解教师任职资格 ·· 104
　　情景导入 ·· 104
　　任务清单 ·· 104
　　　一、教师资格的构成要件 ·· 104
　　　二、教师资格的认定程序 ·· 107
　　　三、教师资格的限制取得与丧失 ··· 108
　　　学以致用　法规启智：中小学教师资格知识竞答 ···································· 109

任务二　熟悉教师的权利和义务 ·· 110
　　情景导入 ·· 110
　　任务清单 ·· 111
　　　一、教师的权利 ·· 111
　　　二、教师的义务 ·· 115
　　　学以致用　"明确权利义务，规范教育行为"案例分析 ···························· 119

任务三　落实中小学教师专业标准 ·· 120
　　情景导入 ·· 120
　　任务清单 ·· 121
　　　一、中小学教师专业标准的基本理念 ··· 121
　　　二、中小学教师专业标准的基本内容 ··· 122
　　　三、中小学教师专业标准的实施建议 ··· 127
　　　学以致用　"学习专业标准，争做合格教师"主题演讲比赛 ······················· 127
项目检测 ·· 129
预期学习成果评价 ·· 131

项目六　了解办学标准，熟悉管理规定 ·· 132

任务一　认识学校的权利和义务 ·· 133
　　情景导入 ·· 133

任务清单 ··· 133
　　一、学校的权利 ··· 133
　　二、学校的义务 ··· 136
　　学以致用　"教育实践中的权利和义务：学校行为规范"案例分析 ········· 139
任务二　熟悉学校的管理标准 ··· 140
　　情景导入 ··· 140
　　任务清单 ··· 140
　　一、保障学生平等权益 ··· 141
　　二、促进学生全面发展 ··· 142
　　三、引领教师专业进步 ··· 145
　　四、提升教育教学水平 ··· 147
　　五、营造和谐美丽环境 ··· 148
　　六、建设现代学校制度 ··· 150
　　学以致用　学校管理标准知识竞答 ·· 152
项目检测 ··· 153
预期学习成果评价 ··· 155

项目七　践行科学教育，培育祖国未来 ···································· 156

任务一　了解义务教育课程方案 ·· 157
　　情景导入 ··· 157
　　任务清单 ··· 157
　　一、义务教育课程的培养目标 ·· 157
　　二、义务教育课程的基本原则 ·· 159
　　三、义务教育课程设置 ··· 160
　　四、义务教育课程的实施要点 ·· 161
　　学以致用　"理解课程方案，培养优秀学生"主题墙报制作 ············· 163
任务二　熟悉义务教育课程标准 ·· 164
　　情景导入 ··· 164
　　任务清单 ··· 165
　　一、道德与法治 ··· 165
　　二、语文 ··· 168
　　三、数学 ··· 171
　　四、英语 ··· 172
　　五、历史 ··· 174
　　六、地理 ··· 177

七、科学 179
　　八、物理 183
　　九、化学 185
　　十、生物学 187
　　十一、信息科技 190
　　十二、体育与健康 192
　　十三、艺术 195
　　十四、劳动 196
　　学以致用 "践行课程标准，启航教育梦想"课程教学模拟大赛 198
项目检测 199
预期学习成果评价 201

项目八　牢筑安全防线，保障师生安全 202

任务一　熟悉校园安全管理 203
　情景导入 203
　任务清单 203
　　一、校园安全管理概述 204
　　二、校园安全的静态管理 205
　　三、校园安全的动态管理 209
　　四、校园安全教育 210
　　学以致用　安全知识竞答活动 212

任务二　掌握安全事故处理方法 213
　情景导入 213
　任务清单 214
　　一、安全事故与归责情形 214
　　二、安全事故处理程序 217
　　三、安全事故损害的赔偿责任 218
　　四、对安全事故责任者的处理 220
　　学以致用　安全事故处理情景模拟 221
项目检测 222
预期学习成果评价 224

参考文献 225

绪 论

教师职业道德与教育法律法规概述

项目导读

教师职业道德与教育法律法规在教育中具有极其重要的地位。高尚的教师职业道德能够增进师生之间的信任与合作、保障教育公平、引领学生健康成长。教育法律法规在维护师生权益、保障教育质量、规范教育行为、提高教育效率等方面发挥着积极作用。在学习具体内容之前,教师应对教师职业道德与教育法律法规有一个整体的把握和认识。

学习目标

知识目标

- 明确教师职业道德的含义、特征、结构和基本原则。
- 明确教育法律法规的含义、特征、类型和作用。
- 了解我国主要的中小学教育法律法规。

能力目标

- 能够自觉遵守教师职业道德的基本原则。
- 能够熟记常用的教育法律法规。

素养目标

- 树立职业理想,为投身教育事业做准备。
- 增强法律意识,培养法治观念。

一、教师职业道德

（一）教师职业道德的含义

教师职业道德是指教师在从事教育教学活动的过程中必须遵守的基本道德规范和行为准则，以及在此过程中形成的道德观念、情操和品质。其包括意识和行为两部分内容。职业道德意识支配着职业道德行为，职业道德行为反映了职业道德意识的发展程度。教师只有具备较高的职业道德意识水平，才能更好地实施职业道德行为，适应当今教育的需要。

（二）教师职业道德的特征

1. 境界的高尚性

教师职业道德境界的高尚性是指教师职业道德在整个社会道德体系中处于较高的水平和层次。其要求教师对教育事业要有奉献精神，愿意为学生的成长付出时间、精力和爱心，这种精神境界是高尚的。

2. 意识的自觉性

教师职业道德意识的自觉性是指教师在教育教学活动中，能够自觉按照职业道德规范来约束自己的行为。其表现为教师具有强烈的责任心，明确自己的职责和使命，对学生充满真挚的感情，在日常工作中做到自省、自律。

3. 行为的典范性

教师职业道德行为的典范性是指教师的品德和行为对学生道德品德的形成具有榜样作用。其要求教师在言行上做到严于律己、以身作则，为学生树立典范，引导学生树立正确的人生观和价值观。

4. 影响的深远性

教师职业道德的影响是深远的。一方面，教师的言行举止对学生的道德品质和行为习惯的影响，不会因学生毕业而终止，甚至会伴随学生的一生；另一方面，教师高尚的职业道德会增强社会对教育系统的信任，对社会风尚产生示范作用，从而推动社会的发展和进步。

（三）教师职业道德的结构

教师职业道德的结构主要由以下几个要素构成。

1. 教师职业理想

教师职业理想是教师职业道德的核心部分，其体现了教师对教育事业的热爱、对学生的关怀，以及对自我成长的追求。教师职业理想不仅包括教师对教育事业的忠诚和奉献精神，还涉及教师对学生全面发展的期望和愿景。教师职业理想激励着教师在教育教学活动中不断探索、创新，努力成为学生成长道路上的引路人。

2. 教师职业纪律

教师职业纪律是教师职业道德的重要组成部分，其规定了教师在教育教学活动中的行为规范和准则。教师职业纪律包括教师在教育教学活动中应当遵守的法律、法规、条例，以及应达到的相关要求等。教师职业纪律不仅有助于维护教育教学秩序，保障学生的合法权益，还有助于树立良好的教育形象。

3. 教师职业技能

教师职业技能是教师职业道德的实践基础，其体现了教师在教育教学活动中的专业素养和能力水平。教师职业技能包括教学设计、课堂管理、学生评价、心理辅导等。教师职业技能的提升不仅有助于提高教育教学效果，还能增强教师的自信心和成就感，进一步激发教师对教育事业的热爱和投入。

4. 教师职业作风

教师职业作风是教师职业道德的外在表现，其反映了教师在教育教学活动中的工作态度和行为风格。良好的教师职业作风包括严谨治学、勤奋工作、团结协作、诚实守信等。这些职业作风不仅有助于提升教师的形象和声誉，还能对学生产生积极的影响，有利于学生良好品质和习惯的形成。

（四）教师职业道德的基本原则

1. 忠诚于人民教育事业原则

忠诚于人民教育事业原则要求教师坚定地信仰和忠诚于人民的教育事业，将教育视为自己的神圣职责和使命。具体而言，教师应积极投身于教育事业，为国家的教育事业贡献自己的力量，不断提高自己的教育教学水平，为培养德智体美劳全面发展的社会主义建设者和接班人而努力。

2. 教育人道主义原则

教育人道主义原则强调教师在教育教学活动中应尊重和保护学生的基本人权和尊严。具体而言，教师应关注学生的身心健康，关注学生的成长和发展，为学生提供良好的教育环境和条件，促进学生的全面发展。

3. 教书育人原则

教书育人原则要求教师不仅要传授知识，还要注重培养学生的品德和素质。具体而言，教师应通过言传身教，向学生传递正确的人生观和价值观，引导学生形成健全的人格和良好的道德品质。

4. 教育民主原则

教育民主原则强调教师在教育教学活动中应确保学生的意愿和利益得到充分的体现和尊重。具体而言，教师应确保学生享有平等的受教育权，鼓励学生积极参与教育决策与管理，尊重学生的意见和建议，营造平等、和谐的师生关系。

5. 人格示范原则

人格示范原则要求教师以身作则，用自己的良好品德和行为为学生树立榜样。具体而言，教师应注重自身的道德修养和职业素养，不断提高自己的综合素质，以高尚的人格魅力和良好的职业操守影响学生，引导学生形成正确的道德观念和行为习惯。

6. 依法执教原则

依法执教原则要求教师在教育教学活动中严格遵守国家的法律法规。具体而言，教师应依法履行自己的职责和义务，保护学生的合法权益，维护教育的公平和公正，促进教育的健康发展。

> ### 博闻多识
>
> ### 教育观、教师观和学生观
>
> 教育观、教师观和学生观是教育理论和实践中非常重要的几个概念，它们相互关联，共同构成了教育的基本理念。
>
> #### 一、教育观
>
> 教育观是指关于教育现象和问题的基本观念体系。教育观认为，教育应依据人的发展和社会发展的需要，以全面提高学生的基本素质为根本目的，尊重学生的主体性和主动精神，注重开发学生的智慧潜能，促进学生形成健全的人格。
>
> 与传统教育观相比，现代教育观的内涵发生了以下几个转变：① 教师从"教育者为中心"转向"学习者为中心"；② 教学从"教会知识"转向"教会学生学习"；③ 教学从"重结论"转向"重结论的同时更重过程"；④ 教学从"关注学科"转向"关注人"。
>
> #### 二、教师观
>
> 教师观是指教师对教育工作的态度、价值观和行为准则。其具体内容如下。
>
> （1）从教师和学生的关系来看，教师要成为学生学习和发展的促进者。教师应激发学生的学习动力，指导学生掌握学习方法，并且更加关注学生人格的健康成长和个性的全面发展。
>
> （2）从教学和课程的关系来看，教师要成为课程的建设者和开发者。教师应从传统的"教教材"转变为"用教材教"，创新性地使用国家课程教材，并积极推动国家课程的地方化和校本化。
>
> （3）从教学和研究的关系来看，教师要成为教育教学的研究者。教师应以研究者的眼光来审视和分析教学理论和教学实践中的各种问题，进而总结经验并形成规律性的认识。
>
> （4）从学校和社区的关系来看，教师要成为社区型的开放教师。教师应充分挖掘社区的教育资源，从而实现学校教育的社区化和社区生活的教育化。
>
> #### 三、学生观
>
> 学生观是指教育者对受教育者持有的态度和看法。其在教育实践中指导着教育者的行为，并影响着教育者与受教育者之间的关系。学生观的内涵主要包括以下几点。
>
> （1）学生是发展的人：① 学生的身心发展具有规律性；② 学生具有巨大的发展潜能；③ 学生是处于发展过程中的人。
>
> （2）学生是独特的人：① 学生是具有丰富个性的完整的人；② 每个学生都具有独特性；③ 学生与成人之间存在巨大的差异。
>
> （3）学生是具有独立意义的人：① 学生在教育活动中处于主体地位；② 学生具有个体独立性，不以教师的意志为转移；③ 学生在教育活动中是具有责权的主体。

二、教育法律法规

（一）教育法律法规的含义与特征

教育法律法规是指由国家权力机关制定的，用于调整教育活动中发生的各种法律关系的规范的总称。其具有以下几个特征。

1. 规范性与普遍性

规范性是教育法律法规的根本特征，主要体现在教育法律法规能为相关人员在教育教学活动中的行为提供模式、标准和方向。普遍性是指教育法律法规在法定的范围内具有普遍的约束力，不存在适用对象的例外。普遍性适用的范围有大有小，如《中华人民共和国义务教育法》在全国范围内普遍适用，而《浙江省义务教育条例》则只在浙江省行政区域范围内普遍适用。

2. 原则性与灵活性

教育法律法规所需解决的问题包罗万象。一方面，面对教育教学活动中的各种行为，教育法律法规虽然不可能面面俱到，但会确定具体的行为底线，所以具有一定的原则性；另一方面，为了实现某些具体的阶段性目标，教育法律法规需要协调各方利益，所以具有一定的灵活性。此外，我国各地区的教育发展不平衡，这也要求教育法律法规既要有原则性又要有灵活性。

3. 针对性与可操作性

教育法律法规是根据教育事业发展的实际需要制定的，是调整教育主体关系、规范教育教学活动的依据，这表明其具有针对性；教育法律法规充分贯彻国家政策，并且在实际生活中可以实施并发挥预期作用，这表明其具有可操作性。此外，教育法律法规的可操作性还体现为立法机关与时俱进地修订或修正现有法律法规和发布新规，以适应新的情况。

4. 立法自主性与择优借鉴性

立法机关能够在没有外部指令或控制的情况下，根据法律规定，在职权范围内独立开展立法活动。同时，立法机关会选择性地借鉴其他国家的教育立法经验及教育法律法规中的某些内容，以确保制定出的法律法规既符合中国实际，又具备较高的国际水准，进而满足我国当代教育的需要。

（二）教育法律法规的类型

按照效力等级划分，教育法律法规可分为法律、教育行政法规、教育部门规章、教育地方性法规、教育地方政府规章、教育行政规范性文件等。其中，教育行政规范性文件虽然不属于严格意义上的教育法律法规的范畴，但其对教育地方性法规和教育地方政府规章具有重要的补充作用，通常被视为教育法律法规。

（1）教育法律法规中的法律是指与教育活动相关的法律，如《中华人民共和国未成年人保护法》《中华人民共和国教育法》等。

（2）教育行政法规是指国务院为领导和管理教育领域的工作，根据《中华人民共和国宪法》（以下简称《宪法》）和相关法律，按照规定的程序制定的各类教育法规，如《校车安全管理条例》等。

（3）教育部门规章是指国务院所属的各部门、委员会等机构根据法律和教育行政法规，在本机构的权限内，按照规定的程序所制定的教育规范性文件，如由中华人民共和国教育部（以下简称"教育部"）、中华人民共和国公安部（以下简称"公安部"）、中华人民共和国司法部联合制定的《中小学幼儿园安全管理办法》等。

（4）教育地方性法规是指地方人民代表及其常务委员会根据相关法律法规，按照规定的程序制定的，在本行政区域内实施的教育规范性文件，如《山东省义务教育条例》等。

（5）教育地方政府规章是指省、自治区、直辖市和设区的市、自治州的人民政府根据相关法律法规，按照规定的程序制定的，在本行政区域内实施的教育规范性文件，如《青岛市中小学校管理办法》等。

（6）教育行政规范性文件是指各级政府及其所属教育工作部门和法律法规授权的具有管理教育事务职能的组织，根据相关法律法规，按照规定的程序制定的，具有普遍约束力的公文，俗称"红头文件"，如《关于进一步加强中小学规范汉字书写教育的通知》。

博闻多识

教育政策

教育政策是指党和国家为实现一定时期的教育发展目标而制定的行动准则。其通常表现为教育方针、教育战略、教育规划、教育决定、教育意见等形式。按照政策的层次与衍生关系划分，教育政策可分为教育纲领性政策、教育基本政策和教育具体政策。

（1）教育纲领性政策是指能决定教育发展方向的政策，具有全局性和根本性。例如，中共中央、国务院印发的《中国教育现代化2035》提出了推进教育现代化的指导思想、八大理念、基本原则、总体目标、战略任务、实施路径和保障措施，是教育行业的纲领性政策。

（2）教育基本政策是指用于指导教育具体政策的主导性政策。例如，国务院发布的《关于深化教育教学改革全面提高义务教育质量的意见》对全面提高义务教育质量提出了具体意见，是教育行业的基本政策。

（3）教育具体政策是指贯彻和落实教育基本政策的某一方面内容的行动准则。例如，国务院办公厅发布的《关于加强中小学幼儿园安全风险防控体系建设的意见》对中小学和幼儿园的安全风险防控体系建设提出了具体要求，是教育行业的具体政策。

（三）教育法律法规的作用

教育法律法规的贯彻和实施对社会主义教育事业的发展，尤其是义务教育事业的发展具有重要作用。具体而言，教育法律法规的作用主要包括指引作用、保障作用、预防作用和矫正作用。

1. 指引作用

教育法律法规的指引作用主要体现为教育法律法规以条文的形式对相关组织和个人在教育教学活动中的行为做出规定和指示，明确规定什么可以做、什么不可以做。例如，《中华人民共和国未成年人保护法》第三十五条第一款明确规定："学校、幼儿园应当建立安全管理制度，对未成年人进行安全教育，完善安保设施、配备安保人员，保障未成年人在校、在园期间的人身和财产安全。"其指出了学校应该如何保护学生在校期间的人身安全和财产安全。

2. 保障作用

教育法律法规能够保障学生、学校教职工在教育教学活动中的合法权益。例如，《中华人民共和国未成年人保护法》第四条规定，处理涉及未成年人的事项，应当符合"尊重未成年人人格尊严""适应未成年人身心健康发展的规律和特点""听取未成年人的意见""保护与教育相结合"等要求，这为学生的合法权益提供了法律保障。

3. 预防作用

教育法律法规的预防作用是指教育法律法规能够让相关人员自觉规范自己的行为，避免做出违法的事情。预防作用主要通过法律法规条文对违法行为的认定和处罚规定来实现。这些规定能够警示相关行为主体，使其明确认识到，一旦违法就必须承担相应的法律责任。例如，《教师资格条例》第二十一条规定："教师资格考试命题人员和其他有关人员违反保密规定，造成试题、参考答案及评分标准泄露的，依法追究法律责任。"

4. 矫正作用

教育法律法规的矫正作用主要通过法律的强制执行力实现。一旦相关行为主体实施了偏离教育轨道的不法行为，他们就会受到法律的制裁，从而使得这些违法行为得到强制性的矫正。

（四）我国主要的中小学教育法律法规

《中华人民共和国民法典》：该法被称为"社会生活的百科全书"，是我国第一部以法典命名的法律，在法律体系中的地位仅次于《宪法》。该法于2020年5月28日颁布，自2021年1月1日起施行。其总则的部分内容及侵权责任编的部分内容对未成年人权利的保护做出了相应的规定。

《中华人民共和国教育法》：该法是我国教育工作的根本大法，于1995年3月18日颁布，分别于2009年、2015年、2021年进行了修正，适用于我国境内的各级各类教育。这部法律旨在发展教育事业，提高全民族的素质，促进社会主义物质文明和精神文明的建设。

《中华人民共和国义务教育法》：该法是为了保障适龄儿童、少年接受义务教育的权利，保证义务教育的实施，提高全民族素质，根据《宪法》《中华人民共和国教育法》而制定的，于1986年4月12日颁布，分别于2006年、2015年、2018年进行了修订或修正。

《中华人民共和国未成年人保护法》：该法是为了保护未成年人的合法权益，促进未成年人的全面发展而颁布的，于 1991 年 9 月 4 日颁布，分别于 2006 年、2012 年、2020 年、2024 年进行了修订或修正。这部法律从家庭、学校、社会、网络、政府、司法、法律责任等多个方面对我国未满 18 周岁公民的各项权利保护做出了规定。

《义务教育学校管理标准》：该标准由教育部于 2017 年 12 月 4 日印发并实施。该标准是国家对义务教育学校管理的基本要求，适用于全国所有的义务教育学校。

《中华人民共和国教师法》：该法是为了保障教师的合法权益，建设具有良好思想品德修养和业务素质的教师队伍，促进社会主义教育事业发展而制定的，于 1993 年 10 月 31 日颁布，并于 2009 年进行了修正，适用于在各级各类学校和其他教育机构中专门从事教育教学工作的教师。

《教师资格条例》：该条例由国务院于 1995 年 12 月 12 日发布，其对教师资格的分类与适用、取得教师资格的条件、教师资格考试、教师资格认定等内容做出了规定，适用于在各级各类学校和其他教育机构中专门从事教育教学工作的教师。

《〈教师资格条例〉实施办法》：该办法由教育部于 2000 年 9 月 23 日发布实施，规定了教师资格认定条件、资格认证申请、资格认定、证书管理等事项。

《中小学教师职业道德规范》（2008 年修订）：该规范由教育部于 2008 年 9 月 1 日发布，对进一步加强教师队伍建设，全面提高中小学教师队伍的师德素质和专业水平提出了明确要求。

《新时代中小学教师职业行为十项准则》：该准则由教育部于 2018 年 11 月 8 日印发并实施。该准则结合中小学教师队伍的特点，提出 10 条针对性的要求，是中小学教师职业行为的基本规范。

《中小学教师违反职业道德行为处理办法》：该办法由教育部于 2014 年 1 月 11 日印发并实施，于 2018 年进行了修订，对教师违反职业道德的行为及其处理原则、处理方式做出了明确规定。

《小学教师专业标准（试行）》：该标准由教育部于 2011 年 12 月 12 日发布，是国家对小学教师专业素质的基本要求。其对小学教师的专业理念与师德、专业知识、专业能力等做出了规定，是小学教师培养、准入、培训、考核等工作的重要依据。

《中学教师专业标准（试行）》：该标准由教育部于 2012 年 2 月 10 日发布，是国家对中学教师专业素质的基本要求。其对中学教师的专业理念与师德、专业知识、专业能力做出了规定，是中学教师培养、准入、培训、考核等工作的重要依据。

《中小学幼儿园安全管理办法》：该办法由多个部门于 2006 年 6 月 30 日发布，规定了中小学、幼儿园的安全管理职责、安全管理制度、安全管理要求，以及相关部门的安全管理职责等内容，对保障学校及其学生和教职工的人身、财产安全，维护中小学、幼儿园正常的教育教学秩序有着重要作用。

《学生伤害事故处理办法》：该办法由教育部于 2002 年 6 月 25 日发布，于 2010 年进行了修正。其明确规定了学生伤害事故与责任、事故处理、事故损害赔偿、责任处理等事项。

《校车安全管理条例》：该条例由国务院于 2012 年 4 月 5 日发布，从学校、校车服务提供者、校车使用许可、校车驾驶人、校车通行安全、校车乘车安全等方面对校车安全管理做出了明确规定，对保障乘坐校车学生的人身安全有着重要作用。

《中小学幼儿园应急疏散演练指南》：该指南由教育部办公厅于 2014 年 2 月 22 日发布，对中小学、幼儿园应急疏散演练各个环节的工作提出了明确的指导性意见和规范性要求。

《中小学幼儿园安全防范工作规范（试行）》：该规范由公安部办公厅和教育部办公厅于 2015 年 3 月 16 日发布，从人防、物防、技防建设规范，督导巡查与责任追究机制建设规范等方面对中小学、幼儿园的安全管理工作做出了详细规定。

上篇

教师职业道德

项目一

明确道德规范，崇尚文明新风

项目导读

道德代表着社会的正面价值取向。社会的发展和人类文明的进步都离不开道德的规范和引导。教师职业道德作为教育领域的精神灯塔，不仅指引着教师的行动方向，还深刻影响着学生的成长与社会的未来面貌。在教育的广阔天地里，教师不仅应做知识的传递者，还应做道德的楷模与精神的引领者。因此，教师应深入学习职业道德规范，并根据职业道德规范适时调整自身的言行。本项目将从职业道德规范的践行要求、教师职业行为要求和对违反职业道德行为者的处理3个方面来介绍教师职业道德规范。

学习目标

知识目标

- 领会教师职业道德规范的内容及践行要求。
- 熟悉教师职业行为规范。
- 明确中小学教师行为违反职业道德的处理方式。

能力目标

- 能够判断教师的言行是否符合教师职业道德规范。
- 能够对违反职业道德行为的中小学教师做出合理的处理决定。

素养目标

- 强化自身的爱国情怀。
- 增强从事教育工作的使命感。

项目一　明确道德规范，崇尚文明新风

任务一　领会教师职业道德规范

不愿去培训的刘老师

某地教育局每年都会组织当地中小学一年内入职的教师进行教师职业道德培训，以帮助新教师更快地适应学校环境并更好地履行工作职责。

2024年，某小学新来的刘老师因病未能参加教师职业道德培训。按照规定，未参加教师职业道德培训的教师要到教育局补课。刘老师接到校长发来的补课通知时有些诧异。她认为，自己作为一名教师，一方面受国家的教育法律法规约束，另一方面受学校的规章制度管理，一定不会做违法乱纪的事情。况且自己考取了教师资格证，这足以证明自己符合教师的任职条件。因此，刘老师觉得自己没有必要浪费时间去补课，而应该把做好教育教学工作放在首位。

（1）你的想法是否和刘老师的一致？如果一致，请你在学完本任务后，反思自己的想法哪里不对，并说明理由；如果不一致，请你说一说为什么新教师接受教师职业道德培训非常重要。

（2）中小学教师应遵守哪些教师职业道德规范？

道德是一种特殊的社会意识形态，也是人们在社会生活中共同遵守的行为准则与规范。教师职业道德是道德在教师职业领域中的具体体现，也是教师在教育实践中的道德认识与道德行为的真实写照。教师职业道德的培养不仅涉及教师自身素养的提升，还关系到学生道德观念的形成、学校教育教学工作的开展及社会精神文明的建设。

一、爱国守法——教师职业道德的基本要求

爱国是指教师对祖国的忠诚与热爱。它集中体现为教师强烈的民族自尊心、自信心和自豪感，以及为争取祖国的统一、富强而展现出的拼搏精神和奉献精神。守法是指教师自觉遵守法律规定，将法律的要求转化为行动的做法。它是教师言行合乎法律规范的体现。爱国和守法是辩证统一的，两者相互联系并相互促进。

（一）爱国守法的重要性

爱国守法是教师职业道德的基本要求。它要求教师热爱祖国，遵守法律法规，在教育教学工作中积极实施爱国主义教育，不做损害国家利益和社会公共利益的行为。这既有利于维护社会公共秩序，促进社会和谐稳定发展，也有利于教师树立良好的榜样，引导学生树立正确的国家观念和法治观念，从而推动教育事业的良性、有序发展。

教师是人类灵魂的工程师，肩负着为祖国、民族培养建设者和接班人的使命。其职业行为直接关系到学生健全人格和道德品质的形成，关系到国家的兴亡和民族的复兴。因此，教师应不断强化爱国意识，培养爱国情操，遵守法律法规，成为爱国守法的楷模。

（二）爱国守法的践行要求

《中小学教师职业道德规范》（2008年修订）明确规定了"爱国守法"的践行要求："热爱祖国，热爱人民，拥护中国共产党领导，拥护社会主义。全面贯彻国家教育方针，自觉遵守教育法律法规，依法履行教师职责权利。不得有违背党和国家方针政策的言行。"概括而言，教师应按照以下两个要求践行"爱国守法"的职业道德规范。

1. 热爱祖国，拥护党和社会主义

具体而言，教师应做到以下几点。

（1）树立家国情怀，弘扬爱国主义精神。教师应厚植爱国主义情怀，拥护党的领导，坚守为党育人、为国育才的教育使命，增强实现中华民族伟大复兴的使命感和责任感，担起教育的重任。

（2）坚持爱国与爱党、爱人民、爱社会主义相统一。教师应认识到，祖国的命运与党的命运、人民的命运、社会主义的命运密不可分。在此基础上，教师应坚持党的领导，增强道路自信、理论自信、制度自信、文化自信，贯彻人民至上的思想，忠诚于党和人民的教育事业，为祖国的教育事业贡献力量。

（3）践行爱国主义教育。教师应将爱国主义教育落实到日常的教育教学实践中，引导学生感受祖国文化的丰富与优秀，培养学生的爱国情怀。

> **时代楷模**
>
> ### 乡村教师夫妇坚持升国旗11载，诠释爱国情
>
> 在江西省某小学，有一对特别的教师夫妇——李辉平和谢美莲。每逢国家公祭日、教师节、国庆节等特殊节日，他们都会在自家房顶庄重地举行升旗仪式。这一行为至今已坚持了11年，从未间断。
>
> "起来，不愿做奴隶的人们……"伴随着激昂的国歌，一面崭新的五星红旗迎着旭日高高飘扬。2024年国庆节前夕，早上7点，李辉平、谢美莲夫妇与专程返家的儿子儿媳一起，举行了一场意义非凡的升旗仪式。一家人围站在国旗周边，行注目礼，唱国歌，

用这种方式表达对祖国深沉的爱。

提起最初在自家升国旗这件事，李辉平至今难掩激动。2013年家里建了新房，儿子的工作也稳定了，乡村教师的待遇越来越好，日子一天比一天红火。夫妻二人十分感念党和国家的好政策，于是决定在房顶升起国旗，以此表达对国家的感激之情。

往后的11年间，升起一面国旗成为李辉平夫妇浓烈的爱国情感的具象化表达。每逢节日，举行升国旗仪式已经成为这一家人的特定仪式。

这些年来，谢美莲总是将风吹日晒后的旧国旗如同宝贝一样珍藏起来。同时，家中也会常备新国旗，以便在特殊日子里更换。

扎根乡村教育40余年的李辉平夫妇，始终身体力行地表达着自己对祖国的爱。他们将爱国主义教育融入日常教学当中，引导学生把自身的理想和祖国的前途命运紧密联系在一起。在他们的教育下，学生们纷纷表示要努力学习知识，加强品德修养，成为德智体美劳全面发展的优秀人才。

（资料来源：《中国教育报》，2024年10月7日，第01版，有改动）

2. 遵守法律，依法履行教师职责

教师要自觉守法，依法执业。在进入教育行业之前，教师应依法取得相关的职业资格证书。在开展教育活动的过程中，教师不仅应依法贯彻党和国家的路线、方针和政策，准确理解和落实教育教学方面的法律法规，增强守法的自觉性，做到依法律己；还应树立依法执教的理念，按照相关法律的规定履行自己的职责，依法维护学校和学生的合法权益，全心全意地为社会提供教育服务。

总之，无论何时何地，教师都应在思想上和党中央保持一致，自觉遵守法律法规，不得有违背党和国家方针政策的言行。

二、爱岗敬业——教师职业道德的本质要求

爱岗是指教师对自己的工作岗位充满热爱。敬业是指教师专心致力于本职工作，以恭敬的心态和行为对待自己的工作。爱岗是敬业的情感铺垫，敬业是爱岗的体现，两者辩证统一，相互促进。总的来说，爱岗敬业是教师热爱、珍视自己的职业，在本职工作中勤勉努力、尽职尽责的体现。它是一种工作态度，更是一份沉甸甸的职业责任。

勤恳敬业，书写教育华章

（一）爱岗敬业的重要性

爱岗敬业是教师职业道德的本质要求。其要求教师拥有教育理想，具有甘为人梯的奉献精神和忠于职守的工作态度。这有利于教师积极、主动、创造性地开展教育工作，从而切实保障教育的质量，也有利于教师增强职业自豪感，激励自己不断进取，从而更好地实

现自我价值。此外，爱岗敬业的教师还能为学生树立榜样，对学生的成长和发展产生深远的影响。

（二）爱岗敬业的践行要求

《中小学教师职业道德规范》（2008年修订）明确规定了"爱岗敬业"的践行要求："忠诚于人民教育事业，志存高远，勤恳敬业，甘为人梯，乐于奉献。对工作高度负责，认真备课上课，认真批改作业，认真辅导学生。不得敷衍塞责。"概括而言，教师应按照以下两个要求践行"爱岗敬业"的职业道德规范。

1. 志存高远，树立职业理想

要想真正做到爱岗敬业，教师首先应树立远大的职业理想，以获得践行职业道德规范的内在动力。具体而言，教师应做到以下两点。

（1）忠诚于人民教育事业，树立职业理想。首先，教师应对教育事业有强烈的使命感和责任感，坚持贯彻执行党和国家的教育方针与政策，坚持社会主义办学方向，落实立德树人的根本任务。其次，教师应树立崇高的职业理想，积极地规划自己的职业道路，用职业理想照亮奋进之路。

（2）甘为人梯，乐于奉献。教师应提升思想觉悟，坚定理想信念，摒弃庸俗功利的价值观，在教育工作中无私奉献，恪尽职守，持久耕耘，不计较个人名利得失。

2. 勤恳敬业，认真对待工作

教育工作是一种极费心血的工作，如果没有教师全身心的投入，教育活动就很难取得成效。因此，教师必须热爱教育事业，做好教育工作中的每一件事。具体而言，教师应做到以下几点。

（1）在开展教育教学活动之前认真研究教学大纲和课程内容，选用合适的方法开展教育教学活动，以保障教育教学质量。

（2）及时给予学生学习方面的反馈信息，促使其改正错误，不断进步。

（3）认真辅导学生，关注学生的个体差异，及时发现学生的优势和不足，因势利导，进行有效的启蒙和引导。

总之，教师应安心于本职工作，增强对职业身份的认同感，认真做好教育工作中的每一件事，绝不敷衍塞责。

课堂互动

> 有人认为："爱岗敬业就是'五加二''白加黑'，就是即使打着吊瓶也要坚持工作。"也有人认为："爱岗敬业是为了心爱的职业做到'衣带渐宽终不悔，为伊消得人憔悴'。"
> 你怎样理解爱岗敬业？请说说你的看法。

三、关爱学生——教师职业道德的灵魂

关爱学生是指教师在教育教学活动中关心和爱护全体学生，给予学生人性化的关怀和照顾的行为。这是教师在处理师生关系时应践行的职业道德规范，也是教师应履行的义务。

（一）关爱学生的重要性

关爱学生是教师职业道德的灵魂。在教师的关爱下，学生能够获得安全感和归属感，这既有利于学生塑造健康的人格，激发学习兴趣，也有利于学生与教师之间建立信任关系，从而促进学生身心健康发展，保障教育质量。

爱让教育更加坚定

（二）关爱学生的践行要求

《中小学教师职业道德规范》（2008年修订）明确规定了"关爱学生"的践行要求："关心爱护全体学生，尊重学生人格，平等公正对待学生。对学生严慈相济，做学生良师益友。保护学生安全，关心学生健康，维护学生权益。不讽刺、挖苦、歧视学生，不体罚或变相体罚学生。"概括而言，教师应按照以下几个要求践行"关爱学生"的职业道德规范。

1. 尊重学生人格

人格尊严是宪法赋予公民的一项基本权利。教师关爱学生，首先应做到尊重学生的人格和自尊心。具体而言，教师应对全体学生一视同仁，施以仁慈之心，并做到以下几点：① 尊重学生的想法、意见和独特的心理特征；② 注意保护学生的自尊心；③ 及时制止漠视学生人格、侵害学生权益的行为。

2. 做到严慈相济

教师在关爱学生的过程中应将严格和慈爱有机结合起来，做到严出于爱、爱寓于严，既关爱、尊重学生，又在为人处世、习惯养成等方面严格要求学生。同时，教师还应做到爱而不纵、严而不凶，防止纵容和溺爱，并杜绝"打是亲，骂是爱"的"关爱"方式。

3. 保护学生安全

安全是教师正常开展教育教学活动的基础。教师应增强安全意识，加强安全防范和安全教育，全力保护学生的安全。在危急时刻，教师应挺身而出，及时救助学生，保障学生的生命安全。

4. 关心学生健康

教师应关心学生的身心健康，在学生一日生活中贯彻"健康第一"的教育理念，保证学生的休息时间、娱乐时间和体育锻炼时间，并培养学生养成良好的生活习惯。同时，教师还应高度重视学生的心理健康，关注学生的心理感受和心理需求，杜绝一切有损学生心理健康的言行。

5. 维护学生权益

教师应树立法治意识，确保法律赋予学生的各项权利得以充分实现，并依法维护学生的合法权益。具体而言，在教育教学活动中，教师应保障学生受教育的权利，给予学生参与各种活动和发表自己意见的自由；当学生的权益受到侵害时，教师应及时制止非法侵害，全力维护学生的权益。

无论在哪种情况下，教师都不得讽刺、挖苦、歧视学生，不得体罚或变相体罚学生。

谭千秋：用生命诠释"师者之魂"

2008年5月12日下午，四川省德阳市汉旺镇某学校教师谭千秋正在给学生上课。突然间，课桌椅开始抖动，紧接着整间教室都剧烈地摇晃了起来。谭千秋意识到"地震了"，他立即紧急疏散学生，冲他们喊道："快跑！"

该学校距离汶川地震的震中仅有30多千米。在短短几秒钟内，教学楼就在剧烈摇晃中开始坍塌，导致许多学生来不及跑出教室。谭千秋下意识地把离他最近的4名学生拉了过来，并藏在桌子底下，而他自己却趴在桌子上，用血肉之躯保护他们。

地震后，学校成为一片废墟。第二天晚上，搜救人员搬开压在谭千秋身上的最后一块水泥板时，所有人都为之震撼：谭千秋牺牲了，他像雄鹰一样张开双臂，紧紧地趴在桌子上，桌子下面蜷伏着4名学生，他们都幸存下来了。谭千秋用生命诠释了"师者之魂"。

（资料来源：李晓东、周洪双，《谭千秋：用生命诠释"师者之魂"》，《光明日报》2019年10月17日，有改动）

四、教书育人——教师的天职

教书育人是指教师在传授科学文化知识的同时，对学生进行思想品德教育，帮助学生成长为德智体美劳全面发展的社会主义接班人。教书和育人并不是彼此分离、互不相干的。教书是育人的基本途径和手段，育人是教书的目的和任务，两者辩证统一，共同构成教育的两个方面。也就是说，教师承担着教书和育人的双重职责。

（一）教书育人的重要性

教书育人是教师的天职。它能让教师通过言传身教塑造学生的人格，促进学生全面发展，还能让教师帮助学生树立正确的世界观、人生观和价值观，让学生增强文化自信，培养学生的社会责任感。这对学生的成长、社会的和谐稳定和国家的长远发展具有重要意义。

（二）教书育人的践行要求

《中小学教师职业道德规范》（2008年修订）明确规定了"教书育人"的践行要求："遵

项目一　明确道德规范，崇尚文明新风

循教育规律，实施素质教育。循循善诱，诲人不倦，因材施教。培养学生良好品行，激发学生创新精神，促进学生全面发展。不以分数作为评价学生的唯一标准。"概括而言，教师应按照以下几个要求践行"教书育人"的职业道德规范。

1. 遵循教育规律，实施素质教育

规律是客观的，不以人的意志为转移。教师在教育教学过程中，必须尊重学生的身心发展规律、学习认知规律、思维发展规律、情感与意志发展规律等，合理安排教育教学内容和进度，为学生未来的发展打好基础。同时，教师还应因地制宜地实施素质教育，以培养学生的创新精神和实践能力为重点，为学生的全面发展奠定坚实的基础。

2. 做到循循善诱，善于因材施教

循循善诱即有步骤地引导他人学习。这是教师开展教书育人工作的重要方法。教师应根据学生的身心发展规律和特点，耐心地引导、启发学生，让学生始终对学习保持浓厚的兴趣，促使学生不断进步、快乐成长。同时，教师还应注意学生的个体差异，根据每个学生的认知水平、学习能力、自身素质等，选择合适的方法对其进行有针对性的教学，让每个学生都能发挥优势、弥补不足，进而得到全面的发展。

3. 培养良好品行，激发学生创新

良好的品行是个人修身立业、社会和谐发展的基石。教师在教书育人的过程中应以身作则，率先垂范，培养学生形成良好的品行。首先，教师应培养学生的情感、态度和能力，帮助学生逐步形成积极主动、认真专注、不怕困难、善于合作、敢于探究等良好品质。其次，教师应对学生的行为提出明确要求，培养学生形成良好的行为习惯。

同时，教师还应注重培养学生的创新精神，成为激发其创新思维的引路人。具体而言，教师应充分尊重学生在教育中的主体地位，保护好学生的好奇心和求知欲，充分发展学生的想象力，通过多种方式激发学生的创新潜能，引导和鼓励学生进行创新实践，切忌打击学生看似不合常理的行为，不得禁锢其思维。

此外，在教书育人的过程中，教师还应注重学生的全面发展，采用多元化标准对学生进行评价，并加强过程性评价（即对评价对象在发展过程中的变化进行价值判断），不得以分数作为评价的唯一标准。

 修身笃学

借分和还分

期中考试成绩出来了，一名学生的语文得了 59 分。他害怕被父母责怪，便十分着急地找到教语文的李老师，央求道："李老师，求您给我加 1 分吧！"

李老师没有立即答应他的请求，而是问这名学生："我可以给你加 1 分，但这 1 分只能算是借给你的，你得还我，并且还的时候需要加上利息——借 1 分还 10 分。我会从你的期末考试成绩中扣 10 分，你愿意吗？"这名学生欣然答应。

在期末考试中，这名学生的语文得了85分。李老师遵照约定扣了10分，但为了鼓励他，又奖励了他10分。最终，这名学生的期末语文成绩还是85分。

李老师以"借1分，还10分"的方式巧妙地处理了学生的加分请求，鼓励学生努力学习，促使学生取得了巨大进步。

请思考：请你从教书育人的原则出发，分析李老师的做法好在哪里。

课证融通

（2023年下半年小学教师资格考试"综合素质"卷 单选题）赵老师在班级里开展系列创新实践活动，将学生们的作品在教室陈列，并作为学生评优的重要参考。下列对赵老师的做法评价不正确的是（ ）。

A．不以学生的个性发展为教育重点

B．注重学生的创新能力培养

C．不以分数作为评价学生的唯一标准

D．注重对学生进行素质教育

解析：本题主要考查教师职业道德规范。题干中，赵老师开展系列创新活动，将学生的作品陈列在教室并作为学生评优的重要参考，说明赵老师注重学生的创新能力培养、注重学生的全面发展，实行素质教育，且不以分数作为评价学生的唯一标准，有利于培养学生的个性。本题要求选择不正确的选项，因此，本题选A。

五、为人师表——教师职业道德的内在要求

为人师表是指教师在言行举止方面做出表率，用自己的品德和行为对学生产生积极的影响。教师肩负着教书育人的神圣使命，有责任和义务高举"知荣明耻"的大旗，提高自身修养，严于律己，以身作则，为学生做出榜样。

（一）为人师表的重要性

为人师表是教师职业道德的内在要求。它能让教师发挥榜样的力量，为学生树立品行良好的典范，向学生传递正确的价值观，让学生受到"以德育德、以才育才、以爱育爱"的春风化雨式教育，促使学生形成良好的品格，为学生未来的发展奠定基础。同时，其还能促使教师加强自我锤炼，不断完善自我。此外，为人师表还能让教师用高尚的品德和情操对身边的人产生积极影响，从而促进良好社会风气的形成。

（二）为人师表的践行要求

《中小学教师职业道德规范》（2008年修订）明确规定了"为人师表"的践行要求："坚守

高尚情操，知荣明耻，严于律己，以身作则。衣着得体，语言规范，举止文明。关心集体，团结协作，尊重同事，尊重家长。作风正派，廉洁奉公。自觉抵制有偿家教，不利用职务之便谋取私利。"概括而言，教师应按照以下几个要求践行"为人师表"的职业道德规范。

1. 知荣明耻，率先垂范

自古以来，知荣明耻就被看作立身做人的底线。社会主义荣辱观体现了中华民族传统美德与时代精神的有机结合，也体现了社会主义基本道德规范和社会风尚的本质要求。教师应践行社会主义荣辱观，严于律己，增强行为示范意识，以身作则，做到遵纪守法、文明有礼、助人为乐、爱护公物、保护环境等，通过良好的言行对学生产生积极的影响。

2. 注重仪表，言行文明

仪表是个人修养的重要体现。在教育教学活动中，教师应注重自身的仪容仪表，做到仪容端庄，着装朴实整洁、美观大方，举止优雅，以成熟稳重的形象面对学生，在仪容仪态上为学生做好榜样，并培养学生形成正确的审美价值观。

语言是师生沟通情感、交流思想的桥梁。教师的职业特点要求教师必须加强语言修养，提高语言表达能力，能用规范的语言准确地表达教育教学内容，用富有激情的语言激发学生的求知欲。在教育教学活动中，教师应做到语言规范、语义清晰、用语文明、语气温和、语调适宜，为学生营造和谐的沟通氛围，让学生受到规范语言和文明礼仪的熏陶。

3. 关心集体，尊重他人

教师是一个集体，在各自的岗位上各司其职，并肩作战，彼此之间同心同德、团结协作。教师应处理好个人与集体、竞争与合作的关系，做到关心集体，与其他成员一起努力，形成优势互补的教育合力，共同实现教育教学的目标。

相互尊重是人际交往的前提。教师应学会尊重他人，建立和睦的同事关系、和谐的家校关系，形成融洽的工作氛围。首先，教师应正确看待自己和同事在教育工作中的价值，尊重和理解同事，相互学习，取长补短，共同进步。其次，教师应认识到自己和家长的教育目标是一致的，在家校共育的过程中尊重和理解家长，积极主动地与家长沟通，一视同仁地对待家长，真诚地为家长提供家庭教育指导服务。

4. 作风正派，廉洁奉公

在教育工作中，教师应当践行作风正派、廉洁奉公的职业道德规范。首先，教师应树立正确的职业观，牢记并践行为党育人、为国育才的初心使命，保证党的教育方针和决策部署在教育工作中得到贯彻落实。其次，教师应加强廉政学习，厚植廉洁奉公的高尚情怀，培养廉洁自律的道德操守，弘扬崇廉拒腐的社会风尚，坚持廉洁从教，不被物欲所诱，不被名利所惑，自觉抵制有偿家教，不利用职务之便谋取私利，率先垂范，为学生树立榜样。

总之，教师应树立正确的利益观，坚守教育情怀，在教育工作中为人师表，认真履行教书育人的职责。

小贴士

《中华人民共和国教育法》第五条明确了党的教育方针：教育必须为社会主义现代化建设服务、为人民服务，必须与生产劳动和社会实践相结合，培养德智体美劳全面发展的社会主义建设者和接班人。

礼 物

一阵敲门声后，门被打开了一道缝儿，一名学生怯生生地走进教师办公室，脚步缓慢地挪向安老师，并叫了一声："安老师。"安老师抬头看向他，原来是一年级三班的学生小非。"有事吗？"安老师问。"安老师，这支钢笔是我爸爸让我送给您的，他说一定要让您收下，这样我的成绩就会变好。"安老师愣了一下，说："我收下这支钢笔，你的成绩就会变好？""对，是我爸爸说的。反正他让我把钢笔交给您。"小非回答道。安老师望着这名略感不解和害怕的学生，不禁笑了起来。家长自然盼望老师能多关照自己的孩子，但他们哪里知道，想要让孩子在学习成绩上打个翻身仗，哪里是老师多关照就能奏效的呢！

看看那支钢笔，又看看那张充满期待的小脸，安老师说："好，那安老师就收下你这支钢笔了。""那太好了，下次考试我就能及格了。""但我有个条件。""您说吧，只要您收下它，什么条件都行。""安老师答应收下你的钢笔，但不是现在，而是等你的期末考试成绩及格以后。""那您还是不收呀，您不收我还是及不了格。"说着，小非的眼圈儿顿时红了。安老师急忙说："不是不收，而是安老师不想收你爸爸送的钢笔，要收你自己送的礼物，你明白吗？"小非似懂非懂地点了点头，问道："安老师，那我要怎样做才能让您收下这支钢笔呢？"安老师回答道："你只要做到以下两点：第一，上课时不走神，不做小动作；第二，下课后认真完成作业，遇到不明白的地方就来问我。""好，我一定让您收下这支钢笔。"说完，小非就转身跑掉了。后来，小非真的按照安老师所说的要求做了，学习成绩确实大有进步。

期末考试后，小非又拿着那支钢笔站到了安老师的面前，并说道："安老师，现在您该收下这支钢笔了吧。我考试及格了，这是我自己送给您的礼物。""你告诉我这支钢笔是哪里来的。""是我爸爸买的。""那这还能说是你自己送的礼物吗？"这下可把小非给难住了，他着急地说："安老师，我怎样才能送给您一份我自己的礼物呢？"安老师看着他那张略显焦急和充满疑惑的小脸，笑着说："傻孩子，你现在的学习成绩大有进步，这不就是你送给我的最好的礼物吗？"小非听了恍然大悟，高兴地说："老师，我明白了。下回我一定通过自己的努力送一份让您更加高兴的礼物。"

请思考： 对于学生给自己送礼物这件事情，案例中这位老师的处理恰当吗？为什么？

六、终身学习——教师专业发展的内在动力

终身学习是指教师在一生中持续不断地学习新知识和新技能,以适应社会发展和实现自身发展。构建服务全民终身学习的教育体系,形成全民学习、终身学习的社会,是关系到中华民族持续发展和伟大复兴的战略问题。教师应紧跟时代的步伐,响应国家的号召,践行终身学习的道德规范。

(一)终身学习的重要性

终身学习是教师专业发展的内在动力。它能够让教师不断更新理论知识和技能,提升自我价值,保持竞争力,增强自信心,进而帮助教师适应社会发展,拓宽职业发展道路;同时,还能够激发教师的创造力,进而推动教育工作的创新与发展,乃至社会的变革、发展和进步。

(二)终身学习的践行要求

《中小学教师职业道德规范》(2008年修订)明确规定了"终身学习"的践行要求:"崇尚科学精神,树立终身学习理念,拓宽知识视野,更新知识结构。潜心钻研业务,勇于探索创新,不断提高专业素养和教育教学水平。"概括而言,教师应按照以下几个要求践行"终身学习"的职业道德规范。

1. 崇尚科学精神,更新知识结构

科学精神是人们在探索科学知识和解决科学问题时所应具备的态度和价值观。它通常体现为追求真理、严谨求实、弘扬理性、崇尚创新、合作共享等观念。教师应崇尚科学精神,树立终身学习的理念,严谨笃学,做热爱学习、善于学习和重视学习的楷模,将培养科学精神贯穿到教育教学工作的每一个环节。

在信息时代做好教师,自己所知道的必须大大超过要教给学生的范围,不仅要有胜任教学的专业知识,还要有广博的通用知识。这就要求教师不断地拓宽知识视野,更新知识结构。只有具备了渊博的知识,教师才能不断提高自身的专业素养,从而在教育教学工作中做到游刃有余。

2. 潜心钻研业务,勇于探索创新

潜心钻研业务与勇于探索创新之间有着密切的联系,前者是后者的基础,后者是前者的升华。随着社会的发展,教育的内容在不断变化,新的教育问题层出不穷,这使得教师的工作更加具有挑战性。教师只有潜心钻研业务,才能掌握先进的教学理念和方法,不断更新自己的知识体系,提高教学技能和水平,更好地应对各种挑战。

但是,教师若只潜心钻研业务,教书育人,而不进行探索创新,那么其教育教学实践便很难有较大的进步。教师只有勇于探索创新,才能发现更适合学生的教育方式和手段,更好地满足学生的学习需求,取得更好的教育成效。同时,教师的探索意识和创新精神还能够潜

移默化地影响学生，激发他们的求知欲，培养他们的探索意识和创新精神。此外，教师的探索创新实践还能够为其他教师提供借鉴和启示，从而推动我国教育事业不断发展。

3. 开展教育研究，积极参加培训

教师应主动关注教育领域的最新研究成果，积极参加专业培训和研讨会，以丰富自己的教育教学知识，提升自己的教育理论水平和专业素养。此外，在教育教学实践中，教师还应不断反思和改进自己的教育教学方法，进而不断提升教育教学水平，改善教学效果。

博闻多识

教师职业道德规范的先进性

一、体现以人为本理念

教师职业道德规范充分体现了以人为本的理念。这一理念强调尊重学生、依靠学生、维护学生，并贯穿于教师职业道德的各个方面。它要求教师将学生作为教育的主体，关注学生的全面发展，尊重学生的个性差异，关注学生的情感需求和心理成长。同时，以人为本理念也强调全社会要尊重教师，关注教师的内心情感、自身价值及自身成长的心理需求，以充分调动广大教师在教育教学工作中的主动性、积极性和创造性。

二、坚持继承与创新相结合

教师职业道德的发展既有继承性，又有创新性。教师职业道德规范在继承优良传统的基础上，结合时代特点进行了创新。例如，它继承了"爱岗敬业""以身作则""诲人不倦"等师德传统，同时结合现代教育的需求，提出了"志存高远""素质教育""知荣明耻""终身学习""探索创新"等新的要求。这种继承与创新相结合的特征，使得教师职业道德规范更加符合时代发展的需要。

三、倡导性要求与禁止性规定相结合

教师职业道德规范既包含了倡导性的要求，也包含了禁止性的规定。倡导性的要求，如"爱国守法""爱岗敬业""关爱学生""教书育人""为人师表""终身学习"等，旨在引导教师树立正确的职业观念，积极履行教师的职责。禁止性的规定，如"不得有违背党和国家方针政策的言行""不得敷衍塞责""不讽刺、挖苦、歧视学生，不体罚或变相体罚学生"等，旨在明确教师行为的底线，防止教师违反职业道德规范。这种倡导性要求与禁止性规定相结合的特征，使得教师职业道德规范更加具有针对性和可操作性。

四、他律与自律相结合

教师职业道德规范强调他律与自律的有机结合。他律是指通过外部的制度、纪律等规范来约束教师的行为，而自律则是指教师自觉遵守职业道德规范，将其内化为自己的行为准则。他律是教师进行师德修养的外在动力，而自律则是教师进行师德修养的内在动力。教师职业道德规范在注重他律的同时，更加强调自律的重要性，倡导广大教师自觉践行。这种他律与自律相结合的特征，有助于提升教师的职业道德水平，促进教师队伍的健康发展。

项目一 明确道德规范，崇尚文明新风

讲述模范教师故事

活动目的

学生应通过讲述模范教师故事，加深对教师职业道德规范的认识，坚定践行教师职业道德规范的信念。

活动要求

（1）结合所学知识和故事内容，阐释"教书育人""为人师表"的内涵。

（2）通过讲述模范教师故事，生动诠释教师的使命与担当。

（3）活动结束后，每人写一篇总结，内容应包括自己对"教书育人""为人师表"内涵的理解、关于模范教师故事的心得体会，以及践行教师职业道德规范的详细计划等。

"学以致用"
实训报告 1-1

活动过程

各组成员分工合作，参照表 1-1 所示的内容，开展实践活动。

表 1-1　活动名称及实施步骤

活动名称	实施步骤
准备工作	（1）全班学生按照 4～6 人为一组，分成若干小组
	（2）各组成员通过多种渠道搜集中小学模范教师的事迹材料
实施过程	（3）各组成员整理所搜集的材料，确定故事主线，并组织故事内容
	（4）各组成员推选故事讲述人，由其讲述模范教师故事
活动小结	（5）各组讨论本组成员在此次活动中的综合表现，各组成员总结自己在活动中的收获

心得体会

任务二　熟悉教师职业行为规范

情景导入

小杰的故事

在学习上，小杰总是"慢半拍"。与其他同学相比，同样的学习内容，他要反复学习才能掌握。为了提高他的学习成绩，班主任花费了许多精力，全力以赴地帮助他补习课业。尽管如此，他的学习成绩仍然没有起色。随着年级的升高，每增加一门新学科，就多一位因他的学习成绩而找他母亲谈话的教师。

小杰跌跌撞撞地进入了五年级。在一些课上，特别是科学课上，教师除了要求学生听讲和记忆，还要求学生动手操作，引导学生通过操作获取知识。科学教师惊讶地发现，小杰在操作活动中展现出了其他学生远远不及的能力。例如，他可以精细、准确地切开砧木的树皮，剥出插条上的幼芽并进行果树嫁接，而这些操作连一些园丁都不一定能做好。最令科学教师激动的是，小杰对一些自然现象有着浓厚的兴趣和独到的认识。于是，科学教师向其他教师宣布，小杰是一名聪明好学的学生，他能够在每一次的操作活动中都展示出较高水平的技艺。

之后，科学教师在实验室里开辟了一个操作角，鼓励并支持小杰进行各种有趣的实验。在那里，小杰甚至完成了技艺水平很高的、只有经验非常丰富的高级园艺师才能完成的植物栽培实验。实验成功后，小杰完全转变了，他的思维"觉醒"了。原先胆怯、反应迟钝的表现慢慢地消失了，取而代之的是旺盛的求知欲，对所学习知识的透彻理解和牢固掌握，以及一年比一年进步的学习成绩。后来，小杰考上了农学院，毕业后成为一名出色的农艺师。

任务清单

（1）案例中的教师展现出了哪些职业行为？

（2）案例中的小杰从一个比别人"慢半拍"的孩子成为一名出色的农艺师，你认为产生这种巨大变化的原因是什么？

教师职业行为规范不仅是提高教育质量、维护良好师生关系、提升教师职业素养和职业道德水平的重要保障，也是维护教育行业形象和声誉的重要措施。因此，每一位教师都应高度重视职业行为规范的执行工作，为教育事业的健康发展提供源源不断的动力。

项目一　明确道德规范，崇尚文明新风

一、教师职业行为规范的主要内容

（一）思想行为规范

教师的思想行为规范主要体现在忠诚党的教育事业、贯彻党的教育方针、热爱祖国和教育事业、遵守法律法规和职业道德规范等方面。

1. 忠诚党的教育事业

教师要坚守政治忠诚，坚持不懈地用党的创新理论铸魂育人，牢记"为党育人、为国育才"的初心和使命，矢志报国，做信仰坚定的好教师。强化责任担当是忠诚于党的教育事业的实践要求。这就要求教师要树立高尚师德，坚持以德修身、以德治教、以德育人；潜心从教治学，培养终身学习的习惯，精心钻研业务，提升育人本领；倾情关爱学生，用真情、真心、真诚教育和影响学生，成为学生的良师益友。

2. 贯彻党的教育方针

教师要学习和领会党的教育方针，掌握其内涵及实质，正确处理德育、智育、体育及美育之间的关系，遵循教育规律，总结教育经验，明确培养人才的标准。具体而言，教师应确保教育必须为社会主义现代化建设服务、为人民服务；确保教育与国民经济发展的要求相适应，并不断探索新的结合方式和内容；确保对学生的教育不仅是知识的传授，更是素质和能力的培养，以实现学生的全面发展。

3. 热爱祖国和教育事业

热爱祖国体现在教师对祖国的山河、人民和灿烂文化具有深厚的感情，以及在追求个人发展的同时，能够为祖国的稳定、发展和繁荣贡献力量。

热爱教育事业意味着教师要对自己的职业投入深厚的情感，愿意为此付出和奉献；要甘于寂寞和辛苦，能够受得住挫折，全身心地投入教学实践中。

4. 遵守法律法规和职业道德规范

遵守法律法规主要包括教师遵守宪法和各项法律法规、维护国家安全和社会秩序、尊重和保护人权、保护公共财产和私人财产，以及积极履行法律义务和责任等。

教师职业道德规范能够确保教师在教育过程中的行为符合教育规律和教育目的。遵守教师职业道德规范有利于树立良好的教师形象，营造积极的教育氛围，提升教育效果，增强学生和家长的信任感，并通过言传身教影响学生的价值观及行为习惯的养成。

（二）教学行为规范

教师的教学行为规范主要体现在教学态度、教学方法和教学纪律等方面。

1. 教学态度

教学态度直接反映了教师对教育事业的热爱和投入程度。具体而言，教师应具备的教学态度主要包括以下几个方面的内容：① 严肃认真地对待教学工作，全心全意地投入其中，确保教学质量；② 勤勉敬业，乐于奉献，为学生的成长和发展付出自己的努力和汗水；

③ 具备较强的责任心，对自己的教学工作负责，对学生的成长负责。

2. 教学方法

教学方法是教师传授知识和技能的重要手段，其直接影响学生的学习兴趣和效果。教师对教学方法的合理运用体现在以下几个方面：① 根据学生的实际情况和个体差异，采用不同的教学方法，以满足学生的不同需求；② 注重对学生的学习方法进行指导，培养他们的自学能力和解决问题的能力；③ 精心组织课堂教学，激发学生的求知欲和学习兴趣，营造轻松活泼的课堂氛围，提升教学效果。

3. 教学纪律

严明的教学纪律有助于教学活动的有序进行和学生学习效率的提升。为此，教师应做到以下几点：① 严格遵守教学时间，按时上下课，不拖堂，不提前下课；② 按照教学计划和教学大纲的要求教学，不随意增删教学内容，确保教学进度和教学质量；③ 及时认真地批改学生的作业，并给予学生适当的指导和帮助。

（三）人际行为规范

教师的人际行为规范主要体现在教师与学生、家长及同事的相处等方面。

1. 教师与学生的相处要求

教师应尊重学生的个性、兴趣和意见，避免以权威姿态压制学生；理解学生的成长背景和个体差异，为学生提供个性化的指导和支持；鼓励学生积极参与课堂讨论和课外活动，培养他们的自信心和创造力；引导学生树立正确的价值观和人生观，帮助他们形成独立思考和解决问题的能力。

在评价和奖励学生时，教师应保持公正和客观，避免主观偏见和歧视；对所有学生采用相同的评价标准，并确保每个学生都能得到充分的关注。

2. 教师与家长的相处要求

教师应主动与家长保持联系，定期传达学生的学习情况和表现；与家长共同制订学生的教育计划和目标，形成家校共育的良好氛围；尊重家长的意见和建议，认真倾听他们的诉求和期望；理解家长的教育理念，为家长提供科学的教育方法和建议。

在家长遇到教育难题时，教师应给予家长必要的帮助和支持，配合家长解决学生在学习和生活中遇到的问题，共同促进学生的健康成长。

3. 教师与同事的相处要求

教师之间应相互支持、相互配合，共同为学校的发展和学生的成长贡献力量。教师应尊重同事的教学风格和学术成果，避免嫉妒和贬低；理解同事的工作压力和困难，并予以必要的关心和帮助。

教师应在与同事的竞争中保持友好和公正的态度，与同事共同提升教学质量和学术水平。同时，教师也应在与同事的合作中充分发挥自身的优势和特长，与同事实现资源共享和优势互补。

（四）仪表行为规范

教师的仪表行为规范主要体现在教师的着装、仪容仪表及举止等方面。

教师的着装应与自己的体型、肤色、年龄和性别相适应，选择整洁、大方且得体的服饰，避免穿着过于暴露或透明的服饰，不佩戴烦琐或稀奇古怪的饰品。在重要场合或学校有统一要求时，教师应穿着正装。

教师应保持整洁的仪容仪表，如牙齿洁白、口腔无异味、头发干净等。同时，教师还应勤洗手、勤修剪指甲，不涂色彩鲜艳的指甲油。

教师的举止应文明、端庄、得体。在讲课或与学生、家长交流时，教师应保持平和、友善的态度，避免使用粗鲁、不礼貌的语言或行为。

二、新时代中小学教师职业行为十项准则

教育部于2018年印发的《新时代中小学教师职业行为十项准则》是结合新时代、新要求、新形势、新问题制定的中小学教师职业行为规范，是对教师职业道德规范的继承和发展。

（一）具体内容

1. 坚定政治方向

坚持以习近平新时代中国特色社会主义思想为指导，拥护中国共产党的领导，贯彻党的教育方针；不得在教育教学活动中及其他场合有损害党中央权威、违背党的路线方针政策的言行。

2. 自觉爱国守法

忠于祖国，忠于人民，恪守宪法原则，遵守法律法规，依法履行教师职责；不得损害国家利益、社会公共利益，或违背社会公序良俗。

3. 传播优秀文化

带头践行社会主义核心价值观，弘扬真善美，传递正能量；不得通过课堂、论坛、讲座、信息网络及其他渠道发表、转发错误观点，或编造散布虚假信息、不良信息。

4. 潜心教书育人

落实立德树人的根本任务，遵循教育规律和学生成长规律，因材施教，教学相长；不得违反教学纪律，敷衍教学，或擅自从事影响教育教学本职工作的兼职兼薪行为。

5. 关心爱护学生

严慈相济，诲人不倦，真心关爱学生，严格要求学生，做学生的良师益友；不得歧视、侮辱学生，严禁虐待、伤害学生。

6. 加强安全防范

增强安全意识，加强安全教育，保护学生安全，防范事故风险；不得在教育教学活动中遇突发事件、面临危险时，不顾学生安危，擅离职守，自行逃离。

7. 坚持言行雅正

为人师表，以身作则，举止文明，作风正派，自重自爱；不得与学生发生任何不正当关系，严禁任何形式的猥亵、性骚扰行为。

8. 秉持公平诚信

坚持原则，处事公道，光明磊落，为人正直；不得在招生、考试、推优、保送及绩效考核、岗位聘用、职称评聘、评优评奖等工作中徇私舞弊、弄虚作假。

9. 坚守廉洁自律

严于律己，清廉从教；不得索要、收受学生及家长的财物或参加由学生及家长付费的宴请、旅游、娱乐休闲等活动，不得向学生推销图书报刊、教辅材料、社会保险或利用家长资源谋取私利。

10. 规范从教行为

勤勉敬业，乐于奉献，自觉抵制不良风气；不得组织、参与有偿补课，或为校外培训机构和他人介绍生源、提供相关信息。

（二）重要意义

教师是全面建成社会主义现代化强国的重要力量，是落实立德树人的根本任务、培养德智体美劳全面发展的社会主义建设者和接班人的关键。绝大多数教师都敬重学问、关爱学生、严于律己、为人师表，受到学生的尊敬和爱戴。但是也有极个别教师理想信念模糊，育人意识淡薄，放松自我要求，甚至出现严重违反师德的行为，损害教师队伍形象，影响学生健康成长。

同时，在我国发展新的历史方位下，人民群众对优质教育的需求日益增长，知识获取和传授的方式、教学关系都发生了革命性的变化，这些都对教师队伍的能力和水平提出了更高、更新的要求。

制定教师职业行为准则，明确新时代教师职业规范，针对主要问题、突出问题划定基本底线，加强师德师风建设，是建设政治素质过硬、业务能力精湛、育人水平高超的高素质教师队伍的重要举措，也为教师严格自我约束、规范职业行为、加强自我修养提供基本遵循。

教师职业行为情景模拟

活动目的

学生应通过模拟教师在教育教学活动中的行为，深入认识教师在教育教学、人际关系和仪容仪表等方面应遵循的职业行为规范。

项目一　明确道德规范，崇尚文明新风

活动要求

（1）各组设定的情景应较为常见，所反映的职业行为应具有典型性。

（2）各组的情景模拟应尽量生动，以便给观看者留下深刻的印象。

（3）活动结束后，每人写一篇总结，内容应包括自己对情景模拟的参演和观看体会，以及践行教师职业行为规范的详细计划等。

"学以致用"
实训报告 1-2

活动过程

各组成员分工合作，参照表 1-2 所示的内容，开展实践活动。

表 1-2　活动名称及实施步骤

活动名称	实施步骤
准备工作	（1）全班学生按照 4~6 人为一组，分成若干小组
	（2）各组成员通过多种渠道搜集相关资料并撰写剧本
	（3）各组成员分配角色，并根据剧本内容进行排练
实施过程	（4）各组成员轮流上台进行情景模拟
	（5）其他小组认真观看，并对表演进行点评，分析情景模拟中教师的职业行为是否符合相关规范，并阐述原因
活动小结	（6）教师根据各组学生的表现情况，对本次活动进行评价和总结

心得体会

任务三　明确中小学教师职业行为红线

情景导入

职业行为红线不可逾越

申某自从进入某中学执教以来，一直对自己的收入不太满意。在某次老乡聚会上，申某受到同为中学教师的管某的启发，决定寻找一份副业，随后加入网络零售行业。他不仅在课余时间打理自己的网店，还经常在课堂上给自己的网店做广告，让学生加入自己的微信购物群，甚至采用虚假购买行为帮助网店刷好评。申某的行为严重影响了教学工作的正常开展，并遭到了学生的举报。学校对申某进行了批评教育，责令其停止在课堂上从事无关教学的行为，并给予其行政警告处分。

任务清单

（1）案例中的申某有哪些违反教师职业道德的行为？

（2）对中小学教师违反职业道德行为的处理，应符合哪些规定？

教师职业行为红线是教师在职业道德方面必须坚守的底线。它明确了教师职业行为的最低标准，是规范教师职业行为的重要参照。《中小学教师违反职业道德行为处理办法（2018年修订）》（以下简称《处理办法》）对教师违反职业道德的行为及其处理原则、处理方式做出了规定，中小学校及其主管部门应严格遵守相关规定，规范教师的职业行为，加强师德师风建设，从而促进中小学教育事业的健康发展。

《中小学教师违反职业道德行为处理办法（2018年修订）》

一、中小学教师违反职业道德行为的类型

按照内容划分，教师违反职业道德的行为可以分为以下几类。

（一）违背政策，损害公益

违背政策是指教师的言行违背党的路线、方针和政策，损害党中央权威。根据《处理办法》第四条第一项的规定，教师违背政策的行为即"在教育教学活动中及其他场合有损害党中央权威、违背党的路线方针政策的言行"，应予以处理。

党中央是我国政治生活的领导核心，其权威不容挑战。同时，党的路线、方针和政策是党对国家发展总方向的要求，对党和国家的发展具有根本性的重要意义，任何组织或个人都不得有损害党中央权威和违背党的路线、方针和政策的言行。

教师作为教育工作者，肩负着培养社会主义建设者和接班人的重要使命，应维护党中央权威，坚定不移地贯彻执行党的路线、方针和政策，用正确的政治理论武装自己的头脑、指导教育教学实践、推动中小学教育事业全面发展，培养德智体美劳全面发展的社会主义建设者和接班人。

损害公益是指教师的言行损害国家利益和社会公共利益，违背公序良俗。这类行为通常包括贪污腐败的行为、教育不公的行为、不履行教师职责的行为、浪费教育资源的行为、学术不端的行为等。根据《处理办法》第四条第二项的规定，教师损害公益的行为即"损害国家利益、社会公共利益，或违背社会公序良俗"，应予以处理。教师肩负着建设中小学教育事业的重大责任，如果做出损害公益的言行，社会的稳定与和谐就会遭到破坏。因此，教师应具有高度的社会责任感，始终维护国家利益和社会公共利益，严格遵守社会公序良俗，为社会的和谐发展贡献自己的力量。

（二）散发虚假、不良信息

散发虚假、不良信息是指教师通过各种渠道，散发不符合客观情况的信息，以及违背社会主义精神文明建设要求、违背中华民族优良传统文化习俗及其他违背社会公德的信息。根据《处理办法》第四条第三项的规定，教师散布虚假、不良信息的行为即"通过课堂、论坛、讲座、信息网络及其他渠道发表、转发错误观点，或编造散布虚假信息、不良信息"，应予以处理。这类行为容易引发社会舆论的混乱，进而对社会稳定带来负面影响。因此，教师通过各种渠道发表、转发观点时应持审慎、负责的态度，确保信息的真实性和合法性。

（三）厌岗怠业，以职谋私

厌岗怠业是指教师对自己的岗位产生厌倦情绪，对工作敷衍塞责。以职谋私是指教师利用职务之便，为个人谋取私利。根据《处理办法》第四条第四项、第六项、第八项至第十项的规定，教师厌岗怠业、以职谋私的行为主要包括以下几种，应予以处理。

（1）违反教学纪律，敷衍教学，或擅自从事影响教育教学本职工作的兼职兼薪行为。

（2）在教育教学活动中遇突发事件、面临危险时，不顾学生安危，擅离职守，自行逃离。

（3）在招生、考试、推优、保送及绩效考核、岗位聘用、职称评聘、评优评奖等工作中徇私舞弊、弄虚作假。

（4）索要、收受学生及家长的财物或参加由学生及家长付费的宴请、旅游、娱乐休闲等活动，向学生推销图书报刊、教辅材料、社会保险或利用家长资源谋取私利。

（5）组织、参与有偿补课，或为校外培训机构和他人介绍生源、提供相关信息。

这些行为不仅严重损害了学生及其家长的合法权益，还会对教师队伍的社会形象和声誉造成影响。教师要明确这些行为的严重性和危害性，在教育工作中忠于职守，勤奋耕耘，廉洁自律，用实际行动谱写中小学教育事业的赞歌。

> **课证融通**
>
> （2023年上半年小学教师资格考试"综合素质"卷　单选题）临近考试，贾老师用班级微信群向家长推荐其家乡的农副产品。贾老师的错误在于（　　）。
>
> A．信息传递的时机不对
> B．在家长群里发布广告
> C．信息传递的方式不妥
> D．在家长群里发信息

> **解析：** 本题主要考查教师违反职业道德行为的相关知识。考生需要在充分理解教师违反职业道德行为的基础上作答。题干中，贾老师利用职务之便向家长推荐其家乡的农副产品，不仅损害了学生及其家长的合法权益，还会对教师队伍的社会形象和声誉造成影响。因此，本题选B。

（四）损害学生身心健康

根据《处理办法》第四条第五项和第七项的规定，教师损害学生身心健康的行为主要包括以下两种，应予以处理。

（1）歧视、侮辱学生，虐待、伤害学生。

（2）与学生发生不正当关系，有任何形式的猥亵、性骚扰行为。

歧视、侮辱学生是对学生人格的漠视，虐待、伤害学生是对学生身体的直接伤害，猥亵、性骚扰行为更是对学生人身权利的直接侵犯。这些行为从不同方面损害了学生的身心健康，都会对学生身心造成不可弥补的伤害。因此，教师在日常工作中一定要规范自己的行为，杜绝发生这些行为。

二、中小学教师违反职业道德行为的处理

（一）处理方式与期限

《处理办法》第三条第一款规定了对违反职业道德的教师的处理方式及其期限。处理方式包括处分和其他处理。

处分包括警告、记过、降低岗位等级或撤职、开除。警告期限为6个月，记过期限为12个月，降低岗位等级或撤职的期限为24个月。此外，如果违反职业道德的教师是中共党员，则应同时予以党纪处分。

其他处理包括给予批评教育、诫勉谈话、责令检查、通报批评，以及取消在评奖评优、职务晋升、职称评定、岗位聘用、工资晋级、申报人才计划等方面的资格。取消相关资格的处理执行期限不得少于24个月。

（二）处理的权限与程序

不同的处理方式，对应不同的实施主体。《处理办法》第七条对给予教师处理的权限做出了规定，中小学校及其主管部门在给予教师处理时应根据如下规定进行。

（1）警告和记过处分，公办学校教师由所在学校提出建议，学校主管教育部门决定。民办学校教师由所在学校决定，报主管教育部门备案。

（2）降低岗位等级或撤职处分，由教师所在学校提出建议，学校主管教育部门决定并报同级人事部门备案。

（3）开除处分，公办学校教师由所在学校提出建议，学校主管教育部门决定并报同

级人事部门备案。民办学校教师或未纳入人事编制管理的教师由所在学校决定并解除其聘任合同,报主管教育部门备案。

(4)给予批评教育、诫勉谈话、责令检查、通报批评,以及取消在评奖评优、职务晋升、职称评定、岗位聘用、工资晋级、申报人才计划等方面资格的其他处理,按照管理权限,由教师所在学校或主管部门视其情节轻重做出决定。

学校及学校主管教育部门发现教师存在违反《处理办法》第四条列举行为的,应及时组织调查核实,视情节轻重给予相应处理。学校及学校主管教育部门做出处理决定前,应听取教师的陈述和申辩,听取学生、其他教师、家长委员会或家长代表的意见,并告知教师有要求举行听证的权利。对于拟给予降低岗位等级以上的处分,教师要求听证的,拟做出处理决定的部门应组织听证。

> **小贴士**
>
> 《处理办法》第六条规定,中小学校及其主管部门在处理违反职业道德行为的教师时应遵循以下3个原则:① 坚持公平公正、教育与惩处相结合的原则;② 与其违反职业道德行为的性质、情节、危害程度相适应;③ 事实清楚、证据确凿、定性准确、处理恰当、程序合法、手续完备。

(三)申诉与复议

教师在收到处理决定后,如果对处理决定不服,则可以向有关部门申请复核、提出申诉。《处理办法》第九条第一款规定:"教师不服处理决定的,可以向学校主管教育部门申请复核。对复核结果不服的,可以向学校主管教育部门的上一级行政部门提出申诉。"

"师德师风建设"主题案例分析

活动目的

学生应通过案例分析,加深对教师违反职业道德行为的认识,明确教师违反职业道德行为的处理方式,坚守职业行为红线。

活动要求

(1)全班学生按照4~6人为一组,分成若干小组。
(2)各组成员阅读并分析下列案例。

"学以致用"
实训报告1-3

案例一：小李是某中学的班主任，她在工作过程中掌握了许多家长的个人信息，包括他们的联系方式、家庭住址、工作单位、职业等。一次，小李在与从事摄影工作的朋友小张聊天时，得知小张的摄影工作室生意不好，急需拓展客户。小李便将一部分家长的联系方式分享给了小张。小张获得家长的联系方式后，按照家长的人数向小李支付了一些报酬。小李见状，便将其余家长的联系方式也告知了小张，并从小张那里获得了另一份报酬。

案例二：教师小赵经常以学生弄坏了自己的物品为由向家长索要钱财。一次，一年级学生欣欣的家长卢女士拒绝向小赵转账，小赵便在班级里大声责骂欣欣，并让欣欣站着听课。

案例三：一天，某小学的教师小刘组织二年级学生开班会。在班会过程中，教室突然摇晃了起来。小刘立即意识到发生了地震，他一边安抚学生，一边组织学生躲到桌子底下。几分钟后，教室摇晃得越来越厉害，求生的本能促使小刘迅速逃到了操场上。事后，小刘迫于舆论压力，在网上发布了"我不是先人后己、勇于牺牲自我的人，我只关心自己的生命""哪怕面对我母亲，在这种情况下我也不会管的"等言论。

活动过程

各组成员分工合作，参照表1-3所示的内容，开展实践活动。

表1-3　活动名称及实施步骤

活动名称	实施步骤
行为分析	（1）各组成员讨论案例中教师的行为是否违反职业道德
	（2）各组成员谈谈这些行为会给学生、家长、学校、社会等带来哪些影响
处理决定及依据	（3）各组按照《处理办法》的规定，对案例中违反职业道德的教师做出合理的处理决定，并说出依据
撰写报告	（4）各组撰写一份案例分析报告。报告的内容要有理有据、逻辑清晰，语言要准确规范、简洁明了
活动小结	（5）教师根据各组学生的表现情况，对本次活动进行评价和总结

心得体会

项目一 明确道德规范，崇尚文明新风

项目检测

一、不定项选择题

1. （　　）是教师职业道德的基本要求。
   A．爱岗敬业　　　　　　　　B．爱国守法
   C．为人师表　　　　　　　　D．教书育人

2. 教师教书育人应（　　）。
   A．爱岗敬业　　　　　　　　B．循循善诱
   C．诲人不倦　　　　　　　　D．因材施教

3. 为人师表的要求有（　　）。
   A．言行文明　　　　　　　　B．严慈相济
   C．知荣明耻　　　　　　　　D．衣着得体

4. （　　）是教师职业道德的本质要求。它要求教师拥有教育理想，具有甘为人梯的奉献精神和忠于职守的工作态度。
   A．遵纪守法　　　　　　　　B．爱岗敬业
   C．诚实守信　　　　　　　　D．团结互助

5. 下列选项中，属于《新时代中小学教师职业行为十项准则》的有（　　）。
   A．坚定政治方向　　　　　　B．传播优秀文化
   C．加强安全防范　　　　　　D．坚持言行雅正

6. 根据《处理办法》的规定，下列选项中不属于教师违反职业道德的行为是（　　）。
   A．在家长会上编造并散布虚假信息、不良信息
   B．身体不适仍坚持工作
   C．乘坐家长的车出去游玩
   D．组织、参与有偿补课

7. 根据《处理办法》的规定，给予教师警告处分的期限为（　　）。
   A．6个月　　　　　　　　　　B．12个月
   C．24个月　　　　　　　　　D．3个月

二、判断题

1. 爱岗敬业是教师职业道德的灵魂。　　　　　　　　　　　　　　　（　　）
2. 无论在哪种情况下，教师都不得讽刺、挖苦、歧视学生，不得体罚或变相体罚学生。　　　　　　　　　　　　　　　　　　　　　　　　　　　　（　　）
3. 终身学习是教师专业发展的内在动力。　　　　　　　　　　　　　（　　）

4. 教师应遏制学生的兴趣和意见，避免其成绩下降。（   ）

5. 教师应在与同事的竞争中保持友好和公正的态度，与同事共同提升教学质量和学术水平。（   ）

三、简答题

1. 简述教师爱岗敬业的重要性。
2. 简述教师关爱学生的践行要求。
3. 教师应如何践行终身学习的理念？
4. 简述中小学教师违反职业道德行为的类型。
5. 简述中小学教师违反职业道德行为的处分方式及其期限。

四、案例分析题

案例一：

潘老师从事小学教育工作已经6年了，她总是说："每一个学生都有被爱的权利，都应该得到充分的发展。"在日常教学工作中，潘老师不仅会让那些反应快、能力强的学生回答问题或做示范，还会经常关注那些胆小、性格内向的学生，鼓励他们也回答问题。对于这些因紧张而回答不出问题或表现不佳的学生，潘老师会适时给予引导。下课后，潘老师会主动与这些学生交流，倾听他们的心声，锻炼他们的语言表达能力。此外，潘老师还会经常与这些学生的家长进行沟通，共同寻找促进学生发展的适宜方法。

案例二：

一天，某中学办公室的几位教师在聊天。当谈及当今教师的负担较重且收入不尽如人意时，刘老师说："我工作的原则就是对得起良心，消极应付工作的事我当然不会做，但是让我天天加班，用自己的业余时间去批改作业我也做不到。"听了她的话，王老师频频点头，说："现在是市场经济，讲的是等价交换，给我发多少钱我就干多少事。"

（1）请你运用所学知识，分析案例一中潘老师的做法。

（2）你同意案例二中两位教师的观点吗？这两位教师的观点符合教师职业道德的基本原则吗？为什么？

项目一　明确道德规范，崇尚文明新风

预期学习成果评价

教师应对学生的理论知识学习情况、实践技能掌握情况、素养目标达成情况、实践活动成果等进行评价，请各位学生配合指导教师共同完成预期学习成果评价表（见表1-4）。

表1-4　预期学习成果评价表

班级			姓名		学号		
组号			指导教师		日期		
评价维度	评价标准			分值	评分		
					自评	互评	师评
基本知识 30分	能够阐述教师职业道德规范的重要性与内容			10			
	能够复述教师职业行为规范的主要内容			4			
	能够简要概括《新时代中小学教师职业行为十项准则》的内容			8			
	能够简要概括中小学教师违反职业道德行为的类型和处理方式			8			
实践技能 30分	能够发现优秀教师所具备的良好的职业道德素养，并努力向他们学习			10			
	能够正确认识个别教师的不良道德行为，并勇于同这种行为作斗争			10			
	能够认识到教师职业道德的重要性，并积极提升自己的综合素养			10			
综合素质 20分	能够按时、按要求完成所有的课堂互动、实践活动			10			
	具有良好的语言表达能力和较强的逻辑思维能力，能够主动参与团队决策，与其他团队成员之间相互协作、积极沟通			10			
活动成果 20分	故事讲述主题明确、内容丰富，富有感染力			5			
	小组分工明确，团队成员配合默契，情景模拟场面生动			5			
	案例分析报告内容充实、逻辑清晰			5			
	交流分享时表述清晰、准确、生动			5			
	合计			100			
总评	自评（30%）+互评（30%）+师评（40%）=						
教师评语					教师（签名）：		

项目二

践行职业道德，勇担初心使命

 项目导读

教师在开展教育教学工作时，不可避免地要与学生、家长、同事及管理者建立关系。在处理这些关系和各种事务的过程中，教师需要积极践行职业道德，以便顺利推进教育教学工作，更好地应对工作中的压力与挑战。本项目将分别介绍教师与学生、家长、同事、管理者的关系中应践行的职业道德。

 学习目标

知识目标

- 掌握教师在与学生的关系中应践行的职业道德。
- 熟悉教师在与家长的关系中应践行的职业道德。
- 掌握教师在与同事的关系中应践行的职业道德。
- 领会教师在与管理者的关系中应践行的职业道德。

能力目标

- 能够在人际关系中践行相关的职业道德。
- 能够积极应对人际关系中的压力与挑战，适时调整自己的心态。

素养目标

- 在学习、生活中与他人相处时，能够遵循尊重、平等、谦虚、包容的原则。
- 树立沟通合作意识，在学习与生活中，能够愉快地与他人合作。

项目二　践行职业道德，勇担初心使命

任务一　在与学生的关系中践行职业道德

把"茧"打开

马老师班上有一名学生性格极度内向，平时极少与老师和同学们交流，好像生活在茧房里一样，成绩也不太理想。在马老师刚教这名学生时，他连眼神都刻意回避马老师。为此，马老师找到了他的家长进行沟通，并决心帮助这名学生改变不良现状。

在课堂上，马老师不时关注这名学生的上课状态，并尽量多向他提问；下课后，马老师也经常把他叫到跟前，及时了解他对新知识的掌握情况，并多与他聊天，缓解其内心的紧张情绪。慢慢地，马老师不仅收获了这名学生感激的眼神，还看到了他发自内心的笑容。这名学生的家长高兴地对马老师说："老师，我儿子说自己在学习上开始入门了。"听到这句话时，马老师兴奋不已。

（1）马老师能够使这名学生改变不良现状的关键是什么？

（2）教师应从哪些方面入手，以做到尊重学生、真诚关爱学生？

良好的师生关系是教师和学生既作为独立且完整的个体，又作为合作者与共享共创者所构建而成的一种相互理解、相互尊重、相互信任的和谐且亲密的关系。它不仅是教育教学活动顺利进行的助推器，而且对教师和学生的发展，以及学校和谐氛围的营造都发挥着重要的作用。

在与学生相处的过程中，教师的职业道德水平会直接影响教育教学质量和学生的健康成长。因此，教师必须加强自己与学生关系中的职业道德建设。

一、尊重学生，真诚关爱

尊重学生是教师开展教育教学活动的基本道德要求。教师应认识到每个学生都是独立的个体，拥有独立的人格和尊严。为此，教师应做到以下几点。

（1）尊重学生的人格。教师应将学生视为平等的交流对象，避免任何形式的侮辱、歧视或贬低。通过尊重学生的个性、兴趣和选择，教师可以营造一个包容、开放的学习环境，从而激发学生的创造力和创新精神。

（2）倾听与理解。学生在学习过程中可能会产生不同的观点和想法。教师应耐心倾听学生的想法和意见，理解他们的需求和困惑，从而为他们提供更有针对性的帮助和指导。

（3）尊重学生的隐私。学生的个人信息和隐私应受到严格保护。教师在处理学生信息时，应确保学生的隐私不被泄露。

真诚关爱学生是教师的天职，也是教育成功的关键。关爱意味着教师不仅要关注学生的学习成绩，还要关心他们的身心健康和全面发展。为此，教师应做到以下几点。

（1）关注个体差异。教师应了解每个学生的特点和需求，为他们提供个性化的指导和支持，帮助他们充分发挥自己的潜能。

（2）情感支持。教师应与学生建立良好的师生关系，给予他们情感上的支持和安慰，帮助他们应对学习和生活中的困难和挑战。

（3）引领成长。教师应以身作则，用自己的言行影响学生，引导他们树立正确的人生观和价值观，培养他们的社会责任感。

博闻多识

中小学生发展的时代特点

一、生理成熟期提前

当代中小学生的生理成熟期普遍提前，这与当今社会的进步和生活质量的提高密切相关。性早熟现象在中小学生群体中变得越来越常见，女童可能在8岁前、男童可能在9岁前便显现出第二性征。这种生理上的变化对中小学生的心理、行为和社交都产生了深远影响，需要教师、家长和社会给予更多的关注和引导。

二、学习目的多元化与实用化

随着社会的快速发展和信息的爆炸式增长，中小学生的学习目的不再仅仅局限于获取知识本身，而是更加多元化和实用化。他们更加注重学习的实用性及其与未来发展的相关性，希望通过学习掌握更多的知识和技能，为自身未来的发展打下坚实的基础。这种学习目的的转变要求教师在教学内容和方法上进行创新，以满足学生的多元化需求。

三、价值观念多元化

在全球化、信息化的时代背景下，中小学生的价值观念呈现出多元化的趋势。他们不仅受到传统文化和价值观的影响，还受到来自不同国家的价值观的冲击。这种多元价值观的存在使得中小学生的思想观念更加复杂和多变，同时也存在一些困惑和思想冲突。因此，教师需要加强对学生的价值观教育，引导他们树立正确的价值观和人生观。

四、自我意识增强

当代中小学生的自我意识普遍增强，他们更加注重自我表达和个性展示。同时，他们也具有一定的社会交往能力，能够与他人建立良好的人际关系和合作关系。这种自我意识和社交能力的增强有助于他们在未来的生活和工作中更好地适应社会环境，实现个人价值。

五、心理问题增多

随着社会的快速发展和竞争的加剧，中小学生的心理问题日益增多。他们可能面临学习、家庭关系、人际关系等多方面的困扰和挑战。这些问题如果得不到及时的关注和解决，可能会对学生的身心健康产生严重影响。因此，教师需要加强对学生的心理健康教育，并提供必要的心理支持和辅导，帮助他们培养健康的心态和应对压力的能力。

项目二　践行职业道德，勇担初心使命

二、一视同仁，平等对待

无论学生来自什么样的家庭，其性格、相貌、健康状况、学习成绩如何，教师都应一视同仁，在教育教学活动中平等地对待每个学生，为他们提供平等的发展机会，不偏爱、不歧视任何一个学生。具体而言，教师应做到以下几点。

（1）教师应了解每个学生的家庭背景、学习习惯、性格特点等，以便更好地了解他们的需求和困惑，为他们提供富有针对性的教育。

（2）教师在评价学生时，应客观公正地看待每个学生的表现，避免主观臆断和偏见。同时，教师应关注学生的进步和成长，适时给予他们鼓励和肯定。

（3）教师应确保每个学生都能得到平等的教育机会和教育资源，如课堂发言、课外活动、奖励等。教师应避免因为某些学生的特殊背景或突出表现而给予他们过多的关注，以致忽视了其他学生。

（4）对于家庭贫困、学习困难、身体残疾等弱势群体学生，教师应给予更多的关注和帮助，确保他们不会因为这些因素被忽视或受到其他学生的歧视。

 修身笃学

看客和听众

在一节公开课上，岳老师为了顺利实现预设的教学效果，屡次让班里几名成绩好的学生回答问题。学生的出色回答令岳老师非常满意。

课后，岳老师认为本节公开课充分尊重了学生的主体地位，学生回答问题时的良好表现足以证明预期的教学效果得以实现，教学目标得以有效达成。然而，班上的大多数学生却觉得，他们在这节公开课上只是充当了看客和听众而已。

请思考：你如何看待岳老师"充分尊重了学生的主体地位"的自我评价？请结合所学知识谈谈你的观点，并说明理由。

三、耐心陪伴，建立信任

耐心是教师应具备的素质。耐心地教育学生，能够有效地增强学生对教师的信任感。在教育教学活动中，教师应耐心地对待学生，有意识地从学生的角度考虑问题，了解他们的需求和兴趣等，对他们进行有针对性的指导和帮助，从而提高学生的学习效率和效果。教师要真正地参与到学生的学习和生活中去，并通过多种沟通方式拉近自己与学生之间的心理距离，从而与学生之间建立信任关系。

创意教学——点亮学生心灵，拉近师生距离

四、注重鼓励，善用表扬

教师在教育教学活动中应循循善诱，善于运用鼓励的方式引导学生学习。具体而言，在日常学习中，教师要善于使用赞赏的语言，不断鼓励学生自主学习。即使学生做了错事或成绩不理想，教师也应采用合适的方式引导和鼓励他们，尽量不要严厉批评他们。对于经常犯错的学生，教师更应正面引导和教育，帮助他们认识和改正错误。

通过关注学生的个体差异、及时给予正面反馈、鼓励学生努力和进取等，可以增强学生的自信心和学习兴趣，培养他们积极的心态和应对挫折的能力。同时，教师应确保表扬的真实性，避免过度表扬，同时结合其他教育手段共同促进学生的全面发展。

  时代楷模

28年，三尺讲台上的痴心

在班主任工作中，她谨慎细心；在教学工作中，她独具匠心；在学生的成长道路上，她亦师、亦母、亦友，奉上了一片真心。她，就是全国优秀教师、广西壮族自治区玉林市容县容州镇某校的廖清老师。

自1993年任教以来，廖清一直担任班主任，并负责语文教学工作。她坚持以人为本、德育为首的育人理念，把对教育的热爱奉献在三尺讲台上，谱写了教书育人的精彩人生。

师德润物细无声

"亲其师，则信其道；信其道，则循其步"是廖清对教学的信念。她教育学生要孝顺、善良、友爱，而她自己就是一个榜样。对家里80多岁的老母亲，她十分孝顺、用心关爱；看到一个曾在学校工作过的老工人自己种菜去卖，她就常常把这位老工人的菜全买下来，再转送给周围有需要的人；在她负责的年级里有两个残疾学生，每到春节前夕，她都会买东西去慰问他们的家庭。在她的言传身教下，学生们明理、懂事、感恩。家长们都说，把自己的孩子交给这样的老师，他们放心。

匠心雕琢亮风格

廖清追求一种和谐、活泼、清新、明快的教学风格。课堂上，她勇于打破陈旧的教学模式，敢于创新，以激活课堂的内在生命力，使课堂充满成长的气息。她善于激发学生的求知欲，倡导主体式教学，让学生成为学习的主人，成为自我成长的主体。在她的课堂上，师生关系融洽，学生学习主动、积极。正因为如此，她所带的班级班风、学风良好，经常被评为"模范班级"、县"优秀少先队中队"，她也因此被评为县级、市级、自治区级优秀班主任。

（资料来源：黄剑红、李钟礼、刘林红，《28年，三尺讲台上的痴心——记全国优秀教师、容县容州镇中心学校教师廖清》，《玉林日报》，2021年10月12日，有改动）

项目二 践行职业道德，勇担初心使命

学以致用

"温情呵护，循循善诱"主题读书分享

活动目的

学生应通过读书分享活动，明确教师应树立并践行真诚关爱学生、耐心教育学生、善于鼓励学生的职业道德观念。

活动要求

（1）各组搜集的相关书籍、文章、故事等应与活动主题相关。

（2）活动结束后，各组根据本组的讨论过程和结果，撰写一份读书分享活动报告。

"学以致用"
实训报告 2-1

活动过程

各组成员分工合作，参照表 2-1 所示的内容，开展实践活动。

表 2-1 活动名称及实施步骤

活动名称	实施步骤
准备工作	（1）全班学生按照 4~6 人为一组，分成若干小组
	（2）各组成员围绕活动主题搜集相关的书籍、文章、故事等
实施过程	（3）各组成员阅读所搜集的资料，并结合资料内容，思考教师在与学生的关系中应如何践行职业道德
	（4）各组成员在组内分享自己的阅读感想，讨论如何践行真诚关爱学生、耐心教育学生、善于鼓励学生的职业道德
撰写报告	（5）各组撰写一份读书分享活动报告。报告的内容要逻辑清晰、语言要准确规范、简洁明了
活动小结	（6）教师根据各组学生的表现情况，对本次活动进行评价和总结

心得体会

任务二 在与家长的关系中践行职业道德

情景导入

刘老师的留言

新学期开始了,刘老师第一次当班主任。

刘老师和家长们见面的机会不多,平时主要通过社交软件进行交流。每天傍晚,刘老师会在社交软件上给家长留言,讲一讲当天班级里发生了什么事情、学生的表现如何、需要家长做些什么工作等。按照留言里的要求,家长们会在家里督促孩子写作业、做预习。

刘老师的留言除在学生的学习方面指出重点、提出要求外,还会对学生的身体健康、情绪调整、交通安全等方面给予嘱咐,如"各位家长,这几天持续高温,请提醒孩子注意防暑,劳逸结合。""这是考试前的最后一个周末,请提醒孩子调整好状态,放松心情,不要压力过大。加油!"等。刘老师无微不至的关心,让家长们非常暖心。

在期末考试中,刘老师所教班级各学科的平均成绩均排在全年级第一,还在学校组织的合唱比赛中拿了一等奖。很多家长都觉得,这些成绩的取得,与刘老师的留言有着很大的关系。这些留言,凝聚着一名人民教师的敬业和辛劳,也是学生成长历程中一道美丽的风景线。

任务清单

(1)为什么刘老师的留言能够赢得家长的赞赏?

(2)教师应如何与家长建立积极、健康、和谐的关系?

在实施教育教学活动、促进学生健康成长的过程中,教师与家长的目的相同,角色互补,地位平等。双方之间是相互合作的关系。一方面,在教育教学活动中,教师需要通过家长了解学生的相关情况,进而根据学生的实际情况制订有针对性的教育教学方案,家长需要主动配合教师践行家校共育理念,与教师共同促进学生的成长与发展。另一方面,教师需要为家长的教育实践提供科学的教育指导和建议,家长作为学生的养育者,需要接受教师的家庭教育指导。

在共同教育学生的过程中,教师必须处理好与家长之间的关系,以便有效地避免冲突、化解矛盾,实现家校共育的协调一致,从而促进学生的健康发展。这就要求教师应在与家长的关系中践行以下职业道德。

项目二　践行职业道德，勇担初心使命

一、尊重家长，平等对待

（一）尊重家长的人格和权益

在教育教学活动中，家长是教师不可或缺的合作者，教师必须给予他们充分的尊重。首先，教师必须尊重家长的人格。在与家长沟通时做到言行举止文明有礼，切忌有侮辱其人格或当众责备其孩子的行为。其次，教师必须尊重家长的合法权益，主要体现为在家校共育工作中尊重家长的需求和话语权。具体而言，教师应认真听取家长的想法和意见，尊重不同家长的不同需求，根据每个家庭的特点对家长进行有针对性的家庭教育指导。

（二）平等对待每一位家长

首先，教师要平等地对待每一位家长，不能因为家长的学历、职业、收入或社会地位的不同而区别对待他们。例如，有的家长是农民，有的家长是企业管理者，有的家长是政府机关工作者等，但他们在教师面前都只有家长这一种身份，没有高低贵贱之分，教师应本着平等对待的原则与各位家长进行沟通与合作。

其次，教师不能因学生的个体差异而区别对待其家长。教师所接触到的学生，有聪明的、自制力强的、漂亮的，也有智力发展缓慢的、自制能力弱的、相貌不扬的，教师不能因学生的差异而区别对待他们的家长，特别是对于有身体残疾或心理发展障碍的学生的家长，教师更要给予同等的尊重。

二、广纳谏言，虚怀若谷

无论拥有多么广博的专业知识和丰富的实践经验，教师都难以单凭自身的努力就把多样化的教育教学工作做到极致、完美。同时，随着社会的进步，家长的教育水平不断提高，他们的许多见解和经验也值得教师借鉴和学习。因此，教师应虚心听取家长的意见，并积极采纳家长的合理建议。这样既能调动家长在支持和配合教师工作方面的主动性和积极性，又能帮助教师拓宽教育教学思路，进而不断完善教育教学工作。

课堂互动

> 有人说，任何人都不能干涉学校的教育教学活动，所以教师不用听取家长在教育教学方面的意见和建议。也有人说，教师应当尊重家长的话语权，充分听取家长的意见和建议，合理地开展教育教学活动。
>
> 你认为教师应如何对待家长关于教育教学活动的意见或建议？请结合所学知识谈谈你的观点，并说明理由。

三、换位思考，相互理解

教师要了解家长的角色，善于从家长的角度去考虑问题，体会家长的心情，分析家长的需求；理解家长产生不满情绪的原因，进而做出相应的解释和处理，努力让家长理解教师的工作，使其愿意支持和配合教师的教育教学工作。

四、保护隐私，维护权益

教师应具有保护家长隐私的意识，依法维护家长的合法权益，未经家长的同意，不能将其工作情况、家庭地址、电话号码等个人信息告知他人。例如，当他人打听某个学生及其家长的信息时，教师应有警觉意识，不能私自将信息透露给他人。尤其是当家长的职业和身份比较特殊时，教师应做好相关的保密工作，避免信息泄露带来潜在的危险。

五、客观评价，不持偏见

学生的发展状况存在个体差异，他们在学校的表现也各有特点。因此，教师在与家长沟通学生的发展情况时，必须确保对学生的评价既客观又全面，能够真实反映学生在校的综合表现。

教师必须摒弃任何片面评价或带有偏见的观念。也就是说，教师的评价不应仅仅围绕学生的学业成绩，还应涵盖其课堂参与度、团队合作能力、创新思维、情绪管理、社交技巧及道德品质等多个维度。

同时，教师在与家长沟通时，应充分运用正面鼓励与建设性反馈相结合的方式。一方面，教师要及时肯定学生的进步和成就；另一方面，教师也要建设性地指出学生需要改进的地方，并提供具体的建议和方法，以便家长帮助他们在这些领域取得进步。这种正面激励与具体指导相结合的方式，有助于家长更好地理解学生的成长需求，从而更加积极地参与学生的教育过程。

六、主动沟通，消除误会

积极主动地与家长沟通是教师解决问题的有效方法。教师要主动向家长介绍学生的在校情况、学校近期的工作安排和要求，以及教师在解决学生问题时所采取的措施，使家长清晰地了解教师的想法和做法，进而愿意配合教师的工作。

同时，教师要主动了解家长的顾虑，揣摩家长的心思，并选择恰当的时机，选用合理的方式，与家长沟通交流，用实际行动消除家长的顾虑，获得家长的信任。

面对那些对教师或学校持有偏见或误会的家长，教师要保持冷静，积极主动地与他们沟通，了解他们的观点和想法。在此基础上，教师应有针对性地做好解释工作，合理处理相关问题，以争取家长的理解并消除误会。

📖 博闻多识

教师与家长的沟通技巧

一、称呼得体

得体的称呼会使家长感到亲切、舒适。教师可根据家长和学生的关系确定一个合适的称呼，如××妈妈、××爸爸。

二、语气委婉

在谈话的过程中，教师不能使用命令、警告、责备、训斥等口吻与家长对话，避免家长产生抵触情绪，而应使用热情、委婉的语气与家长平等对话，营造融洽、和谐、轻松的谈话氛围。

三、体态语运用恰当

体态语包括面部表情、肢体动作、身体姿势等。教师与家长交流时应面带微笑、手势恰当、握手力度得当、姿势大方端庄等，为双方的交流做好铺垫。

七、廉洁从业，坚守底线

廉洁从业是教师应遵循的职业道德基本规范。这一道德规范要求教师坚守道德底线，正确对待家长送礼问题、不利用职务之便委托家长办事等。

（一）正确对待家长送礼

一些家长可能出于各种目的（如希望自己的孩子得到更多的关注和爱护、表达对教师的诚挚谢意、避免自己的孩子受到怠慢等）而向教师送礼。面对这种现象，教师应正确对待，无论如何都不能接受家长的礼物。首先，教师应认识到教育教学工作是教师的分内之事。其次，教师应认识到接受家长的礼物是在助长不正之风，传递不健康的价值观，甚至可能会破坏社会风气。最后，教师应明确拒绝家长送礼，礼貌地答谢家长，坚守道德底线。

秉持正直作风，
坚守廉洁从教

教师一定要从自身做起，自觉抵制歪风邪气，绝不带头击破道德底线。

📖 修身笃学

巧妙还礼与据理拒礼

早上，子睿的母亲在离学校不远的路口叫住了班主任朱老师，并递给朱老师一个纸袋，微笑地对朱老师说："朱老师，我家子睿说您很关心他，经常帮他辅导功课。这是我为您家孩子织的围巾，不知道颜色合适不？"之前登记学生资料时，朱老师了解到子睿生活在单亲家庭，家里经济条件不是很好。

望着这位穿着蓝布工作服的母亲,朱老师赶紧说:"关心学生是我应该做的,您不必这样。"子睿母亲的脸色明显有点不自然,但还是满脸堆笑着说:"您看,我只想表达感谢,是有点拿不出手,也不知道您家孩子喜欢什么颜色。"说完就把纸袋放进了朱老师的车篓里。朱老师看着她那粗糙的双手不自然地来回搓着,突然很受触动,于是,诚恳地对她说:"谢谢!您的心意我领了。这样吧,我暂时保管这条围巾,如果子睿的期末成绩有进步,我就把围巾作为奖励送给他,这是您的一片心意,也是我的心意。"这位母亲听了,连连点头。

晚上,朱老师刚出校门,一辆轿车在她身边停了下来。一位女士从车上下来,对朱老师说:"朱老师,我是诗雅的母亲,一直想找机会认识您。"说完,她拿出一沓购物券往朱老师手里塞,并说道:"感谢您对我们诗雅的关心,这学期她听话多了。这是几张购物券,烦请您帮我分给其他几位老师。"

朱老师把她的手推了回去,说:"您的心意我领了,我们都想把诗雅教育好,您这样做会影响我们对她的教育。"诗雅母亲笑着说:"朱老师,这些购物券是自家的,也是我们的心意。"朱老师看着她真诚的眼睛,笑着拒绝说:"诗雅是个好孩子,我非常感谢您能把这么好的孩子交给我们教育。作为一名人民教师,对每个学生负责是我的责任。如果您有关于孩子教育方面的问题,可以随时和我沟通,我也会时常和您分享诗雅的学习情况。"见诗雅母亲还要坚持,朱老师接着说:"对于老师来说,学生的好成绩是最好的礼物。诗雅的学习成绩一向不错,我经常收到她的100分'礼物',已经非常开心了。"诗雅母亲听了也很高兴,见朱老师态度坚决,也就没有再坚持,问了孩子在校的表现之后就离开了。

请思考:结合上述案例,谈谈你认为家长送礼与教师收礼会对家长、教师及学生带来哪些影响?如果你将来成为一名教师,面对家长给你送礼的情况,你会如何拒绝?

课证融通

(2024年下半年小学教师资格考试"综合素质"卷 单选题)宋老师在教师节前收到了家长送的购物卡,迫于无奈,只好收下,之后回馈了更加贵重的礼物。请问在教师角色冲突中,宋老师没有处理好的冲突是(　　)。

A. 角色间义利冲突

B. 角色内期望冲突

C. 角色责任与自我实现的冲突

D. 权威角色与朋友角色的冲突

解析:本题主要考查教师在与家长的关系中应践行的职业道德的相关知识。题干中,宋老师因承担教师的角色而不能收礼,但碍于人际关系中的角色,他"迫于无奈,只好收下",这体现了角色间的义利冲突。因此,本题选A。

（二）不得委托家长办事

首先，教师要认识到委托家长办事会破坏教育行业规则，扰乱社会秩序，涉嫌违法的同时还会影响社会良好风气的形成。其次，教师要认识到委托家长办事会带来潜在的不良影响，削弱家长对教师的信任感，不利于家校共育工作的开展。最后，教师在行动上要坚守道德底线，在任何情况下都坚决不委托家长办事。

学以致用

情景模拟——与家长沟通的艺术

活动目的

学生应通过模拟教师与家长的沟通过程，进一步明确教师在与家长的关系中应践行的职业道德，增强尊重家长、理解家长、主动沟通的职业道德意识。

"学以致用"
实训报告 2-2

活动要求

（1）各组设定的情景应较为常见，所展现的沟通技巧应具有适用性。

（2）各组的情景模拟应尽量生动，以便给观看者留下深刻的印象。

活动过程

各组成员分工合作，参照表 2-2 所示的内容，开展实践活动。

表 2-2　活动名称及实施步骤

活动名称	实施步骤
准备工作	（1）全班学生按照 4~6 人为一组，分成若干小组
	（2）各组成员通过讨论，共同设计教师与家长沟通的情境，如家长会、家访、打电话等，并撰写剧本
	（3）各组成员分配角色，并根据剧本内容进行排练
实施过程	（4）各组成员轮流上台进行情景模拟
	（5）其他小组认真观看，并对表演进行点评，分析"教师"的沟通技巧是否有效，"教师"在与"家长"的沟通中是否践行了相关职业道德
活动小结	（6）教师根据各组学生的表现情况，对本次活动进行评价和总结

心得体会

任务三 在与同事的关系中践行职业道德

教师合作提升教学质量

李老师和王老师是同一所初中的数学教师，他们分别担任不同班级的教学工作。在一次期中考试后，李老师所带班级的数学成绩都不太理想，而王老师所带的班级则取得了很好的成绩。面对这种情况，李老师感到有些沮丧，但他并没有因此产生嫉妒心理，而是决定向王老师寻求帮助。

王老师了解到李老师的困境后，没有因为自己班级的优异成绩而沾沾自喜，反而主动提出与李老师分享自己的教学经验和教学方法。他邀请李老师旁听自己讲课，并详细阐述了他是如何激发学生的学习兴趣和提高课堂效率的。

李老师虚心接受了王老师的建议，并开始尝试在自己的课堂上实施新的教学方法。同时，王老师也在课后帮助李老师分析学生的问题，共同商议教学方案。在两人的共同努力下，李老师班级的数学成绩在期末考试中有了显著提升。

（1）李老师和王老师的相处方式有哪些可借鉴之处？
（2）你如何看待教师之间的关系？

教师不是"孤独的行者"，而是职能共同体中的一员。在这个共同体中，每一位教师都是不可或缺的一部分，他们的每一分努力都是集体智慧的结晶。作为共同体的成员，教师们应当相互支持，共同面对教育中的挑战，分享教学的经验与成果，同时也应合理竞争，以开放的心态和进取的精神，不断提升自我，共同塑造教师之间和谐共进、相互成就的良好氛围，为学生的成长与教育事业的繁荣贡献力量。

一、相互尊重，真诚相待

相互尊重、真诚相待是教师与同事共事的道德基础。概括而言，这一职业道德要求教师在教育教学工作中做到以下几点：① 尊重同事的人格与权益，不诬陷、诽谤、辱骂或蔑视同事，也不随意泄露同事的隐私；② 尊重同事的劳动成果，不破坏、窃取同事的劳动成果；③ 真诚地对待同事，不相互猜忌，也不因同事的职位高低、能力强弱而区别对待他们。

二、待人谦逊，相互学习

教师在与同事相处的过程中应待人谦逊。具体而言，教师应做到以下几点：① 规范自己的言行举止，表达自己的观点时要不卑不亢，切忌态度傲慢；② 遇到困难时，应谦虚地向同事请教；③ 处世低调，既不吹嘘，也不遮掩。

同事之间相互学习有利于教师更好地了解同事和完善自己，从而实现共同进步。每位教师各具优势，各有所长，教师之间应相互学习、取长补短，在工作理念、工作方法、工作思维上相互借鉴，力争形成百花齐放、竞相争艳的局面，以便更好地开展教育教学工作。

 **时代楷模**

"名师工作坊"赋能教师成长

近年来，广西壮族自治区南宁市青秀区着力打造学区制管理改革示范区，从正高级职称教师、广西特级教师、广西教学名师、南宁市教坛明星、南宁市学科带头人中遴选出 35 名教师作为名师工作坊的主持人，从辖区各学校遴选市级、校级骨干教师 1 150 人作为其成员，以名师工作坊为载体，培育高素质的名师团队。

教学相长，共筑卓越教师之路

从专题讲座、示范课观摩教学、教研沙龙、课例研究等多角度切入，带领坊员深度研修，促进教学相长……南宁市某小学的"刘李平名师工作坊"定期开展培训活动，积极探索一条卓越教师培养的新路径。

"刘李平名师工作坊"坊员罗奕奕说："建立名师工作坊，教学相长是主要目的。加入工作坊后，无论是平时的备课，还是教研活动中的评课，坊主都会给出专业指导，还会帮我们规划职业生涯，让大家有目标和方向。"罗奕奕已有 20 多年教龄，在工作坊中属于年龄偏大的。她坦言，自从加入工作坊，自己被活跃的气氛所感染，重新点燃了职业激情。

> **同课同构，携手乡村教育共绽放**
>
> "原来语文课可以这样上！"南宁市某小学的"梁建华名师工作坊"一行12人，赴崇左市大新县下雷镇中心小学开展教育结对帮扶活动。一堂示范课让当地的教师们纷纷感叹，惊喜不已。
>
> "同课同构，是我们工作坊提出的一个概念，就是让一名经验丰富的教师理出一个教案，然后把这个教案分享给其他地区的教师，并带其上示范课，得到教案的教师再将经验传递给同校的其他教师。"坊主梁建华介绍。
>
> "一枝独秀不是春，百花齐放春满园。"梁建华表示，名师下沉乡村，让城市教师、乡村教师更加紧密地结合在一起。通过研修，乡村教师可以拥有更丰富的学习资源，站在更高层次的历练平台，获得更高水平的指导，从而在职业道德、专业知识、教科研能力等多个方面得到提高。
>
> （资料来源：周仕兴、王瑾雯，《广西南宁青秀区："名师工作坊"赋能教师成长》，《光明日报》，2023年11月28日，有改动）

三、分工配合，团结协作

不同的教师在知识结构、专业水平、思维方式、认知能力等方面或多或少存在着差异。教师之间的合作和分享可以克服单个教师在学科知识理解上的偏差，拓宽教师的学科视野，帮助教师更好地理解教学重点和突破教学难点，从而提高整体教学水平。此外，教师之间开展合作还可以纠正单个教师对学生个性及心理特征认识的偏差，从而有效减少教育失误。

教师合作的益处

例如，在教育教学活动中，同一学科的教师之间应避免相互排斥，而应该团结协作、相互学习、取长补短、共同研究、共同进步；先进教师应主动与普通教师分享自己的经验和心得，帮助他们解决教学中遇到的难题；班主任应展现出卓越的团队协作精神，积极联合其他科任教师，耐心听取他们的见解，并充分发挥他们的专业优势。

博闻多识

教师之间的合作途径

一、教研组教师合作

同一教研组的教师可通过集体备课、教研组说课和教研组头脑风暴等形式进行深入合作，从而促进彼此的专业成长和共同进步。

集体备课是指同一年级、同一学科的教师一起备课。备课的主要内容包括制订教学计划，分析重难点，选取典型例题、案例，预见学生可能出现的理解障碍及其他问题，等等。

这种集思广益的备课方式能够有效提升每位教师的备课质量，为提高课堂讲授的有效性奠定了坚实的基础。

教研组说课是指教研组定期选取一位或几位教师，让其在备课的基础上，于授课之前在教研组内就教学思路、教学方法、重点及难点的解决等问题进行口头讲解，教研组其他成员共同评课，找出问题，并提出改进意见的方式。

教研组头脑风暴是指教研组的全体成员在融洽和不受约束的氛围中，以会议的形式就某个问题进行座谈。在这个过程中，每位教师都要积极思考、畅所欲言。因此，这种合作方式可以有效开阔教师的眼界和思维，帮助每一位教师获取来自教研组其他成员的智慧和灵感。

二、教师自由结伴合作

教师自由结伴合作是指一些教师基于某种共同需求或共同特点而自由组成特定的合作小组，在相互交流中获得一定的教学方法及心理支持的方法。其具体形式包括教育沙龙、师徒结对等。教师自由结伴合作的方式相对灵活、针对性强、氛围比较轻松，能让教师在合作中充分、自在地分享信息，并获得一定的归属感和快乐感。因此，教师自由结伴合作对教师的专业成长作用非常直接。

三、问题研讨式合作

问题研讨式合作主要是指教师围绕教育教学工作中的问题开展的专题研讨合作形式。教师通过研讨中的合作、分享、交流，可有效提高自身解决问题的能力。由于每位教师都有自己的强项，也有自己的弱项，教师们只有相互合作、取长补短，才能取得共同的进步。问题研讨式合作的主要方式为召开各种研讨会，如学生心理问题研讨会、校本课程研讨会等。

四、公平竞争，坦诚相待

当今社会，各行各业都存在着竞争。在中小学教育领域，教师之间的竞争也不可避免。教师要明确竞争的真正目的是弘扬奋发向上的精神，要认识到同事之间的竞争应是公平的，而不是为了达到个人目的不择手段。公平竞争的职业道德要求教师做到以下几点：① 端正竞争态度，正确对待个人利益和他人利益，在追求个人利益时不可损害他人利益；② 讲究竞争方法，注重自我提升，在竞争中发挥自身优势；③ 正确对待竞争结果，通过竞争相互学习，取长补短，共同发展，不断朝着专业化的方向迈进。

同时，在竞争过程中，教师之间要坦诚相待，彼此信任，在竞争过程中共同进步，并及时消除隔阂，不要让竞争影响和谐的同事关系。例如，当遇到分歧或误解时，教师应主动寻求对话和解释的机会，以诚相待，化解矛盾。同时，教师也要学会欣赏和尊重他人的成就和努力，避免将竞争转化为不必要的冲突和敌意。

学以致用

"同心同行，携手共育英才"主题案例分析

活动目的

学生应通过实践活动，深刻理解教师在与同事的关系中应践行的职业道德。

"学以致用"
实训报告 2-3

活动要求

（1）全班学生按照 4~6 人为一组，分成若干小组。

（2）各组成员阅读下列案例。

案例一：李老师喜欢倚老卖老，对青年教师颐指气使，经常指使青年教师做其职责以外的工作。在指导新入职的青年教师时，他会嫌弃对方水平太差，甚至辱骂对方。如果青年教师提出异议，李老师就不再为其提供指导和帮助。

案例二：小王和小高在学校组织的教师综合能力考试中取得了优异的成绩，因此被推荐参加市里举办的教育教学大赛。小王为了打败竞争对手小高，趁办公室没人的时候，删除了小高的参赛课件，并弄坏了小高准备的教具。

（3）案例分析结束后，每人以"同心同行，携手共育英才"为题撰写一篇短文，讲述教师之间相互学习、团结协作的重要性。

活动过程

各组成员分工合作，参照表 2-3 所示的内容，开展实践活动。

表 2-3　活动名称及实施步骤

活动名称	实施步骤
案例分析	（1）各组成员讨论案例中的教师在处理与同事的关系时违反了哪些职业道德
	（2）各组成员说说这些行为会给教师所在学校及其同事带来哪些影响
分享心得	（3）谈谈自己将来会如何践行与同事关系中的职业道德
活动小结	（4）教师根据各组学生的表现情况，对本次活动进行评价和总结

心得体会

项目二　践行职业道德，勇担初心使命

任务四　在与管理者的关系中践行职业道德

张老师的考核压力

数学教师张老师已经从教一年了，最近她感到压力很大，总是担心年末的教师考核不过关。这是因为教师考核的结果与教师的学年奖金及下一年的基本工资挂钩。

教师考核的内容包括学生对教师授课情况的评价、教师的教学成果和科研成果、教师指导学生参加竞赛的情况、教师开设公开课的情况、教师参加教学基本功比赛的成绩等项目。

复杂的考核项目不仅让青年教师感到压力很大，也让老教师觉得力不从心。老教师们普遍认为科研论文、竞赛等不属于教学内容，不应列入考核范围。

老教师们通过教职工代表大会表达了上述想法，但学校领导并不认同这些看法。领导们认为，考核和评比为教师们的成长搭建了平台，提供了机遇，可以促进学校的可持续发展。他们还劝告教师们不要有怨言，要把精力放在提升自我能力上面，努力和学校共同发展。

张老师觉得老教师们和学校领导的说法似乎都有道理，这让她感到很迷茫。

（1）你认为学校的发展和教师的发展之间有着怎样的联系？
（2）教师应如何与管理者相处，以实现教育目标？

教师与管理者之间的关系对于学校的教学氛围、教学质量及教师个人的发展都至关重要。践行职业道德是维系双方之间良好关系的基础。因此，教师在与管理者的关系中应加强职业道德建设。

一、相互尊重，相互理解

教师应始终秉持尊重与理解的态度来看待管理者的决策。管理者的职责是确保学校平稳运行，其在制订学校的各项制度、规划学校的发展方向及应对各种挑战时，需要综合考虑多方面的因素，以做出最有利于学校整体发展的决策。因此，教师应深入理解管理者所面临的种种压力与挑战，如资金筹措、资源配置、政策应对等，并在行动上给予积极的支持与配合。

教师发展与学校发展的关系

57

同时，管理者也应对教师的教学自主权和专业性保持高度的尊重。教师作为教学活动的直接实施者，其在教学理念、方法及学生的管理上有着丰富的经验和独到的见解。管理者在决策过程中，应充分听取并尊重教师的意见，避免做出干预教师工作的决策，以确保教学活动的顺利开展。

二、互通有无，互相支持

教师应主动与管理者分享学生情况、教学心得等信息，以便管理者更好地了解教学一线的情况，做出更加科学合理的决策。同时，管理者也应及时向教师传达学校的发展规划、政策变动等信息，确保教师能够及时调整教学策略，以适应学校发展的需要。

在工作过程中，管理者应为教师提供必要的资源和支持，如培训机会、教学设施等；而教师则应积极响应管理者的号召，参与学校的各项活动，共同推动学校的发展。在面对问题学生、教学困难或教育改革等挑战时，教师应与管理者携手合作，共同寻找解决方案。

三、密切协作，通力配合

教师与管理者应积极履行各自的职责，这是确保教育教学活动高效运行、教学质量稳步提升的基础。在此基础上，教师与管理者还应密切合作，形成优势互补。具体而言，教师应在专注于提升教学质量、创新教学方法的同时，配合管理者做好班级管理工作，并向管理者反馈教学中遇到的问题；而管理者则应优化管理流程，提升管理效率，为教师创造更加良好的教学环境。

为了增进双方的理解与信任，教师与管理者之间应建立有效的沟通机制。例如，通过定期会议、单独交流等方式，教师与管理者可以消除潜在的误解和冲突，了解彼此的工作内容和所面临的挑战。这不仅能够促进双方关系的和谐发展，还能够为共同目标的实现奠定坚实的基础。

  修身笃学

各自为政的教师

语文教研组组长准备推行新的教学方法，但新入组的杨老师觉得这种方法不适合现阶段的学生。在集体备课时，杨老师向教研组组长提出了自己的意见，希望能够先选择一个班进行试点，在总结经验教训后再全面推行。教研组组长认为杨老师刚来，不了解情况，于是否决了他的意见。

杨老师觉得教研组组长不尊重同事、做事武断，所以在执行决策时难免有情绪。教研组组长觉得杨老师存在"个人主义"倾向，缺乏团队协作精神，这导致双方频繁产生摩擦。随着时间的推移，这种紧张的关系甚至影响到了学生。

请思考：你觉得这个案例反映的核心问题是什么？如果你是教务主任，你会如何解决？

学以致用

"上下凝心聚力，共促学校发展"主题班会

活动目的

学生应通过主题班会活动，深入理解处理上下级关系的要点，领会教师与管理者的相处之道。

"学以致用"
实训报告 2-4

活动要求

（1）在主题班会举办前，学生可以向身边的亲友了解他们是如何处理上下级关系的，或听他们讲述相关的故事，也可以上网浏览相关案例。

（2）在主题班会上，学生应简明扼要地讲述自己印象较为深刻的故事或案例，然后谈一谈自己从中获得的启示，以及自己将来走上教师工作岗位后，将如何在与管理者的关系中践行职业道德。

活动过程

各组成员分工合作，参照表2-4所示的内容，开展实践活动。

表2-4 活动名称及实施步骤

活动名称	实施步骤
准备工作	（1）全班学生按照4～6人为一组，分成若干小组
	（2）各组成员为主题班会提前搜集相关故事、案例等
实施过程	（3）各组成员进行组内交流，展示搜集到的故事、案例等，并分享心得体会
	（4）各组整合组内交流结果，并制作演示文稿
	（5）各组选派一名代表在班级内展示本组的活动成果，然后大家一起交流、讨论
活动小结	（6）教师根据各组学生的表现情况，对本次活动进行评价和总结

心得体会

项目检测

一、不定项选择题

1. 当学生磕磕绊绊地表达自己的想法时，教师不应当（　　）。
   A．耐心倾听　　　　　　　　B．眼神鼓励
   C．直接打断　　　　　　　　D．简短复述

2. 当他人打听学生及其家长的信息时，教师应（　　）。
   A．及时报警，保留好证据
   B．向家长汇报，让家长自行处理
   C．有警觉意识，不能私自将学生及其家长的信息透露给他人
   D．将信息告知询问者，并向学校管理者反映情况

3. 王强不喜欢学习，在学校不但不遵守纪律，还经常恶语攻击其他同学。班主任王老师便隔三差五地给王强的家长打电话，并在电话里狠狠地批评了王强的家长，有时甚至把家长叫到学校来训话。王老师的这种行为（　　）。
   A．错误，王老师应尊重王强家长的人格
   B．错误，王老师应对王强的发展负全责
   C．正确，王强家长要配合王老师共同教育王强
   D．正确，王老师要主动寻求王强家长支持

4. 严老师在与同事相处时总是坚持多倾听、少争执，多宽容、少计较，多赞美、少批评，多坦诚、少怀疑的原则。严老师的做法（　　）。
   A．不可行，一味迎合其他同事，缺乏挑战
   B．不可行，仅注重与同事的情感交流，可能会忽略教育教学工作中存在的问题
   C．可行，体现了严老师尊重同事的道德品质
   D．可行，体现了严老师待人谦逊的道德品质

5. 有人认为，"同行是冤家""教会了徒弟，饿死了师父"。这些观念与（　　）的职业道德相违背。
   A．相互尊重，真诚相待　　　　B．待人谦逊，相互学习
   C．分工配合，团结协作　　　　D．公平竞争，坦诚相待

6. 教师在与管理者的关系中应践行（　　）等职业道德。
   A．相互尊重，相互理解　　　　B．互通有无，互相支持
   C．密切协作，通力配合　　　　D．公平竞争，坦诚相待

二、判断题

1. 教师应一视同仁，在教育教学活动中平等地对待每个学生，为他们提供平等的发展机会。（ ）
2. 教师在与家长沟通学生的发展情况时，应摒弃任何片面评价或带有偏见的观念。（ ）
3. 教师公开课所用的课件应加密保存，以防其他教师抄袭。（ ）
4. 每位教师的知识水平、思维方式都不一样，所以，教师之间的合作和分享并不能克服单个教师在学科知识理解上的偏差。（ ）
5. 教师应在竞争中保持友好和公正的态度，与同事共同提升教学质量和学术水平。（ ）
6. 教师与学校管理者应做到密切协作，通力配合。（ ）

三、简答题

1. 简述教师在与学生的关系中应践行的职业道德。
2. 简述教师广纳谏言、虚怀若谷的职业道德践行要求。
3. 简述教师待人谦逊、相互学习的职业道德践行要求。
4. 简述教师在与管理者的关系中应践行的职业道德。

四、案例分析题

案例一：

小张今年从师范院校毕业后，回到家乡某小学当数学教师。这所小学历史悠久，办学质量高，在当地享有较高的声誉。这里名师云集，许多教师都曾被评选为市学科教学带头人、骨干教师、骨干班主任等。能被这样一所学校录用，小张感到非常开心。

作为一名刚刚踏入社会的职场新人，小张抱着对新工作和新环境的热情与憧憬来到学校。与她同天报到的还有教语文的小杜老师。小杜告诉小张，她来之前听说了一些关于教师之间相处的事情，担心教师之间可能会有钩心斗角、排挤新人的情况。因此，她叮嘱小张要小心别的教师在背后打小报告，让小张"逢人且说三分话，未可全抛一片心"。小杜的提醒让原本对新工作充满期待的小张不禁多了一些担忧：怎样才能尽快地适应新环境，融入新集体呢？

案例二：

田老师不仅是六年级的任课教师，还是年级主任。他经常收到家长送来的礼物，包括小金额的购物卡、鲜花、果篮等。田老师认为这些礼物都代表了家长的心意，也不算贵重，况且自己也付出了许多辛劳，便都收下了。

（1）请你帮小张老师分析一下如何建立良好的同事关系。
（2）田老师的行为是否符合职业道德的要求？请说出你的观点和理由。

预期学习成果评价

教师应对学生的理论知识学习情况、实践技能掌握情况、素养目标达成情况、实践活动成果等进行评价，请各位学生配合指导教师共同完成预期学习成果评价表（见表2-5）。

表2-5 预期学习成果评价表

班级		姓名		学号		
组号		指导教师		日期		
评价维度	评价标准		分值	评分		
				自评	互评	师评
基本知识 30分	能够简述教师在与学生的关系中应践行的职业道德		10			
	能够简述教师在与家长的关系中应践行的职业道德		6			
	能够简述教师在与同事的关系中应践行的职业道德		8			
	能够简述教师在与管理者的关系中应践行的职业道德		6			
实践技能 35分	能够尊重、关爱学生，正确处理师生关系中的各种问题		8			
	能够选用恰当的方式与家长建立良好的关系，共同教育学生		8			
	能够发现优秀教师所具备的良好职业道德，并向他们学习		6			
	能够运用所学知识分析教师关系中存在的问题，并提出有效的解决策略		7			
	能够按照教师与管理者关系中的具体道德要求开展相关活动		6			
综合素质 20分	能够按时、按要求完成所有的课堂互动、实践活动		10			
	具有良好的语言表达能力和较强的逻辑思维能力，能够与其他团队成员之间相互协作、积极沟通		10			
活动成果 15分	活动报告、短文、演示文稿主题明确、内容丰富		5			
	团队成员配合默契，情景模拟场面生动		5			
	交流分享时表述清晰、准确、生动		5			
合计			100			
总评	自评（30%）+互评（30%）+师评（40%）=					
教师评语				教师（签名）：		

项目三

加强道德修养，绘就职业蓝图

项目导读

随着教育现代化进程的加速和社会的快速发展，教育领域对教师职业道德的要求日益提高。在这一背景下，提升教师职业道德修养成为提高教育质量、促进学生全面发展的关键所在。教师作为知识的传播者和学生成长的引路人，其职业道德水平直接影响到教育教学的质量和效果。因此，教师应提高自身职业道德修养，以便更好地履行教育职责，并为学生树立榜样。本项目将介绍教师职业道德素养的相关知识及提升教师职业道德素养的方法。

学习目标

知识目标

- 熟悉教师职业道德修养的含义和特点。
- 领会教师职业道德修养的重要性。
- 掌握教师职业道德修养的内容。
- 了解提升教师职业道德修养的原则。
- 掌握提升教师职业道德修养的方法。

能力目标

- 能够将教师职业道德修养的内容落实到自身层面。
- 能够根据实际情况制订提升自身职业道德修养的方案。

素养目标

- 自觉提升职业道德修养，且能坚持知行合一。
- 积极投身于职业道德实践，用实际行动诠释职业道德修养的重要性。

任务一　熟悉教师职业道德修养

情景导入

砥砺深耕践初心，鞠躬尽瘁育英才

杨老师从事小学教育工作已经20多年了，她根植教育沃土，坚守初心使命，用爱心和智慧谱写了一曲生动的教育之歌。

杨老师常说，教师能送给学生的最珍贵的礼物就是爱。多年来，她始终践行着"用爱润泽学生"的理念，在工作中时刻关注学生的心理健康，并想方设法地探索适合学生的教育教学方法，培养了一大批身心健康发展的学生。

干一行，爱一行；爱一行，精一行。杨老师坚持在教育事业中披荆斩棘，无怨无悔地奉献着自己的青春，在平凡的岗位上做出了不平凡的成绩，成长为业务精湛的行家里手，并多次被评为市级先进工作者。与此同时，她还以身示范，培养了一批又一批青年教育骨干。她始终认为，"一个人的优秀不算什么，在实现自我发展的同时，不遗余力地对青年教师进行传、帮、带，才是一名资深教育工作者理应践行的职业道路"。

多年来，杨老师对教育事业矢志不渝，鞠躬尽瘁，充分彰显了一名教师的优秀品质和先锋形象，为全体教师树立了道德榜样。

任务清单

（1）杨老师具有哪些优良品质？
（2）教师应从哪些方面提升自身的职业道德修养？

一、教师职业道德修养的含义与特点

（一）教师职业道德修养的含义

"修"即修身，是指教师通过意志力支配身心，排除杂念，使言行与志向保持一致；"养"则强调养心，即培养内心的善，并保持心理健康。修养，在广义上涵盖了反躬自省、修身养性、道德涵养、性情陶冶等多个方面，是教师在道德、学术、政治、艺术等多个领域通过长期学习与实践所达到的思想境界与能力水平。道德修养是修养的重要内容，涉及道德情操、为人处世的正确态度等。

教师职业道德修养是指教师依据社会主义道德的原则和教师职业道德的原则、规范，进行自我锻炼、自我教育、自我陶冶而形成的教师道德品质和精神境界。从内涵上来看，教师职业道德修养包括两个方面：一是教师在职业行为方面的修养，包括教师在教育教学活动及实践中所展现出来的仪表、礼仪、谈吐等，是外在意义上的修养；二是教师在职业道德观念、职业道德情感、职业道德意志、职业道德信念等方面的修养，如热情、公平、诚实、和蔼、善良等，是内在意义上的修养，也是教师职业道德修养的核心部分。

（二）教师职业道德修养的特点

1. 内省性

内省是指教师对自己的思想、情感和行为进行反思和审视的能力，主要体现在教师自我反思、自我评价和自我提升的过程中。教师需要经常审视自己的专业素养、教学行为是否符合职业道德规范，是否对学生产生了积极的影响。通过内省，教师可以及时发现并纠正自己在教育教学中的不足，从而不断提升自己的职业道德水平。

2. 自主性

自主性是指教师的职业道德修养具有主动性和自觉性。教师需要自觉遵守职业道德规范，约束自己的言行，自觉承担教书育人的责任，主动寻求学习和提升自己的机会，积极克服困难，自觉按照职业道德的要求进行自我完善。教师提升职业道德修养的过程，实际上就是一个自我认知、自我教育、自我充实和自我蜕变的过程。

3. 实践性

教师职业道德修养并不是凭空产生的，而是在教师的教育教学实践中逐渐形成和发展的。也就是说，教师的职业道德修养不仅是一种理论认知，更是一种行为表现。教师只有将职业道德要求转化为具体的行为准则，并践行于现实的教育教学活动中，才能真正提高自身的职业道德修养，否则职业道德修养就是空谈。

此外，随着社会的不断发展和教育改革的深入推进，教师职业道德修养的内涵和要求在不断发生变化。这就要求教师积极适应这些变化，在实践中积极学习、调整、完善自己的教育理念和职业道德行为，保持与时代发展同步，以便更好地履行教育职责、促进学生全面发展。

4. 持恒性

持恒性是指教师在长期的教育教学实践中，将职业道德规范内化于心、外化于行，形成稳定且持久的道德品质和职业操守。这是教师职业发展的重要保障。良好的职业道德修养并非一蹴而就，而是长期自觉修炼的结果。教师只有在日常的教育教学活动中保持对教育事业的忠诚和热爱，坚守职业道德底线，始终不受外界的诱惑和干扰，坚持不懈地提升自身修养，才能使自身的职业道德品质达到较高的水平。

心灯照亮——教师职业道德修养的力量

二、教师职业道德修养的重要性

作为教育事业改革与发展的重要力量，教师必须具备良好的职业道德修养。这既是完成教育职业使命的需要，也是新时代中国特色社会主义社会建设的需要。具体而言，教师职业道德修养的重要性主要体现在以下几个方面。

（一）有利于自身的专业发展

职业道德修养水平较高的教师在工作中通常会坚持原则，注重教育教学质量，自觉提升自己的专业能力和水平，以便更好地适应教育的改革与发展。这些品质和行为都有利于教师的专业发展。

（二）有利于克服职业倦怠

职业倦怠是指教师因工作时间过长、工作量过大、工作强度过高而产生的一种身心疲惫的状态。职业倦怠会影响教师的身心健康和工作质量。

在教育教学工作中，具有良好职业道德修养的教师更容易克服职业倦怠。这是因为较高水平的职业道德修养，可以促使教师发自内心地热爱自己的工作，不断追求事业上的成就，积极地建立良好的人际关系，乐观地面对工作中的困难与挫折，并适当地宣泄自己的负面情绪。这些态度和行为有利于教师克服职业倦怠。

（三）有利于学生的健康成长

具有良好职业道德修养的教师能够以身作则，用正确的价值观和行为准则来教育和影响学生，帮助他们形成良好的道德品质和行为习惯，也能在教育教学实践中真正地做到尊重学生、关爱学生，保障每个学生都能受到良好的教育，从而促进学生的健康成长。

（四）有利于弘扬良好的社会风尚

职业道德修养水平较高的教师在与社会各界人士打交道的过程中，能通过践行爱国守法、诚实守信、爱岗敬业、为人师表、团结协作等道德规范，向人们传递向上向善的正能量。当具有良好职业道德修养的教师越来越多时，教师群体就能以道德修养的星星之火，促成道德修养的燎原之势，从而有利于弘扬良好的社会风尚。

 修身笃学

喜欢马老师的 8 个理由

下面是某小学的一名学生写的日记。在日记中，这名学生陈述了他喜欢班主任马老师的 8 个理由。

（1）我们班设立了图书角，马老师带来了 6 本课外书，大家都爱看。

（2）春游时，我把食物弄丢了，马老师送给我一袋面包、两瓶酸奶。其实，她自己带的也不多。

（3）上次语文考试，我只得了85分，我很伤心。马老师借给我5分，并要求我下次考试还给她。

（4）马老师买了1个漂亮的削笔器并将它摆在书橱里，我们再也不用担心忘记削铅笔了。

（5）上个星期，我不小心打碎了马老师的水杯，我哭了。马老师知道后，没有批评我，反而安慰我。

（6）马老师每天和我们一起背古诗。在古诗文擂台赛中，她得了第一名。

（7）我得水痘了，一个人在家感到很孤单。马老师带了水果来看我，还给我补课。

（8）大扫除时，马老师不让我们擦高处的窗户，怕我们摔着，她自己擦了所有高处的窗户，累得满头大汗。

虽然日记中描述的都是马老师在教育教学工作中的细节，但从这些不起眼的小事中，我们可以看到这位教师对学生的深切关爱，感受到这位教师的职业道德修养。

请思考：你认为是什么让马老师赢得了学生的喜爱？马老师又能从中收获什么？

三、教师职业道德修养的内容

一个人的道德修养是综合性的体现，它贯穿于个体日常的学习、工作、生活和人际关系中，深受其世界观、人生观、道德观、文化修养和心理素质等多种因素的影响。对于教师而言，职业道德修养的内容非常丰富，主要包括以下几个方面。

（一）职业道德认识

职业道德认识是指教师对价值观念、行为规范、职业操守等职业道德理论的认识和理解。它决定了教师在教育教学活动中如何对待学生、如何处理师生关系、如何履行职责等关键问题。

正确地认识职业道德是教师锻炼道德意志的内在动力，也是决定教师行为倾向的思想基础。教师只有具备深刻的职业道德认识，才能产生强烈的职业道德情感，形成良好的职业道德行为，增强履行职业道德的自觉性。

（二）职业道德情感

职业道德情感是指教师根据一定的职业道德观念，评价某种行为、处理相互关系时所产生的内心体验，包括对教育事业的追求、对学生的关爱、对同事的尊重，以及自重、自爱、自立、自信、自强、自主和责任感等。

做一朵温柔绽放的"解语花"

尚宇红毕业于陕西师范大学的教育学专业，专攻心理学方向。大学毕业后，尚宇红来到了河南某大学，从事教学工作。

学校准备成立心理咨询室，尚宇红自告奋勇负责此事。起初，心理咨询室只有尚宇红一个人，她不怕难、不怕累，义无反顾地踏上了高校心理健康教育的拓荒之路。

开设心理健康选修课，成立全省第一个大学生心理健康协会，率先设立心理健康活动月，定期为在校大学生进行心理测评……在尚宇红的努力下，学校的心理健康教育开展得有声有色，成为该校的"品牌"，为河南高校心理健康教育树立了样板。此外，尚宇红还建立了24小时心理热线。为了便于服务学生，最初的热线使用的是她家里的电话号码，后来又改成了她的手机号。

在学校，学生们都知道，遇到问题可以找尚老师倾诉。尚老师就像一朵"解语花"，为学生们解决各种心理问题，帮助学生们走出困惑和迷惘。

如今，该校心理咨询室的教师队伍日益壮大，越来越多的年轻教师加入心理咨询室。学校也搭建起了覆盖学校、学院、班级、宿舍、家庭的五级心理健康服务网络。从一个人到一群人，从一间咨询室到一张服务网，尚宇红始终像一朵温柔绽放的"解语花"，用深沉且持久的力量，呵护着学生们的心灵家园。

（资料来源：佚名，《尚宇红》，《漯河日报》，2020年6月24日，有改动）

请思考：上述内容体现了尚宇红老师怎样的职业道德情感？带给你怎样的启发？

（三）职业道德意志

职业道德意志是指教师在践行职业道德要求的过程中战胜困难和克服障碍的毅力，以及坚持不懈的精神。它是在职业道德认识和职业道德情感的基础上形成并发展起来的，是调节教师道德行为的重要精神力量。教师在教书育人的过程中，常常会遇到来自外界的各种困难和障碍，如现实条件的制约、社会舆论的干扰等。教师要想克服困难，排除障碍，就需要有坚强的职业道德意志。

（四）职业道德信念

职业道德信念是指教师对职业理想、职业人格、职业原则、职业规范的坚定崇奉，是深刻的职业道德认识、炽热的职业道德情感和顽强的职业道德意志的统一，是教师将职业道德认识转变为职业道德行为的媒介和内驱力。教师的职业道德信念一旦确立，其道德行为和道德观念的一致性就不可动摇。

职业道德信念决定着教师行为的方向性和目的性，也影响着教师的职业道德水平。它是教师职业道德品质的核心要素，是教师按照职业道德准则忠诚地履行道德义务的深层次依据，也是职业道德行为得以持续的重要保障。

（五）职业道德行为

职业道德行为是指教师在良好的职业道德动机、坚韧的职业道德意志和坚定的职业道德信念的影响下采取的实际行动。它是教师职业道德品质的具体表现，即教师把职业道德规范和准则贯彻落实到实际的教育教学工作中，做到言行合一、知行合一。

> **⭐ 时代楷模**
>
> #### 师德丰碑构筑者张桂梅
>
> 她没有子女，却是上百个孩子口中的"妈妈"；她身患重病，却把自己所得的奖金都捐给了贫困山区的孩子们；她在基层教育岗位上辛勤耕耘数十年，用自己的心血和汗水托起了贫困山区孩子们的希望。她就是云南省丽江市华坪女子高中的党支部书记、校长，"华坪县儿童之家"福利院的院长张桂梅。
>
> 1996年8月，张桂梅来到地处边远的丽江市华坪县中心学校任教。一开始，她不太适应这里的环境，但随着时间的推移，在教学和家访工作中，她深刻感受到了教育对于贫困山区儿童的重要性。于是，她一心扑在工作上，每天工作十多个小时。就在她忙于工作时，她的身体却出现了种种不适。之后，她被检查出患有子宫肌瘤。在身体有所好转后，她依然选择奋斗在教学一线。
>
> 1997年，张桂梅因为教学工作出色，被调到华坪县民族中学。在教学工作中，她明知道自己的身体状况不好，但依然把自己所有的精力都放在了教书育人中，把自己的情感全部倾注于学生身上。
>
> 在工作之余，张桂梅还经常去老年福利院做义工。那时候，华坪县没有儿童福利院，所以老年福利院还收养了许多孩子。张桂梅觉得孩子和老人混住不仅打扰了老人的生活，而且对孩子们的成长极为不利。2001年，当地政府与一个基金会联合成立了"华坪县儿童之家"福利院，想请她担任福利院的院长。当时，张桂梅还在民族中学任教，但她毫不犹豫地接受了这个任务。在福利院，她关心每个孩子的生活，因此被孩子们亲切地唤作"妈妈"。
>
> 2008年，在当地政府和社会各界的关心与支持下，张桂梅创办了华坪女子高中，为100个濒临辍学的贫困山区女学生提供了免费的学习环境。为了给华坪女子高中的孩子们创造更好的学习条件，张桂梅自己节衣缩食，把一天的生活费控制在3块以内，还把所有的奖金、工资，以及别人捐给她治病的钱都捐给了学校和孩子们。
>
> 一路走来，张桂梅历尽艰辛。但是，她不畏困难，为了贫困山区的孩子们坚定前行。张桂梅身上的精神，如同一盏灯，照亮了孩子们的内心世界；如同一团火，温暖了孩子们的心灵；如同一颗星，引领孩子们健康成长。
>
> （资料来源：佚名，《好老师带病坚守岗位 扎根边疆潜心育新人》，中国文明网，2019年11月25日，有改动）

课堂互动

有人认为，教师仅需要在教育教学工作中恪守职业道德规范，在日常生活中则可以用普遍的道德标准来要求自己。也有人认为，无论是在工作中还是日常生活中，教师都应以较高的职业道德标准来严格要求自己。

你怎么看待这两种观点？请阐述你的见解，并说明理由。

学以致用

分享与讨论——我的职业道德提升计划

活动目的

学生应通过分享与讨论，提升对教师职业道德修养的认识，增强对教师职业的认同感，从而激发未来从事教育工作的热情和动力。

"学以致用"
实训报告 3-1

活动要求

（1）各组搜集的资料应与教师职业道德修养相关。

（2）各组成员根据自身实际情况，设计一份个人职业道德提升计划。计划应明确具体目标、实施步骤、时间安排及预期成果等，以确保其有效性和可操作性。

活动过程

各组成员分工合作，参照表 3-1 所示的内容，开展实践活动。

表 3-1　活动名称及实施步骤

活动名称	实施步骤
准备工作	（1）全班学生按照 4~6 人为一组，分成若干小组
	（2）各组成员围绕活动主题搜集相关的书籍、文章、故事等资料
实施过程	（3）各组成员分析自己所搜集资料中的主人公是如何提升教师职业道德修养的
	（4）各组成员将资料中的成功经验与自身实际情况进行对照分析，识别自己在教师职业道德方面可能存在的不足或需要改进之处
	（5）各组成员基于上述分析，设计一份切实可行的个人职业道德修养提升计划，并在组内进行分享
	（6）各组展开讨论，分析小组成员制订的计划的优缺点
活动小结	（7）教师根据各组学生的表现情况，对本次活动进行评价和总结

项目三 加强道德修养，绘就职业蓝图

任务二 提升教师职业道德修养

职业道德培训革新提升教师参与度

近期，某学校组织全体教师参加了职业道德培训活动。培训活动结束后，一位教师满怀热情地分享了自己的见解："职业道德培训确实有其独特的重要性。我深信，通过系统培训，我们不仅能够提升道德认识，还能够有效地激发道德情感，增强道德意志，并将这些理念转化为具体的道德行为。参加这次职业道德培训，我发现现场氛围非常好。在培训现场，台上的专家热情洋溢地分享经验，台下的教师们认真听讲，互动频繁。这次培训形式多样、内容丰富，让教师们受益匪浅。大家纷纷表示愿意参加更多像这样的有意义的培训活动。"

任务清单

（1）你认为学校开展教师职业道德培训有什么作用？
（2）教师为什么要强化自身的职业道德？

一、提升教师职业道德修养的原则

在提升教师职业道德修养的实践活动中，教师必须遵循一定的原则，以规范自身行为，提高活动效率，确保活动质量，从而达成提升职业道德修养的目标。

（一）知与行相统一原则

"知"即教师对职业道德修养的认识，是提升职业道德修养的前提。

提升教师职业道德修养的意义

"行"即教师根据自己对职业道德修养的理解调整自己的行为，使之符合职业道德要求，是提升职业道德修养的目的。知与行相统一，就是把学习职业道德理论、提高职业道德认识同自身的行动统一起来。如果只学不用、只说不做或言行不一，提升职业道德修养就只是一句空话。因此，教师在提升职业道德修养的过程中要遵循知与行相统一的原则。

教师应遵循知与行相统一的原则，做到深入学习职业道德理论，激发自己的职业道德情感，增强自身的职业道德意志和信念，并努力践行职业道德，按照职业道德原则和规范调整自己的行为。只有这样，教师才能保持知与行的统一，从而适应教育改革的需求。

（二）动机与效果相统一原则

动机是教师实施某种行为的内在动力。效果是教师的行为带来的客观结果。动机和效果相互依存。

教师在提升职业道德修养的过程中，不能唯动机论（即认为动机好，就必然会得到好的效果），也不能唯效果论（即认为效果不好，就断定动机肯定是坏的），而应遵循动机与效果相统一的原则，既要有良好的动机（如以社会需求为导向、以推动教育事业发展为己任、一切从学生的利益出发等），又要确保行为效果达到预期。也就是说，在教育教学实践中，教师要带着良好动机，充分发挥主观能动性去克服各种困难，并从中不断总结经验，吸取教训，力争使提升职业道德的每一种行为都取得预期的效果。

（三）自律与他律相结合原则

自律是指依靠内心信念对自己的职业道德行为进行调节和控制。他律是指利用制度、规范和奖惩手段等对职业道德行为进行调节和控制。自律和他律既相互区别又密切联系，两者互为条件，相辅相成。教师在提升职业道德修养的过程中应坚持自律和他律相结合，既要有效地利用外部约束（如法律法规、道德规范、工作规范等）来提升道德认识，强化道德意志，规范道德行为；又要加强自我约束，陶冶道德情感，坚定道德信念，将外在的道德约束内化为自身信念，不断提升自身的道德境界，塑造出高尚的道德人格，从而为践行道德规范提供充足的内在动力。

（四）个人与社会相统一原则

个人道德修养的提升离不开社会的评价。教师在提升职业道德修养的过程中，要将个人信念与社会信念（即社会成员共同认可的价值观念和行为准则）结合起来，既要坚定个人信念，不随波逐流；又要尊重社会信念，遵守社会规则，时常参照社会对教师的职业道德标准来审视自己。当个人信念和社会信念发生冲突时，教师应学会平衡和取舍，适应社会的变化，紧跟时代的步伐，不断学习并树立正确的理想信念，促进个人信念与社会信念和谐共生，从而在道德实践中找到正确的方向。

（五）继承与创新相结合原则

职业道德是社会道德的一部分，它会随着社会的发展变化而不断变化。教师肩负新的历史使命，在提升职业道德修养的过程中，应坚持继承与创新相结合，在继承传统职业道德的基础上不断创新。在继承与创新的过程中，教师既要尊重传统职业道德中的精华部分，又要勇于突破传统束缚，坚持以社会主义核心价值体系为主导，根据新时代的特点和需求，积极探索新的师德规范和发展路径，从而创造出符合时代需要的教师职业道德规范体系。

二、提升教师职业道德修养的方法

教师职业道德修养的提升既是一个理论议题，也是一个实践挑战。它需要教师在创新与固守传统之间找到平衡，以探索教师职业道德修养的新定位和表现形态。具体而言，提升教师职业道德修养的方法主要有以下几种。

（一）学习

加强学习是提升教师职业道德修养的前提。一般来说，学习内容主要包括以下几个方面。

1. 学习思想政治理论

教师要认真学习思想政治理论，树立正确的世界观、人生观和价值观，坚定不移地热爱社会主义祖国，热爱教育事业，提高思想觉悟，进而为祖国教育事业的发展而努力奋斗。

2. 学习职业道德理论

教师要不断学习职业道德理论，提高明辨是非善恶的能力，明确提升职业道德修养的方向，以便在教育教学工作中朝着正确的方向努力，并采用正确的方式方法践行职业道德规范，培养职业道德行为习惯。

3. 学习教育理论

教师要学习科学的教育理论（如前沿的教育理念、先进的教育教学方法等），提升专业理论水平和专业技能水平，加深对职业伦理的理解，进而更加自觉地践行职业道德准则和规范。

时代楷模

一辈子做教师，一辈子学做教师

躬耕基础教育70余载，上海市杨浦高级中学名誉校长、语文特级教师于漪，已成为许多教师职业成长中的关键人物。70多年间，她开设了近2 000节公开课，培养了多位特级教师，"带教"了全国各地100多名青年教师，写下了600多万字的论文专著。从培育学生到培养教师，从改变课堂教学到凝练教育理论，她躬耕教坛、与时俱进，用实际行动彰显了"师者为师亦为范"的境界。

于漪上课，讲求"以文育人，触动心弦"

1951年，22岁的于漪从复旦大学教育系毕业，最初教历史，后转行教语文。回忆起那时，于漪笑言自己"连语文教学的门在哪里都摸不着"。干一行，爱一行，她从语音、语法、修辞、逻辑学起，硬是靠自学"啃"完了大学中文系课程。

基础筑牢后，于漪开始打磨自己的教学风格。她给自己立下规矩："不抄教学参考书，不吃别人嚼过的馍。"为了备好一堂课，她常常要花10个小时、20个小时，甚至更长时间。为了达到"出口成章，下笔成文"，她一边训练思维，以"心明"带"言明"；一边撰写详细的教案，下功夫修改琢磨，再背下来转换成口语。直至今天，仍有许多学生对她的课念念不忘，表示"听于老师上课，是艺术的享受"。

课上得越来越如鱼得水，于漪却越来越不满足，她开始思索更深刻的问题：基础教育为人生奠基，到底要奠怎样的"基"？教师职责神圣，究竟怎样才算不辱使命？

"教育是给孩子的心灵滴灌知性与德性""教师要胸中有书、目中有人，要见书又见人""每个学生都是发光体，每个学生都能做学习的主人"……这是于漪给出的答案，更是她的从教信条。她讲课已不只是在传授知识，更是以文育人、触动心弦，是以生命唤醒生命、以人格塑造人格的过程。"站上讲台，就是生命在歌唱"的理念，让她把每一堂课都上成了精品课。

于漪带班，重"教文"，更重"教人"

于漪带过许多"乱班""乱年级"，但在她眼里从来没有"差学生""坏学生"。她曾告诉其他老师，"不要随便讲学生不好。我教了一辈子，真的觉得没有不好的学生"。2000年，上海东方电视台拍摄专题片，年过七旬的她几乎不加停顿地报出了自己教过的100多个学生的名字。"记住学生名字是教师的本能。每教一个新的班级，我总是先看熟学生登记卡，记住照片上的特征。上第一节课，叫出全班学生的名字，学生就很佩服。"于漪的脑子里有一个"学生谱"，每个学生的情况都了然于胸。

曾有个男生屡屡逃学、打群架，受到了学校处分。家长的"棍棒教育"，打得这个男生离家出走。于漪急坏了，四处寻找，忙了整整一天，才把这个男生领回来。她把这个男生接到家里长住，为他做饭，陪他谈心，辅导他功课……春风化雨，叛逆的少年终于打开心扉，开始努力学习。多年后，听说于漪因重病住院，这位已经工作的学生赶来探望，一见面便一把攥住老师的手，满脸热泪，哽咽难言……

于漪的"目中有学生"，不是只盯住几个学习尖子，而是面向全体学生，特别关照有个性的学生，纠偏引路，让他们的个性得到良性发展。于漪说："我的学生不一定是最优秀的，但他们都是父母的宝贝、国家的宝贝。我当教师，不求他们有多显赫，但一定要让他们都成为社会的好公民，服务国家，服务人民。"于漪眼中的教育从来不只是结果，更是生命展开的过程。

于漪很喜欢闻一多的诗文："红烛啊！流罢！你怎能不流呢？请将你的脂膏，不息地流向人间，培出慰藉的花儿，结成快乐的果子！"这，恰似于漪的人生写照——"一辈子做教师，一辈子学做教师"，这是作为师者的自我修为；"理想就在岗位上，信仰就在行动中"，这是作为一名共产党员的人生刻度。

（资料来源：颜维琦，《于漪：站上讲台，就是生命在歌唱》，《光明日报》，2024年6月10日，有改动）

（二）实践

道德实践不仅是教师提升职业道德修养的现实基础，也是检验教师职业道德修养的唯一标准。教师应积极投身于道德实践，将内心的道德信仰外化于行动，并将职业道德规范作为日常教学及行为举止的准则。

教师应主动拓宽实践范围，参与各类教育志愿服务活动。例如，教师可以通过举办教育讲座、开展科普宣传等方式，向公众传播先进的教育理念和方法，提升社会对教育的关注度和参与度。同时，教师应创新志愿服务模式，灵活采用"一对一""一对多""多方协作"等形式，以满足不同学生群体及家庭的教育需求。此外，教师也可以加强与学校、社区、公益组织等机构的合作，共同推动教育事业的进步与发展。在志愿服务的过程中，教师不仅能够实现自我成长与提升，还能在奉献社会、服务他人的同时，深化对职业道德的理解与感悟，丰富自身的职业道德实践经历。

（三）反省

反省是教师提升职业道德修养的关键。反省的内容一般包括对思维和知识的检验、对情感和态度的调适、对决策和选择的梳理、对行为方式和技能的改进等。反省的方法有横向比较法（如了解同行的先进事迹，将其践行职业道德的方法与自己的进行比较）、个人总结法、集体对话法（如与同事、家长、专家等进行交流，共同探讨道德实践相关问题的解决方法）等。

反省的类型

教师应勇于自我审视，定期反省自身在职业道德层面与业界典范、道德楷模之间的差距，深入分析这些差距的根源，并积极寻求改进策略，以便深化对职业道德的理解，不断完善自己的道德品质，提升自己的职业道德修养。

（四）慎独

慎独是自律的最高层次，也是提升职业道德修养的重要途径。它要求教师在无人监督的情况下，仍然能够保持高度的自律和职业道德意识，做到言行一致。

教师应将职业道德规范内化于心，作为日常教学中言行举止的准则。同时，教师要强化自我监督与自我管理能力，做到自律、自重、自爱，无论在什么情境下，都能以高标准的职业道德来严格要求并鞭策自己。在面对困难时，教师要勇于担当责任，积极寻求解决问题的方法，不推卸责任、不逃避问题。

博闻多识

"四有"好老师是怎样练成的

做好老师，要有理想信念、有道德情操、有扎实学识、有仁爱之心。"坚定理想信念、陶冶道德情操、涵养扎实学识、勤修仁爱之心"，是对"四有"好老师的新阐释和新发展。"坚定""陶冶""涵养""勤修"这4个词，言简旨深，值得细细体味。

坚定理想信念。"坚定"意味着理想信念本乎自身。中国特色社会主义事业根植于中华优秀传统文化沃土，是每一个中国人基因血脉中本来就蕴含流淌着的理想信念。我们要自觉树立这样的理想信念，然后善养之，坚守之，经受住重重考验，然后才可以为人师表，范示群伦。

陶冶道德情操。"陶冶"指道德情操具有社会属性，需要在人与人的交互过程中不断磨炼。这个过程是渐进式的、潜移默化的。我们弘扬社会主义核心价值观，强调师德师风，制定新时代教师职业行为十项准则，就是要在社会的大环境里、时代的大背景下、教育界的大生态中，陶冶师生道德情操。广大教师亦当有这样的自觉，使自己的德行与时俱进、臻于至善。

涵养扎实学识。"涵养"一方面表明学识需要不断吸收、内化、吐故纳新；另一方面则指出教师需要谦虚、敬畏、知不足。"涵养"要求老师要永葆学习知识、追求真理的热情，像孔子一样"发愤忘食，乐以忘忧，不知老之将至云尔"，并永远保持不忧不惑、不骄不躁的气质和定力。

勤修仁爱之心。"勤修"强调了"仁爱之心"不是一成不变的，需要时时刻刻去呵护它、发扬它，否则就会弱化乃至丧失。教师身负教书育人的神圣职责，更需要修炼人民教师的"心学"，以一颗充沛活泼的仁爱之心，赢得社会的广泛尊重。

（资料来源：罗容海，《"四有"好老师怎样练成》，《光明日报》，2023年6月12日，有改动）

学以致用

"职业道德修养提升"辩论赛

活动目的

学生应通过辩论赛，深入理解提升职业道德修养的原则，增强自觉提升职业道德修养的意识。

"学以致用"
实训报告 3-2

活动要求

（1）请围绕如何提升职业道德修养开展辩论比赛。辩论的议题如下。

近年来，有关教师职业道德失范的事件屡现。关于如何有效规范教师职业道德行为、提升教师职业道德修养的问题引发了激烈的讨论。有人认为，规章制度、奖惩手段、社会舆论和评价等外部力量是规范教师职业道德行为和提升教师职业道德修养的主要方法。也有人认为，规范职业道德行为、提升职业道德修养主要靠教师自觉，否则，只是治标不治本。那么，提升教师的职业道德修养主要依靠他律还是自律？

正方：提升教师职业道德修养主要依靠自律。

反方：提升教师职业道德修养主要依靠他律。

（2）辩论赛结束后，每人撰写一篇总结，说说还有哪些提升教师职业道德修养的途径。

活动过程

各组成员分工合作，参照表 3-2 所示的内容，开展实践活动。

表 3-2　活动名称及实施步骤

活动名称	实施步骤
准备工作	（1）全班学生推选出 1 名主持人，再选出 8 名辩手并分成两组
	（2）各组抽签决定辩论的正反方，按照正反方辩论议题搜集相关资料，并对资料进行分析整理
	（3）各组确定一辩、二辩、三辩、四辩，并根据辩论议题撰写辩词
实施过程	（4）开展辩论赛，其流程分为陈词、攻辩、自由辩论、总结陈词 4 个环节
	（5）未参赛的学生认真观看，记录参赛人员的发言要点
	（6）辩论赛结束后，全班学生共同探讨"提升教师职业道德修养应如何做到自律与他律相结合"
活动小结	（7）教师根据各组学生的表现情况，对本次活动进行评价和总结

心得体会

项目检测

一、不定项选择题

1．教师职业道德修养的特点有（　　）。

　　A．内省性　　　　　　　　　B．自主性

　　C．持恒性　　　　　　　　　D．实践性

2．下列选项中，不属于教师职业道德修养的内容的是（　　）。

　　A．职业道德认识　　　　　　B．职业道德情感

　　C．依法执业思维　　　　　　D．职业道德意志

3. 下列选项中，不属于职业道德认识的内容的是（　　）。

　　A．对职业道德价值观念的认识

　　B．对职业道德行为规范的理解

　　C．对职业操守的认识和理解

　　D．对职业道德规范的践行

4. 教师职业道德信念是教师对（　　）的坚定不移的信仰。

　　A．职业原则　　　　　　　B．职业理想

　　C．职业人格　　　　　　　D．职业规范

5. 在没人监督的情况下，教师依靠内心信念对自己的职业道德行为进行调节和控制，就是做到了（　　）。

　　A．自爱　　　　　　　　　B．自尊

　　C．自律　　　　　　　　　D．自信

6. 下列选项中，关于教师职业道德修养的说法，错误的是（　　）。

　　A．职业道德行为是教师职业道德品质的具体表现

　　B．教师职业道德修养的自觉性主要体现为教师积极克服困难，自觉按照职业道德的要求进行自我完善

　　C．在教育教学实践中，教师只要保持良好的动机，就会得到好的效果

　　D．"见贤思齐，见不贤而内自省"是教师提升职业道德修养的方法之一

二、判断题

1. 教师职业道德修养的内省性主要体现在教师自我认知、自我教育、自我充实和自我蜕变的过程中。（　　）

2. 教师职业道德信念是教师职业道德品质的核心要素，也是职业道德行为得以持续的重要保障。（　　）

3. "知"是加强职业道德修养的前提，"行"是加强职业道德修养的目的。（　　）

4. 他律是教师实施某种行为的内在动力。（　　）

5. 道德实践不仅是教师提升职业道德修养的现实基础，也是检验教师职业道德修养的唯一标准。（　　）

三、简答题

1. 简述教师职业道德修养具体内容。
2. 对于教师来说，职业道德认识是指什么？
3. 教师在提升职业道德修养的过程中，应遵循哪些基本原则？
4. 教师提升职业道德修养的方法之一是学习，那么学习的内容主要包括哪些方面？
5. 教师应如何通过实践来提升职业道德修养？

四、案例分析题

案例一：

某小学的李老师购买了几本与职业道德相关的书籍，打算自主学习职业道德理论，以提高职业道德认识，进而提升自己的职业道德修养。然而，职业道德理论总是说起来容易做起来难，李老师在提升职业道德认知和职业道德行为判断能力的过程中遇到了很多困难。但是，李老师从未放弃努力，她采取各种方法将职业道德理论与教育教学实践相结合，在实际教学中应用这些理论，并且不断反思和总结，以帮助自己理解职业道德理论，提升自己的职业道德行为判断能力。同时，李老师还积极与同事探讨如何在工作中践行职业道德，并从他们身上学到了很多宝贵的经验。功夫不负有心人，一段时间后，李老师成功提升了自己的职业道德修养。

案例二：

小张老师在师范院校上学的时候，每次见到当教师的大伯母，都会很认真地向她求教如何做一名好老师、如何教育学生、如何培养学生的学习兴趣、如何让学生喜欢老师等问题。从师范院校毕业后，她来到某中学任教。在该中学办公楼一楼大厅的墙面上，写着"爱乃生命之血脉，爱是教育之真谛"。小张老师每天都会看到这句标语，她已经把这句话融入了血液里。

为了带好班级，小张老师每天把大量的时间花在学生身上。她的点滴付出，既让同事敬佩，又让家长心疼。

有一年冬天，一名学生病了，小张老师领着班里的几个同学去看望他。在路上，一辆自行车向同行的一名学生冲来。雪天路滑，车子根本停不下来。情急之下，小张老师一下子挡在了学生的身前，结果，她的裤子被车剐坏了。可是，她丝毫没有顾及自己，转身关切地问那名学生："你没事吧？""那种温暖，只有从母亲那里才体会得到。"那名学生事后说。

小张老师在得知一名学生家庭特别困难后，便每月从工资中拿出一部分来资助这名学生，即使在寒暑假也从不落下。除此之外，这名学生身上穿的绒衣、裤子、外衣都是小张老师买的。

（1）在提升职业道德修养的过程中，李老师遵循了哪些原则？

（2）请你运用所学知识，分析小张老师是如何将教师职业道德落实到行动中的。

预期学习成果评价

教师应对学生的理论知识学习情况、实践技能掌握情况、素养目标达成情况、实践活动成果等进行评价,请各位学生配合指导教师共同完成预期学习成果评价表(见表3-3)。

表3-3 预期学习成果评价表

班级		姓名		学号		
组号		指导教师		日期		
评价维度	评价标准		分值	评分		
				自评	互评	师评
基本知识 30分	能够阐述教师职业道德修养的含义与特点		6			
	能够阐明教师职业道德修养的具体内容		8			
	能够概括提升教师职业道德修养的原则		6			
	能够简述提升教师职业道德修养的方法		10			
实践技能 30分	能够在日常学习和生活中有意识地践行教师职业道德修养提升的基本原则		15			
	能够通过有效的方法提升自身的教师职业道德修养		15			
综合素质 20分	能够按时、按要求完成所有的课堂互动、实践活动		10			
	能认识到提升教师职业道德修养的重要性,在日常生活中积极投身于道德实践		10			
活动成果 20分	制订的计划目标明确、可操作性强		6			
	辩论时论点鲜明,论据充分,逻辑严谨		10			
	举止得体,显示出良好的道德修养		4			
合计			100			
总评	自评(30%)+互评(30%)+师评(40%)=					
教师评语			教师(签名):			

下篇

教育法律法规

项目四

熟悉学生权利，呵护学生成长

项目导读

学生是祖国的花朵、民族的希望，是国家发展的后备力量。他们在心理、生理、认知、社交等方面有着全方位的发展需求，是需要被呵护的群体。由于年龄小，他们的自我保护能力有限，在生活、学习和社会活动中极易受到侵害。因此，社会各界，尤其是教师，应当为他们创造良好的成长环境，维护他们的各项权益。对于教师来说，要想做好上述工作，呵护学生成长，首先应当明确学生的权利、熟悉学生权利保护的原则和职责。本项目将系统地介绍这些方面的相关规定。

学习目标

知识目标

- 了解学生的基本权利。
- 熟悉学生权利保护的原则。
- 熟悉学生权利保护的职责。

能力目标

- 能够尊重和关爱学生。
- 能够在各种活动中保护学生的权利。

素养目标

- 树立尊重学生、关爱学生的从业理念。
- 增强从事教育工作的责任感。

项目四　熟悉学生权利，呵护学生成长

任务一　了解学生的权利

改造体育场地设施，助力学生全面发展

在广东省某小学的篮球场上，一场篮球友谊赛火热开赛。随着比赛开始的哨声响起，双方队员展开了激烈的争夺，现场气氛迅速升温。这场比赛是该校首次组织的篮球赛。

此前，该校只有一个破旧的水泥地篮球场、两个乒乓球台和一条砂石跑道，这些有限的设施严重制约了学校体育活动的开展。然而，2022年秋季开学时，学生们惊喜地发现校园变了模样。体育场经过重新修缮，拥有了塑胶跑道、跳远沙坑、篮球场和乒乓球桌等设施，为校园增添了一抹亮色。这一变化得益于该校在暑假期间实施的体育场地设施建设项目。

体育场地改善了，参加运动的学生也就多了。一到课间休息时间，学生们都喜欢到体育场上跑步、打球。此外，学校也有了举办校运会的条件，进一步丰富了学生们的校园生活。

体育场地的建设不仅满足了该校学生的体育活动需求，还缩小了城乡学校在办学条件上的差距，为乡村学生的体育梦想搭建了平台，为他们的全面发展创造了有利条件。

（资料来源：杨再佳，《云浮43所农村小学体育场地改造升级 教学环境旧貌换新颜》，
《南方日报》，2022年11月18日，有改动）

（1）这个体育场地对于学生实现哪些权利具有促进作用？

（2）哪些政策法规涉及学生权利？它们是如何规定这些权利的？

《中华人民共和国宪法》《中华人民共和国民法典》《中华人民共和国未成年人保护法》《儿童权利公约》等多部法律法规从不同方面保障了学生的权利。这些法律法规所提到的学生权利多达几十种，如姓名权、国籍权、受父母照料权、健康权、受教育权、言论自由权、隐私权等。其中，学生享有的最基本权利为生存权、发展权、受保护权和参与权。《中华人民共和国未成年人保护法》第三条第一款规定："国家保障未成年人的生存权、发展权、受保护权、参与权等权利。"

83

一、生存权

生存权是指学生享有的维持生存、维护身体健康和保障人格尊严的权利，包括生命权和健康权。生存权是学生最基本的权利。学生出生后即获得了生命权，享有生命安全不受侵害、不被剥夺的权利和受特殊保护的权利。同时，学生享有获得足够食物、一定住所及其他生活保障的权利。

《中华人民共和国民法典》第一千零二条规定："自然人享有生命权。自然人的生命安全和生命尊严受法律保护。任何组织或者个人不得侵害他人的生命权。"该法第一千零四条规定："自然人享有健康权。自然人的身心健康受法律保护。任何组织或者个人不得侵害他人的健康权。"

《儿童权利公约》也对学生的生存权做出了相应规定。其中，第六条第 1 项规定："缔约国确认每个儿童均有固有的生命权。"同时，根据该公约第二十四条第 1 项和第 2 项的规定可知，缔约国确认儿童有权享有可达到的最高标准的健康，并享有医疗和康复设施，缔约国应努力确保没有任何儿童被剥夺获得这种保健服务的权利。缔约国应致力充分实现这一权利，特别是应采取适当措施，确保所有儿童获得"必要的医疗援助和保健""消除疾病和营养不良现象"等。

学生只有在生命安全、身体健康的基础上，才有可能成长为有理想、有道德、有文化、有纪律的社会主义建设者和接班人。因此，社会各界，尤其是教师，应当努力为学生营造安全的成长环境，确保学生安全健康成长。

二、发展权

发展权是指学生享有的能够促进其身体、心理、精神、道德和社会性全面发展，进而充分发展其全部体能和智能的权利。其包括受教育权、文化活动权、娱乐权、信息权等。每一名学生都是发展中的个体，他们的发展权应受到尊重和保护。

如何保护学生的发展权

我国法律法规对学生的发展权做出了相应的规定，尤其是对受教育权做出了比较明确的规定。《中华人民共和国宪法》第四十六条规定："中华人民共和国公民有受教育的权利和义务。国家培养青年、少年、儿童在品德、智力、体质等方面全面发展。"《中华人民共和国教育法》第九条规定："中华人民共和国公民有受教育的权利和义务。公民不分民族、种族、性别、职业、财产状况、宗教信仰等，依法享有平等的受教育机会。"学校是学生接受教育的主要场所，应保障学生受教育的权利。

此外，《儿童权利公约》也对学生的发展权做出了相应的规定。该公约第二十七条第 1 项和第 2 项规定:"缔约国确认每个儿童均有权享有足以促进其生理、心理、精神、道德和社会发展的生活水平。父母或其他负责照顾儿童的人负有在其能力和经济条件许可范围内确保儿童发展所需生活条件的首要责任。"同时,根据该公约第二十八条第 1 项的规定,缔约国确认儿童有受教育的权利,为在机会均等的基础上逐步实现此项权利,缔约国尤应"使所有儿童均能得到教育和职业方面的资料和指导"。

学生能否在德智体美劳各个方面得到全面发展,与学生发展权是否得到充分保障密切相关。因此,学校、家庭和社会各界都应想方设法地保障学生的发展权。

三、受保护权

受保护权是指学生享有的免受歧视、剥削、酷刑、虐待或者疏忽照料等危害自身发展的侵害的权利。学生身心尚未发展成熟,不懂得保护自身的权利。因此,国家和社会都有责任保护学生,帮助学生实现自己的权利。

《中华人民共和国宪法》第四十九条第一款规定"儿童受国家的保护"。这是我国宪法对学生受保护权的基本规定。

同时,根据《中华人民共和国民法典》第一千零三条的规定,自然人享有身体权,自然人的身体完整和行动自由受法律保护。这里的身体权是指自然人享有的保持其身体组成完整,支配其肢体、器官和其他身体组织,并保护自己的身体不受他人违法侵犯的权利,是受保护权的重要组成部分。根据该法第一千零七十一条第一款的规定,非婚生子女享有与婚生子女同等的权利,任何组织或者个人不得加以危害和歧视。根据该法第一千零七十二条第一款的规定,继父母与继子女间,不得虐待或者歧视。这说明无论学生是否为婚生子女,以及学生与其父母之间是否存在血缘关系,都享有受保护权。

根据《中华人民共和国未成年人保护法》第三条第二款的规定,未成年人依法平等地享有各项权利,不因本人及其父母或者其他监护人的民族、种族、性别、户籍、职业、宗教信仰、教育程度、家庭状况、身心健康状况等受到歧视。

《未成年人学校保护规定》

《未成年人学校保护规定》第二十二条规定:"教职工应当关注因身体条件、家庭背景或者学习成绩等可能处于弱势或者特殊地位的学生,发现学生存在被孤立、排挤等情形的,应当及时干预。教职工发现学生有明显的情绪反常、身体损伤等情形的,应当及时沟通了解情况,可能存在被欺凌情形的,应当及时向学校报告。学校应当教育、支持学生主动、及时报告所发现的欺凌情形,保护自身和他人的合法权益。"

保障学生的受保护权,需要社会各界做出努力。为了学生的健康成长,家庭、学校和社会相关部门应当从各个层面积极地保护他们的受保护权。

> **修身笃学**
>
> 撑起保护伞
>
> 小强是一名性格内向的小学生,由于他的父母在外地打工,他只能和年迈的爷爷共同生活。这导致他被班上几名同学嘲笑是"野孩子",有时还会遭到无端的推搡。小强不知道该如何保护自己,于是选择了默默忍受。
>
> 班主任李老师注意到小强总是低头沉默,眼神中流露出恐惧和不安。经过几天的了解,李老师得知小强在学校所遭遇的困境,决定采取措施,为小强撑起一把保护伞。
>
> 首先,在班会上,李老师强调了尊重同学的重要性,并教育学生们要关心他人,共同营造一个和谐的学习氛围。然后,李老师与学校领导沟通,提议开展一次关于学生自我保护的主题活动。学校领导高度重视,迅速组织了一次面向全校的讲座。在讲座中,专家不仅讲解了学生自我保护的方法和途径,还通过生动有趣的案例,让同学们认识到歧视他人是不正确的行为。小强的同学们深受启发,尤其是那些曾经嘲笑小强的同学们,他们认识到了自己的错误,并向小强表达了歉意。
>
> 此外,李老师还与小强的父母取得了联系,向他们反映了小强在学校的情况,并建议他们在条件允许的情况下,多关心孩子的心理需求。小强的父母深感愧疚,决定尽量多回家陪伴孩子。
>
> 在李老师、学校和家长的共同努力下,小强逐渐变得开朗,学习成绩也有了显著提升。同学们也学会了如何尊重和关爱他人,班级氛围因此变得更加和谐。
>
> 请思考:在上述案例中,李老师是如何保障学生的受保护权的?

四、参与权

参与权是指学生享有的参与家庭、学校和社会生活的权利,包括知情权、自由发表言论的权利等。参与权不仅是学生的基本权利,也是他们成长和发展的基本需要。社会各界应当积极地为学生创造参与各种社会活动的机会,并尊重学生在活动中发表的观点和意见。我国法律和相关国际公约都对学生的参与权做出了明确规定。

根据《中华人民共和国未成年人保护法》第四条第五项的规定,处理涉及未成年人事项时,应当听取未成年人的意见。该法第十九条规定:"未成年人的父母或者其他监护人应当根据未成年人的年龄和智力发展状况,在作出与未成年人权益有关的决定前,听取未成年人的意见,充分考虑其真实意愿。"

此外,《儿童权利公约》也确认了学生的参与权。该公约第十二条第一项规定:"缔约国应确保有主见能力的儿童有权对影响到其本人的一切事项自由发表自己的意见,对儿童的意见应按照其年龄和成熟程度给以适当的看待。"该公约第十三条第一项规定:"儿童应有自由发表言论的权利，此项权利应包括通过口头、书面或印刷、艺术形式或儿童所选择的任何其他媒介，寻求、接受和传递各种信息和思想的自由，而不论国界。"

学生往往不知道自己享有哪些权利，更不知道如何维护自己的权利。社会各界，尤其是教师，应认真学习学生权利的相关知识，并积极保护学生的权利，以促进学生的健康成长和全面发展。

课证融通

（2023年下半年小学教师资格考试"综合素质"卷　单选题）某小学规定，没有完成暑假作业的学生，一律不准到校上课。该校的做法（　　）。

A．合法，学校有自主管理权

B．合法，学校有惩罚学生的权利

C．不合法，学校侵犯了学生的休息权

D．不合法，学校侵犯了学生的受教育权

解析：本题主要考查学生依法享有的权利。《中华人民共和国宪法》第四十六条规定："中华人民共和国公民有受教育的权利和义务。国家培养青年、少年、儿童在品德、智力、体质等方面全面发展。"《中华人民共和国教育法》第九条规定："中华人民共和国公民有受教育的权利和义务。公民不分民族、种族、性别、职业、财产状况、宗教信仰等，依法享有平等的受教育机会。"学校是学生接受教育的主要场所，应保障学生受教育的权利。题干中，某小学因为学生没有完成暑假作业而不让学生上课，是不合法的，侵犯了学生的受教育权，故本题选 D。

博闻多识

学生的义务

根据《中华人民共和国教育法》，学生在享受国家提供的教育资源和权利的同时，也应当履行下列义务。

（1）遵守法律、法规。学生作为中华人民共和国公民，应当自觉遵守国家的宪法、法律、法规，以及地方性的规章制度，确保自己的行为始终在法律允许的范围内。

（2）遵守学生行为规范，尊敬师长，养成良好的思想品德和行为习惯。学生应尊重教师，听从教导；与同学友好相处，虚心学习同学的优点；上课不迟到、不早退、不旷课；积极培养诚实守信、勤奋向上、团结互助等优良品质。

（3）努力学习，完成规定的学习任务。学生应当按照教学计划和要求，认真完成课堂听讲、作业、实验等各项学习任务，并不断提高自己的综合素质。

（4）遵守所在学校或者其他教育机构的管理制度。学生应当遵守所在学校或者其他教育机构的各项规章制度，包括校规、校纪和班级管理规定等，服从教学管理。

学以致用

"呵护学生，权利至上"案例分享会

活动目的

学生应通过搜集和分析案例，进一步了解学生权利的内容，明确保障学生权利的重要性，增强保护学生权利的意识。

活动要求

（1）各组的每名成员至少要搜集1个与学生权利相关的案例。

（2）各组以演示文稿的形式在班级内进行案例分享。演示文稿的内容应包含所选案例的背景介绍、涉及的法律知识、当事人行为的分析及对案例的感想等。

"学以致用"
实训报告 4-1

活动过程

各组成员分工合作，参照表4-1所示的内容，开展实践活动。

表4-1 活动名称及实施步骤

活动名称	实施步骤
准备工作	（1）全班学生按照4~6人为一组，分成若干小组
准备工作	（2）各组成员通过多种渠道搜集与学生权利相关的案例
实施过程	（3）各组成员运用所学知识分析案例，如当事人遵守或违反了哪些法律规定、保护或侵犯了学生的哪种权利等，并结合案例内容发表自己的感想
实施过程	（4）各组通过讨论，选出1个案例并结合所学知识编写案例评析
实施过程	（5）各组制作演示文稿并进行案例分享
活动小结	（6）各组讨论本组成员在此次分享会中的综合表现，各组成员总结自己在分享会中的收获

心得体会

项目四　熟悉学生权利，呵护学生成长

任务二　保护学生的基本权利

开展消防安全演练，守护学生生存权利

在紧张而有序的气氛中，一场消防安全演练正式开始。随着急促的警报声响起，全校师生迅速进入紧急状态。各个班级的教师和学生按照预先规划的疏散路线，快速且有序地从教学楼撤离至安全区域。演练过程中，学生们表现出了高度的纪律性和快速的反应能力。

演练结束后，学校特别邀请了一名消防员进行专业点评。他对学生们的表现给予了肯定，并现场传授了逃生技巧和灭火器的使用方法，以进一步提升学生们的自救能力。

随后，校长进行了总结。他表扬了学生们的表现，重申了学校对学生生存权保护的承诺。同时，他也指出了演练中的不足之处，如学生们的紧张意识有待加强、逃生技能的掌握不够熟练等，并提出了改进措施。

此次演练不仅再次检验了学校针对突发安全事件的预防措施的有效性，而且提高了学校处理突发安全事件的能力，从而守护了学生的生存权利。

（资料来源：蔡婧，《消防安全教育　共筑平安校园——共青城市实验小学开展消防应急疏散演练》，九江新闻网，2024年3月12日，有改动）

任务清单

（1）上述案例中，学校保护了学生的哪些权利？其遵循了学生权利保护的什么原则？
（2）学校在保护学生权利时应当履行哪些职责？

一、学生权利保护的原则

学生权利保护的原则是指为了保障学生的合法权益，社会各界在保护学生的各项权利时应遵循的基本准则。根据我国政策法规及国际公约的相关规定，保护学生权利要遵循4个基本原则，即无歧视原则、学生最大利益原则、确保学生生存权和发展权完整原则、尊重学生意见原则。

（一）无歧视原则

无歧视原则是指社会各界应平等地对待每一名学生。

《中华人民共和国未成年人保护法》第三条第二款规定："未成年人依法平等地享有各项权利，不因本人及其父母或者其他监护人的民族、种族、性别、户籍、职业、宗教信仰、教育程度、家庭状况、身心健康状况等受到歧视。"

《儿童权利公约》也确认了无歧视原则。该公约第二条规定："缔约国应尊重本公约所载列的权利，并确保其管辖范围内的每一儿童均享受此种权利，不因儿童或其父母或法定监护人的种族、肤色、性别、语言、宗教、政治或其他见解、民族、族裔或社会出身、财产、伤残、出生或其他身份而有任何差别。缔约国应采取一切适当措施确保儿童得到保护，不受基于儿童父母、法定监护人或家庭成员的身份、活动、所表达的观点或信仰而加诸的一切形式的歧视或惩罚。"

社会各界，尤其是教师，应严格遵守上述规定，确保学生平等地享有各项权利，不因各种因素而受到歧视。具体而言，在教育教学工作中，教师应平等地对待每名学生，不歧视、体罚学生，让每名学生都能在平等的环境中健康成长。

（二）学生最大利益原则

学生最大利益原则是指社会各界在做出任何与学生相关的行为时，必须首先考虑学生的最大利益，充分保障学生的各项权利。这里的"最大利益"具体包括学生的人格尊严、良好的生存条件、身心的健康发展、公平的发展机会等各个方面。我国法律关于学生最大利益原则的规定体现在家庭保护、学校保护、社会保护等多个层面。

根据《中华人民共和国未成年人保护法》第四条的规定，保护未成年人，应当坚持最有利于未成年人的原则。处理涉及未成年人事项，应当符合下列要求：① 给予未成年人特殊、优先保护；② 尊重未成年人人格尊严；③ 保护未成年人隐私权和个人信息；④ 适应未成年人身心健康发展的规律和特点；⑤ 听取未成年人的意见；⑥ 保护与教育相结合。这些要求渗透于家庭保护、学校保护、社会保护等各个领域。

在家庭保护方面，家长应当把学生的安全放在第一位，在家时应为学生提供安全的家庭生活环境，外出时应增强安全意识，全方位保护学生的安全。《中华人民共和国未成年人保护法》第十八条规定："未成年人的父母或者其他监护人应当为未成年人提供安全的家庭生活环境，及时排除引发触电、烫伤、跌落等伤害的安全隐患；采取配备儿童安全座椅、教育未成年人遵守交通规则等措施，防止未成年人受到交通事故的伤害；提高户外安全保护意识，避免未成年人发生溺水、动物伤害等事故。"《中华人民共和国民法典》第三十五条第一款规定，"监护人应当按照最有利于被监护人的原则履行监护职责"。

在学校保护方面，学校及教师要尊重学生的人格尊严，不得体罚学生。《中华人民共和国未成年人保护法》第二十七条规定："学校、幼儿园的教职员工应当尊重未成年人人格尊严，不得对未成年人实施体罚、变相体罚或者其他侮辱人格尊严的行为。"

未成年人的学校保护

在社会保护方面，各类企业单位、社会组织和个人都应当积极开展有利于学生健康成长的社会活动和服务，优先保护学生的合法权益。《中华人民共和国未成年人保护法》第五十六条第三款规定："公共场所发生突发事件时，应当优先救护未成年人。"

除了上述规定，《儿童权利公约》中也包含学生最大利益原则的相关规定。该公约第三条第1项规定："关于儿童的一切行动，不论是由公私社会福利机构、法院、行政当局或立法机构执行，均应以儿童的最大利益为一种首要考虑。"

总之，社会各界应当始终坚持学生最大利益原则，在做出任何与学生相关的行为时，应从学生的根本利益和长远利益出发，分析问题和解决问题。

(三) 确保学生生存权和发展权完整原则

确保学生生存权和发展权完整原则是指在任何情况下，社会各界都应最大限度地确保学生的生存权，保证学生的发展权。这里的"完整性"是指权利不能被分割或部分实施，而应全面统一、最大限度地得到尊重和实现。该原则是国际社会广泛认可和推崇的原则，体现了国家和社会对学生权益的承诺和保障。

确保学生生存权和发展权完整原则在《中华人民共和国民法典》《中华人民共和国未成年人保护法》《中华人民共和国教育法》等多部法律中都有所体现。例如，《中华人民共和国未成年人保护法》第六条第二款规定："国家、社会、学校和家庭应当教育和帮助未成年人维护自身合法权益，增强自我保护的意识和能力。"该法第五十五条规定，"生产、销售用于未成年人的食品、药品、玩具、用具和游戏游艺设备、游乐设施等，应当符合国家或者行业标准，不得危害未成年人的人身安全和身心健康"。这些规定表明，确保学生的生存权和发展权完整是全社会的共同责任。社会各界应共同协作，全面保障学生的生存权和发展权，不得实施危害学生人身安全和身心健康的行为。

同时，《儿童权利公约》也对确保学生生存权和发展权完整原则做出了明确规定。该公约第六条第2项规定："缔约国应最大限度地确保儿童的存活与发展。"

社会各界，尤其是教师应该明确，任何危害学生生命安全、身心健康、各方面发展的行为都是违背上述原则的，应尽最大努力保障每名学生的生存权和发展权得以完整实现。

(四) 尊重学生意见原则

尊重学生意见原则是指社会各界在处理与学生相关的事务时，都应听取并尊重学生的意见。根据《中华人民共和国未成年人保护法》第四条第五项的规定，处理涉及未成年人的事项，应当听取未成年人的意见。

家长在做出与学生权益有关的决定前，应当充分考虑学生的真实意愿。《中华人民共和国未成年人保护法》第十九条规定："未成年人的父母或者其他监护人应当根据未成年人的年龄和智力发展状况，在作出与未成年人权益有关的决定前，听取未成年人的意见，充分考虑其真实意愿。"该法第二十二条第二款规定："未成年人的父母或者其他监护人在确定被委托人时，应当综合考虑其道德品质、家庭状况、身心健康状况、与未成年人生活情感上的联系等情况，并听取有表达意愿能力未成年人的意见。"该法第二十四条第一款规定，"未成年人的父母离婚时，应当妥善处理未成年子女的抚养、教育、探望、财产等事宜，听取有表达意愿能力未成年人的意见"。

司法机构在办理涉及学生的案件时应当听取学生的意见。《中华人民共和国未成年人保护法》第一百零二条规定："公安机关、人民检察院、人民法院和司法行政部门办理涉及未成年人案件，应当考虑未成年人身心特点和健康成长的需要，使用未成年人能够理解的语言和表达方式，听取未成年人的意见。"

此外，《儿童权利公约》第十二条第 1 项规定："缔约国应确保有主见能力的儿童有权对影响到其本人的一切事项自由发表自己的意见，对儿童的意见应按照其年龄和成熟程度给以适当的看待。"

学生虽然年龄尚小，但是作为独立的个体，他们有自己的情感和见解，在表达自己的需求时是最具有发言权的。发表意见是学生的基本权利，所发表的意见得到尊重是他们成长和发展的基本需要。因此，社会各界，尤其是学生的监护人和教师，在处理与学生相关的事务时应当征求并尊重学生的意见。

修身笃学

翻转课堂

某小学五年级某班的班主任张老师，是一位经验丰富的教育工作者。然而，在一个月前的一次自然科学课堂上，张老师发现学生们对传统授课方式的兴趣不足。课后，他收到了一封匿名信，信中写道："张老师，我们不喜欢只是听讲，我们想要自己动手做实验，探索大自然的奥秘。"这封信像一颗小石子，激起了张老师心中的波澜。

于是，张老师组织了一次班会，让学生们自由表达对课堂的看法和建议。学生们你一言我一语，提出了许多富有创意的想法：有的希望增加实验环节，有的想要走出教室进行户外教学，还有的建议让同学们轮流上台讲解知识点。

张老师被学生们的热情所感染，他决定尝试一种全新的教学模式——翻转课堂。他根据学生的兴趣和意见，设计了"学生讲师"环节，让学生们分组准备课件，并轮流上台讲解。

第一次翻转课堂的主题是"植物的生长"。小华和小丽两位同学担任讲师。他们不仅准备了内容丰富的演示文稿，还带来了自己种植的豆芽，并现场播放了豆芽生长过程的视频。同学们围坐在一起，边看视频边观察豆芽，不时提出问题和想法。课堂气氛活跃，同学们的脸上也都洋溢着兴奋和喜悦。

这次由学生意见引发的授课方式转变，不仅让学生们学到了知识，还极大地提高了他们的学习兴趣。张老师也深刻领悟到了教育的真谛——尊重学生，倾听他们的声音，让他们在探索中成长。

请思考： 请你从尊重学生意见原则出发，分析张老师的做法好在哪里。

项目四　熟悉学生权利，呵护学生成长

二、学生权利保护的职责

学生多数时间都处在家长或教师的陪伴之下。为了促进学生的健康成长，家长或教师应当勇担保护学生的职责，积极保护学生的权利。同时，由于学生的成长是一个不断社会化的过程，所以社会应当为学生创造良好的成长环境，以保护学生的权利，让学生更好地成长和发展。

（一）家庭对学生权利的保护职责

为了保护学生的权利，家长应当清楚自身的职责，并明确哪些行为是不能实施的。

1. 应当履行的职责

《中华人民共和国民法典》第二十六条第一款规定："父母对未成年子女负有抚养、教育和保护的义务。"家长在抚养、教育和保护学生时，应当切实履行自己的义务，将学生的养育和发展作为自己的首要责任。根据《儿童权利公约》第十八条第1项的规定，缔约国应尽其最大努力，确保父母双方对学生的养育和发展负有共同责任的原则得到确认。父母或视具体情况而定的法定监护人对学生的养育和发展负有首要责任。

《中华人民共和国未成年人保护法》对学生的父母或者其他监护人的职责做出了比较详细的规定。根据该法第十六条的规定，未成年人的父母或者其他监护人应当履行下列监护职责：① 为未成年人提供生活、健康、安全等方面的保障；② 关注未成年人的生理、心理状况和情感需求；③ 教育和引导未成年人遵纪守法、勤俭节约，养成良好的思想品德和行为习惯；④ 对未成年人进行安全教育，提高未成年人的自我保护意识和能力；⑤ 尊重未成年人受教育的权利，保障适龄未成年人依法接受并完成义务教育；⑥ 保障未成年人休息、娱乐和体育锻炼的时间，引导未成年人进行有益身心健康的活动；⑦ 妥善管理和保护未成年人的财产；⑧ 依法代理未成年人实施民事法律行为；⑨ 预防和制止未成年人的不良行为和违法犯罪行为，并进行合理管教；⑩ 其他应当履行的监护职责。

同时，该法第十五条、第十八条和第二十条分别从家庭教育、安全防护和权益保障这3个方面对家长提出了要求。在家庭教育方面，该法第十五条规定："未成年人的父母或者其他监护人应当学习家庭教育知识，接受家庭教育指导，创造良好、和睦、文明的家庭环境。共同生活的其他成年家庭成员应当协助未成年人的父母或者其他监护人抚养、教育和保护未成年人。"在安全防护方面，根据该法第十八条的规定可知，未成年人的父母或者其他监护人应当为未成年人提供安全的家庭生活环境，及时排除安全隐患；提高户外安全保护意识，避免未成年人发生事故。在权益保障方面，该法第二十条规定："未成年人的父母或者其他监护人发现未成年人身心健康受到侵害、疑似受到侵害或者其他合法权益受到侵犯的，应当及时了解情况并采取保护措施；情况严重的，应当立即向公安、民政、教育等部门报告。"

2. 不得实施的行为

根据《中华人民共和国未成年人保护法》第十七条的规定，未成年人的父母或者其他监护人不得实施下列行为：① 虐待、遗弃、非法送养未成年人或者对未成年人实施家庭暴力；② 放任、教唆或者利用未成年人实施违法犯罪行为；③ 放任、唆使未成年人参与邪教、迷信活动或者接受恐怖主义、分裂主义、极端主义等侵害；④ 放任、唆使未成年人吸烟（含电子烟，下同）、饮酒、赌博、流浪乞讨或者欺凌他人；⑤ 放任或者迫使应当接受义务教育的未成年人失学、辍学；⑥ 放任未成年人沉迷网络，接触危害或者可能影响其身心健康的图书、报刊、电影、广播电视节目、音像制品、电子出版物和网络信息等；⑦ 放任未成年人进入营业性娱乐场所、酒吧、互联网上网服务营业场所等不适宜未成年人活动的场所；⑧ 允许或者迫使未成年人从事国家规定以外的劳动；⑨ 允许、迫使未成年人结婚或者为未成年人订立婚约；⑩ 违法处分、侵吞未成年人的财产或者利用未成年人牟取不正当利益；⑪ 其他侵犯未成年人身心健康、财产权益或者不依法履行未成年人保护义务的行为。

同时，根据该法第二十一条第一款的规定，未成年人的父母或者其他监护人不得使未满8周岁或者由于身体、心理原因需要特别照顾的未成年人处于无人看护状态，或者将其交由无民事行为能力、限制民事行为能力、患有严重传染性疾病或者其他不适宜的人员临时照护。

小贴士

无民事行为能力人有3类：不满8周岁的未成年人、不能辨认自己行为的8周岁以上的未成年人和不能辨认自己行为的成年人。

限制民事行为能力人有两类：一是8周岁以上能辨认自己行为的未成年人；二是不能完全辨认自己行为的成年人。

有些家长认为孩子是自己的，如何教育和照看孩子都与他人无关，因而不履行应尽的职责，甚至实施违反法律规定的行为。殊不知，他们的这些行为都是违法的，应当杜绝的。教师应当熟悉相关法律规定，并在家校共育活动中对家长进行必要的指导。

（二）学校对学生权利的保护职责

《中华人民共和国未成年人保护法》对学生应当履行的职责和不得实施的行为做出了比较详细的规定。

1. 应当履行的职责

《中华人民共和国未成年人保护法》分别从保护学生的生存权、受保护权、发展权等方面对学校的职责做出了规定。

（1）在学生生存权的保护方面，学校应保护学生的生命安全、财产安全，以及保障学生的健康。

第一，学校应当建立安全管理制度，切实保护学生的人身安全和财产安全。《中华人民共和国未成年人保护法》第三十五条第一款明确规定："学校、幼儿园应当建立安全管理制度，对未成年人进行安全教育，完善安保设施、配备安保人员，保障未成年人在校、在园期间的人身和财产安全。"

第二，在组织学校集体活动时，学校应当做好学生安全保护工作，防止发生人身伤害事故。《中华人民共和国未成年人保护法》第三十五条第三款规定："学校、幼儿园安排未成年人参加文化娱乐、社会实践等集体活动，应当保护未成年人的身心健康，防止发生人身伤害事故。"

第三，学校应当通过各种措施保障学生的健康。《中华人民共和国未成年人保护法》第三十四条规定："学校、幼儿园应当提供必要的卫生保健条件，协助卫生健康部门做好在校、在园未成年人的卫生保健工作。"

（2）在学生受保护权的保护方面，学校应当建立学生保护工作制度，确保学生不被歧视、剥削、虐待或者疏忽照料等。

首先，学校应当耐心帮助身心有障碍、学习有困难的学生，确保他们免受歧视或不被疏忽照料。《中华人民共和国未成年人保护法》第二十九条第一款规定："学校应当关心、爱护未成年学生，不得因家庭、身体、心理、学习能力等情况歧视学生。对家庭困难、身心有障碍的学生，应当提供关爱；对行为异常、学习有困难的学生，应当耐心帮助。"

其次，学校应当建立预防性侵害、性骚扰学生的工作制度，保护学生的人身安全和心理健康。《中华人民共和国未成年人保护法》第四十条规定："学校、幼儿园应当建立预防性侵害、性骚扰未成年人工作制度。对性侵害、性骚扰未成年人等违法犯罪行为，学校、幼儿园不得隐瞒，应当及时向公安机关、教育行政部门报告，并配合相关部门依法处理。学校、幼儿园应当对未成年人开展适合其年龄的性教育，提高未成年人防范性侵害、性骚扰的自我保护意识和能力。对遭受性侵害、性骚扰的未成年人，学校、幼儿园应当及时采取相关的保护措施。"

（3）在学生发展权的保护方面，学校要确保学生的受教育权、娱乐权、文化活动权等权利得到实现，以促进学生的全面发展。

《中华人民共和国未成年人保护法》第二十五条第一款规定："学校应当全面贯彻国家教育方针，坚持立德树人，实施素质教育，提高教育质量，注重培养未成年学生认知能力、合作能力、创新能力和实践能力，促进未成年学生全面发展。"该法第三十三条第一款规定："学校应当与未成年学生的父母或者其他监护人互相配合，合理安排未成年学生的学习时间，保障其休息、娱乐和体育锻炼的时间。"

  时代楷模

坚守使命，保障偏远山区孩子的受教育权

在云南省的偏远山区，有这样一些"极小学校"，虽然学生人数不多，但它们却承载着孩子们的教育梦想。这里的老师们将保障学生的受教育权视为自己的使命，坚守在教育一线。为了使孩子们能够就近入学，他们选择留下。

> 57岁的李老师是云南省某山区小学的一名教师，他已经在这里坚守了36年。他自豪地表示，在他的教学生涯中，附近村子的孩子们没有一个辍学。
>
> 李老师任教的小学见证了乡村教育的变迁。尽管学生规模从曾经的200多人缩减至现在的寥寥数人，其他教师也纷纷调离，但李老师还是主动选择了留任，他知道这是剩下来的孩子们能够接受教育的必要之举。他说："自己村子的学校，自己都不乐意待，外来的老师更留不住。"
>
> 在云南省，这样的"一师一校"教学点虽然不多，却是保障偏远山区孩子受教育权的重要存在。这些教学点通常位于交通不便的山区，是孩子们接受教育的唯一途径。在这些"极小学校"中，老师们用自己的坚持和用心，确保了每个孩子都能享有受教育的权利，让教育的光芒照亮每一个角落。
>
> （资料来源：杨文明，《坚守，为了书声长留》，《人民日报》，2021年3月31日，有改动）

2. 不得实施的行为

《中华人民共和国未成年人保护法》第二十七条、第二十八条第一款、第二十九条第一款、第三十三条第三款、第三十五条第二款、第三十八条对学校不得实施的行为做出了规定。根据规定，学校应做到以下几点。

（1）不得歧视、体罚学生。根据该法第二十七条、第二十九条第一款的规定可知，教师应当尊重学生的人格尊严，不得对学生实施体罚、变相体罚或者其他侮辱人格尊严的行为；学校不得因家庭、身体、心理、学习能力等情况歧视学生。

（2）不得违反国家规定剥夺学生的受教育权。该法第二十八条第一款规定："学校应当保障未成年学生受教育的权利，不得违反国家规定开除、变相开除未成年学生。"

（3）不得在危及学生生命权和健康权的场所中进行教育教学活动。该法第三十五条第二款规定："学校、幼儿园不得在危及未成年人人身安全、身心健康的校舍和其他设施、场所中进行教育教学活动。"

（4）不得安排学生参加商业性活动，不得强制消费和提供有偿辅导。该法第三十八条规定："学校、幼儿园不得安排未成年人参加商业性活动，不得向未成年人及其父母或者其他监护人推销或者要求其购买指定的商品和服务。学校、幼儿园不得与校外培训机构合作为未成年人提供有偿课程辅导。"

学校作为教育机构，肩负着培养祖国未来的使命，应当贯彻落实政策法规的相关规定，积极履行应尽的职责，决不实施侵犯学生权利的行为，努力呵护每个学生的健康成长。

课堂互动

> 小轩调皮好动，不仅上课不遵守纪律，而且学习成绩也不理想。因此，程老师很不喜欢小轩。当小轩与其他同学发生争执时，程老师不问青红皂白，就认定是小轩的错，责骂甚至体罚小轩。
>
> 你认为程老师的做法是否正确？请依据相关法律说说你的看法。

> **课证融通**
>
> （2023年下半年小学教师资格考试"综合素质"卷 单选题）为保障学生安全，某校要求所有学生购买学校统一采购的带有定位功能的智能手环。该校的做法（　　）。
>
> A．正确，有利于学校对学生的统一管理
> B．正确，有利于家长及时了解孩子信息
> C．不正确，购买智能手环应报教育行政部门审批
> D．不正确，是否购买智能手环是学生自己的事情
>
> 解析：本题主要考查学校在保护学生权利时不得实施的行为。根据《中华人民共和国未成年人保护法》第三十八条第一款的规定，学校不得向未成年人及其父母或者其他监护人推销或者要求其购买指定的商品和服务。故本题选D。

（三）社会对学生权利的保护职责

社会对学生权利的保护职责是指政府机构、人民团体、企业事业单位、社会组织、其他组织和个人在学生权利保护方面应当承担的责任。《中华人民共和国未成年人保护法》对社会应当履行的职责和不得实施的行为做出了比较详细的规定。

1. 应当履行的职责

《中华人民共和国未成年人保护法》第四十二条至第四十九条、第五十六条第一款和第二款、第五十七条、第六十一条第四款对社会应当履行的职责做出了规定。

（1）社会应当在各个方面关心和爱护学生。该法第四十二条第一款规定："全社会应当树立关心、爱护未成年人的良好风尚。"

（2）基层群众性自治组织、新闻媒体、住宿经营者应当依法履行监督职责。根据该法第四十三条第一款、第四十九条、第五十七条的规定可知，基层群众性自治组织应当指导、帮助和监督家长依法履行监护职责；新闻媒体应当对侵犯学生合法权益的行为进行舆论监督；住宿经营者在接待学生和成年人共同入住时，应当对学生的安全进行监督。

（3）公共场所、各类交通客运组织等应当实施学生优惠政策，并为学生提供便利设施。根据该法第四十四条第一款、第四十五条、第四十六条的规定可知，爱国主义教育基地、图书馆、儿童活动中心、博物馆、文化馆等公共场所应当对学生免费开放或者优惠开放；各类交通客运组织应当对学生实施免费或者优惠票价。

（4）社会各界应当保护学生的人身安全和心理健康。根据该法第四十八条、第五十六条第一款和第二款的规定可知，国家鼓励创作、出版、制作和传播有利于学生健康成长的图书、报刊、电视节目等；学生集中活动的公共场所应当采取相应的安全保护措施，大型的商超、医院、图书馆等公共场所应当设置搜寻走失学生的安全警报系统。

（5）学生活动组织方应当保障学生的合法权益。该法第六十一条第四款规定，"经未成年人的父母或者其他监护人同意，未成年人参与演出、节目制作等活动，活动组织方应当根据国家有关规定，保障未成年人合法权益"。

2. 不得实施的行为

《中华人民共和国未成年人保护法》第四十七条、第四十九条至第五十五条、第五十八条、第五十九条、第六十一条第四款对社会不得实施的行为做出了详细规定，主要内容如下。

（1）任何组织或个人不得违法限制学生应当享有的照顾或者优惠，新闻媒体不得侵犯学生的合法权益。该法第四十七条规定："任何组织或者个人不得违反有关规定，限制未成年人应当享有的照顾或者优惠。"该法第四十九条规定，"新闻媒体采访报道涉及未成年人事件应当客观、审慎和适度，不得侵犯未成年人的名誉、隐私和其他合法权益"。

（2）任何组织或个人不得实施危害学生身心健康的行为。根据该法第五十条、第五十二条、第五十三条、第五十五条、第五十九条第二款、第六十一条第四款的规定可知，任何组织或个人禁止制作、复制、出版、发布、传播危害学生身心健康的作品、物品、网络信息等，不得在学校发布商业广告；不得生产、销售危害学生人身安全和身心健康的食品、玩具等商品；不得在学校和其他学生集中活动的公共场所吸烟、饮酒；不得组织学生进行危害其身心健康的表演等活动。

（3）禁止拐卖、绑架、虐待、非法收养、性侵害学生，禁止胁迫、引诱学生犯罪或者乞讨。该法第五十四条规定："禁止拐卖、绑架、虐待、非法收养未成年人，禁止对未成年人实施性侵害、性骚扰。禁止胁迫、引诱、教唆未成年人参加黑社会性质组织或者从事违法犯罪活动。禁止胁迫、诱骗、利用未成年人乞讨。"

（4）任何组织或个人不得在学校周边设置不适宜学生活动的场所。根据该法第五十八条、第五十九条第一款的规定可知，学校周边不得设置不适宜学生活动的场所（如酒吧、网吧等）；不适宜学生活动场所的经营者，不得允许学生进入其所经营的场所；除国家法定节假日外，游艺娱乐场所的经营者不得向学生提供电子游戏设备；学校周边不得设置烟、酒、彩票销售网点；任何人禁止向学生销售烟、酒、彩票或者兑付彩票奖金。

学以致用

"履行权利保护职责，呵护学生健康成长"主题墙报制作

活动目的

学生应通过制作墙报，深入理解学生权利保护的原则和职责，树立尊重学生、关爱学生的从业理念。

活动要求

（1）墙报内容应紧密围绕学生权利保护的原则和职责来编排，并凸显学生权利保护原则的实际应用。

"学以致用"
实训报告 4-2

（2）墙报应至少包括3个板块（如普法讲堂、案例分享、学习心得等），各板块的内容应有主次之分。

（3）墙报制作完成后，各组将本组制作好的墙报分享到社交平台上，并在班内分享墙报的设计思路、主要内容和特色。

活动过程

各组成员分工合作，参照表4-2所示的内容，开展实践活动。

表4-2　活动名称及实施步骤

活动名称	实施步骤
准备工作	（1）全班学生按照4～6人为一组，分成若干小组 （2）复习所学知识，并搜集相关资料（包括法规文件、人物事迹材料、学校事例材料、相关理论知识等） （3）选择墙报制作软件，并熟悉该软件的使用方法
实施过程	（4）确定墙报的设计思路、主要内容和主要特色 （5）各组成员运用软件制作墙报 （6）各组成员将制作好的墙报分享到自己常用的社交平台上，并在班内分享墙报的设计思路、主要内容和特色
活动小结	（7）各组讨论本组成员在此次墙报制作活动中的综合表现，各组成员总结自己在活动中的收获

心得体会

项目检测

一、不定项选择题

1. 小柠是一名小学生，为了促进她的全面发展，妈妈在未经小柠同意的情况下，便自行为她报名了夏令营。这样的做法忽视了小柠的（　　）。

   A. 生存权　　　　　　　　　　B. 受教育权
   C. 受保护权　　　　　　　　　D. 参与权

2. 残疾学生小晴能正常接受教育，且学校确保其不受教师、同学的歧视。这体现了学生权利保护的（　　）。

   A. 无歧视原则
   B. 学生最大利益原则
   C. 确保学生生存权和发展权完整原则
   D. 尊重学生意见原则

3. 王女士在家中调制了一杯含有少量酒精的鸡尾酒，品尝后觉得味道不错，于是让10岁的女儿小梦尝了一小口。小梦喝下后，感到辛辣且不适。小梦的父亲刘先生得知此事后，严厉批评了王女士。王女士却辩解称，鸡尾酒中只含有少量酒精，不会对小梦的身体造成伤害。对此，下列说法正确的是（　　）。

   A. 鸡尾酒中只有少量酒精，小梦尝一小口也没有问题，王女士没有违反法律规定
   B. 学生父母不得诱导学生饮酒，王女士没有依法履行监护职责
   C. 小梦14岁以后才可以饮酒
   D. 王女士是小梦的母亲，偶尔让小梦喝几口酒与他人无关

4. 下列选项中，关于学校对学生权利的保护职责，说法错误的是（　　）。

   A. 学校应当对学生进行安全教育
   B. 学校应依法对性骚扰学生的违法犯罪行为做出处理
   C. 学校应当与家长配合，合理安排学生的学习、娱乐和休息时间
   D. 学校教师应对学习有困难的学生进行耐心辅导

5. 下列选项中，关于学生权利保护的职责，说法正确的是（　　）。

   A. 在学校，教师应该安排学生的一切活动，不需要听取学生的意见
   B. 对于经济困难的家庭而言，家长可以让学生去街上乞讨以获取生活费
   C. 新闻媒体在采访学生时，应家长的要求，用化名代替了学生的真名
   D. 学校教师应当尊重学生的人格尊严，只有在必要的情况下才能对学生实施体罚

6. 下列选项中，关于社会对学生权利保护的职责，说法正确的是（　　）。
   A. 新闻媒体应当加强学生保护方面的宣传，对侵犯学生合法权益的行为进行舆论监督，采访报道涉及学生的事件时应当客观、审慎和适度
   B. 大型的商场、超市、医院、车站、机场、旅游景区景点等场所运营单位应当设置搜寻走失学生的安全警报系统
   C. 辅导班可以在学校播放和张贴商业广告
   D. 基层群众性自治组织、新闻媒体、住宿经营者应当依法履行监督职责

二、判断题

1. 学生的发展权包括健康权、受教育权、文化活动权、娱乐权等。（　　）
2. 孩子是父母生的，所以父母可以按照自己的方式教育和照看孩子。（　　）
3. 学校应当建立预防性侵害、性骚扰学生的工作制度，保护学生的人身安全和心理健康。（　　）
4. 学校周边可以设置烟、酒、彩票销售网点，但不得售卖给未成年人。（　　）

三、简答题

1. 学生享有的基本权利有哪些？
2. 对于学生权利的保护，家庭和学校各自应当履行哪些职责？
3. 简述社会不得对学生实施的行为。

四、案例分析题

小明是一名小学三年级的学生，他聪明活泼，但经常因为违反课堂纪律和学校规定而受到老师的批评。一天，数学老师正在讲解一个重要的数学概念。小明认为内容简单，便开始与同桌低声交谈，并时不时发出笑声。尽管数学老师已经提醒过小明要专心听讲，但他依旧我行我素，不予理会。于是，数学老师要求小明站起来回答刚才的问题。由于分心，小明没有听清问题，回答得驴唇不对马嘴，引得全班同学大笑。随后，数学老师因小明扰乱课堂秩序，让他站在教室门口反省，直到他认识到自己的错误才能回到座位继续上课。

数学老师的做法是否符合法律规定？若符合规定，请说出法律依据；若不符合规定，请提出改进建议。

预期学习成果评价

教师应对学生的理论知识学习情况、实践技能掌握情况、素养目标达成情况、实践活动成果等进行评价,请各位学生配合指导教师共同完成预期学习成果评价表(见表4-3)。

表4-3 预期学习成果评价表

班级			姓名		学号		
组号			指导教师		日期		
评价维度	评价标准			分值	评分		
					自评	互评	师评
基本知识 30分	能够简要阐述学生权利的内容			8			
	能够简述学生权利保护的原则			8			
	能够简要概括家庭、学校和社会对学生权利保护的职责			14			
实践技能 30分	能够认识到学生权利保护的重要性			15			
	能够学以致用,并积极维护学生的权利			15			
综合素质 20分	能够按时、按要求完成所有的课堂互动、实践活动			10			
	具有良好的语言表达能力和较强的逻辑思维能力,能够主动参与团队决策,与团队其他成员之间相互协作、积极沟通			10			
活动成果 20分	小组分工明确,团队成员配合默契			5			
	交流分享时表述清晰、准确、生动			5			
	主题墙报内容丰富,主题清晰明确,形式别具一格			5			
	活动总结内容全面、逻辑清晰			5			
合计				100			
总评	自评(30%)+互评(30%)+师评(40%)=						
教师评语				教师(签名):			

项目五

掌握从教规定，争做合格教师

项目导读

教师是学生学习的引导者和发展的促进者，是家长的代理人。每名教师都必须具备法律规定的任职资格，掌握教育方面的法律法规，并严格按照相关规定履行自己的职责。本项目将从教师的任职资格、权利义务和中小学教师的专业标准3个方面介绍相关的法律法规。

学习目标

知识目标

- 了解教师的任职资格。
- 熟悉教师的权利和义务。
- 掌握中小学教师的专业标准。

能力目标

- 能够以中小学教师任职资格的相关要求约束自己。
- 能够积极履行中小学教师的义务。
- 能够主动落实中小学教师的专业标准。

素养目标

- 理解中小学教师职业的责任与价值，并具有从事中小学教育工作的热情与决心。
- 增强自觉遵守法律的意识。

任务一　了解教师任职资格

情景导入

小优的教师资格获取之路

小优是一名对教育事业充满热情的师范生。为了在将来能够成为一名优秀的小学教师，她努力学习专业知识，并始终在言行上严格要求自己。

为了提升自己的教育教学能力，小优在师范院校就读期间报名参加了相关培训课程。在一次模拟教学中，发生了一段小插曲：小优的普通话不小心带上了家乡口音，引得学生们哄堂大笑。然而，小优并没有因此感到沮丧，反而巧妙地将这个小尴尬转化为教学机会。她鼓励学生们学习不同的方言，以促进相互了解。她的幽默和机智赢得了学生们的喜爱。同时，为了弥补语言上的不足，小优努力练习普通话，最终在普通话水平测试中取得了一级甲等的好成绩，满足了教师资格的语言能力要求。

小优深知，作为一名教师，不仅需要具备高尚的品德和出色的教育教学能力，还要具有良好的身体素质。因此，她积极参加体育锻炼，保持强健的体魄。大学毕业后，小优通过户籍所在地县教育局的认定，成功取得了小学教师资格证。

任务清单

（1）通过小优的经历，你认为教师资格有哪些构成要件？
（2）教师资格的认定包括哪些程序？

拥有教师资格是国家对专门从事教育教学工作人员的基本要求，也是公民获得教师职位和从事教育教学工作的前提条件。《教师资格条例》第二条规定："中国公民在各级各类学校和其他教育机构中专门从事教育教学工作，应当依法取得教师资格。"根据上述规定，中小学教师作为中小学教育机构的教育工作者，应当取得法定的教师资格。这对加强中小学教师队伍建设、提高中小学教育教学质量具有十分重要的意义。《中华人民共和国教师法》《教师资格条例》《〈教师资格条例〉实施办法》《中小学教师资格考试暂行办法》等法律法规对教师资格的构成要件、认定程序、限制取得与丧失等做出了相应的规定。

一、教师资格的构成要件

《中华人民共和国教师法》第十条规定："国家实行教师资格制度。中国公民凡遵守宪法和法律，热爱教育事业，具有良好的思想品德，具备本法规定的学历或者经国家教师资格考试合格，有教育教学能力，经认定合格的，可以取得教师资格。"由此可知，教师资格的构成要件包括国籍、品德、学历、教育教学能力和认定5个方面，缺一不可。

（一）国籍

国籍是指个体具有的属于某个国家公民的身份或资格，表明个体与一个特定国家之间的固定的法律联系。其是区别一个人是本国公民还是外国公民的唯一标准。根据《中华人民共和国教师法》第十条第二款的规定可知，只有中国公民才可以取得中华人民共和国教师资格。也就是说，具有中国国籍是取得中华人民共和国教师资格的先决条件。

（二）品德

品德，即品质道德，是指个体依据一定的道德行为准则行动时所表现出来的稳固的倾向与特征。品德实质上是道德价值和道德规范在个体身上内化的产物。根据《中华人民共和国教师法》第十条第二款的规定可知，中国公民若想取得中华人民共和国教师资格，就必须遵守宪法和法律，热爱教育事业，具有良好的思想品德。

（三）学历

学历是指个体在教育机构中接受科学文化教育和技能训练的学习经历。根据《中华人民共和国教师法》第十一条第一款第二项至第四项的规定，取得小学教师资格，应当具备中等师范学校毕业及其以上学历；取得初级中学教师，以及初级职业学校的文化课和专业课教师资格，应当具备高等师范专科学校或者其他大学专科毕业及其以上学历；取得高级中学教师资格，以及中等专业学校、技工学校、职业高中的文化课和专业课教师资格，应当具备高等师范院校本科或者其他大学本科毕业及其以上学历。该条第二款规定，"不具备本法规定的教师资格学历的公民，申请获取教师资格，必须通过国家教师资格考试"。

教师资格考试

（四）教育教学能力

教育教学能力是指教师在教育教学过程中所应具备的一系列能力。根据《中华人民共和国教师法》第十条第二款的规定可知，中国公民有教育教学能力，才可以取得中华人民共和国教师资格。

根据《教师资格条例》第六条的规定，教师资格条件依照《中华人民共和国教师法》第十条第二款的规定执行，其中"有教育教学能力"应当包括符合国家规定的从事教育教学工作的身体条件。根据《〈教师资格条例〉实施办法》第八条的规定，申请认定教师资格者的教育教学能力应当符合下列要求。

（1）具备承担教育教学工作所必需的基本素质和能力。具体测试办法和标准由省级教育行政部门制定。

（2）普通话水平应当达到国家语言文字工作委员会颁布的《普通话水平测试等级标准》

二级乙等以上标准。少数方言复杂地区的普通话水平应当达到三级甲等以上标准；使用汉语和当地民族语言教学的少数民族自治地区的普通话水平，由省级人民政府教育行政部门规定标准。

（3）具有良好的身体素质和心理素质，无传染性疾病，无精神病史，适应教育教学工作的需要，在教师资格认定机构指定的县级以上医院体检合格。

（五）认定

中国公民取得教师资格，除具备以上条件外，还须经过相关部门的认定。《中华人民共和国教师法》第十三条第一款规定，"中小学教师资格由县级以上地方人民政府教育行政部门认定"。此外，《教师资格条例》第十三条第一款规定，"幼儿园、小学和初级中学教师资格，由申请人户籍所在地或者申请人任教学校所在地的县级人民政府教育行政部门认定。高级中学教师资格，由申请人户籍所在地或者申请人任教学校所在地的县级人民政府教育行政部门审查后，报上一级教育行政部门认定。"

博闻多识

教师的职业角色

教师的职业角色包括以下几种。

一、传道者角色

教师肩负着传递社会传统道德和正统价值观的使命。尽管现代社会的道德观和价值观呈现多元化的趋势，但教师的道德观和价值观应符合社会的主流观念，并以此引导学生。

二、研究者角色

教师面对的是具有生命力和多样性的学生个体，传授的是不断发展变化的科学文化知识。因此，教师不能采取一成不变的态度对待工作，而要以一种动态调整的、研究的态度对待自己的学生、工作内容和各种教育教学活动。教师需要不断学习新知识和新理论，反思自己的工作，发现新特点和新问题，以适应不断变化的形势，并实现创新。

三、示范者角色

教师的言行举止是学生学习和模仿的榜样，教师为人处世的态度对学生具有潜移默化的影响。因此，教师应以身作则，为学生树立正面榜样。

四、管理者角色

教师不仅是知识的传播者，还是教育教学活动的管理者。教师负责确定教学目标、制订和执行规章制度、维护班级纪律、组织班级活动、协调人际关系等，并对教育教学活动进行控制、检查和评价。

五、知己者角色

教师经常被学生视为朋友。学生不仅希望在学业上得到教师的指导，也希望在生活等其他方面获得教师的帮助，并且希望教师能够与他们共同分享快乐与痛苦、幸福与忧愁。

二、教师资格的认定程序

教师资格的认定必须遵循一定的程序。根据《教师资格条例》《〈教师资格条例〉实施办法》的相关规定，教师资格的认定程序包括申请、受理和审查3个环节。

（一）申请

具备《中华人民共和国教师法》规定的学历或经教师资格考试合格的公民，可以申请认定教师资格。《教师资格条例》第十四条第一款规定："认定教师资格，应当由本人提出申请。"《〈教师资格条例〉实施办法》第十一条规定："申请认定教师资格者，应当在受理申请期限内向相应的教师资格认定机构或者依法接受委托的高等学校提出申请，领取有关资料和表格。"

申请认定教师资格时，申请人应当按照规定提交申请材料。根据《〈教师资格条例〉实施办法》第十二条的规定，申请认定教师资格者应当在规定时间向教师资格认定机构或者依法接受委托的高等学校提交下列基本材料：① 由本人填写的《教师资格认定申请表》一式两份；② 身份证的原件和复印件；③ 学历证书的原件和复印件；④ 由教师资格认定机构指定的县级以上医院出具的体格检查合格证明；⑤ 普通话水平测试等级证书的原件和复印件；⑥ 思想品德情况的鉴定或者证明材料。

教育部于2019年3月29日发布了《关于取消一批证明事项的通知》。根据该通知第一条第三项至第五项的规定，取消《〈教师资格条例〉实施办法》第十二条规定的，申请认定教师资格时提交的身份证复印件、学历证书复印件和普通话水平测试等级证书复印件。同时，该通知第一条第六项规定："取消《〈教师资格条例〉实施办法》（教育部令第10号）第十二条规定的，申请教师资格时提交的思想品德情况的鉴定或者证明材料，改为《个人承诺书》。其中，涉及需要申请人提交的无犯罪记录证明材料，改为政府部门核查。"

也就是说，申请认定教师资格者应当在规定时间内向教师资格认定机构或者依法接受委托的高等学校提交下列基本材料：① 由本人填写的《教师资格认定申请表》一式两份；② 身份证原件；③ 学历证书原件；④ 由教师资格认定机构指定的县级以上医院出具的体格检查合格证明；⑤ 普通话水平测试等级证书原件；⑥ 《个人承诺书》。

此外，因为教师资格认定机构和依法接受委托的高等学校开展审查工作，需要耗费一定的人力和物力，所以申请人需要缴纳一定的费用，但师范教育类专业毕业生除外。《〈教师资格条例〉实施办法》第十七条规定："申请认定教师资格者应当按照国家规定缴纳费用。但各级各类学校师范教育类专业毕业生不缴纳认定费用。"

（二）受理

教师资格认定机构和依法接受委托的高等学校每年会在规定时间内受理公民的教师资格认定申请。《〈教师资格条例〉实施办法》第十条规定："教师资格认定机构和依法接受委托的高等学校每年春季、秋季各受理一次教师资格认定申请。具体受理时间由省级人民政府教育行政部门统一规定，并通过新闻媒体等形式予以公布。"

（三）审查

教师资格认定机构或者依法接受委托的高等学校在接到公民的教师资格认定申请后，应当对申请人的条件进行审查，并在规定期限内做出回复。《教师资格条例》第十六条第一款规定："教育行政部门或者受委托的高等学校在接到公民的教师资格认定申请后，应当对申请人的条件进行审查；对符合认定条件的，应当在受理期限终止之日起30日内颁发相应的教师资格证书；对不符合认定条件的，应当在受理期限终止之日起30日内将认定结论通知本人。"

此外，对于非师范院校毕业或者教师资格考试合格的申请人，教师资格认定机构应依法组织面试和试讲，并在必要时要求其补修相关课程。《教师资格条例》第十六条第二款规定："非师范院校毕业或者教师资格考试合格的公民申请认定幼儿园、小学或者其他教师资格的，应当进行面试和试讲，考察其教育教学能力；根据实际情况和需要，教育行政部门或者受委托的高等学校可以要求申请人补修教育学、心理学等课程。"

需要注意的是，已取得教师资格的公民想要取得更高等级学校或者其他教育机构的教师资格时，仍然需要经过相应的认定程序。《教师资格条例》第十七条规定："已取得教师资格的公民拟取得更高等级学校或者其他教育机构教师资格的，应当通过相应的教师资格考试或者取得教师法规定的相应学历，并依照本章规定，经认定合格后，由教育行政部门或者受委托的高等学校颁发相应的教师资格证书。"

> **小贴士**
>
> 教师资格证书在全国范围内适用。教师资格证书遗失或因损毁而影响使用的，证书所有人应向原发证机关报告，申请补发。

三、教师资格的限制取得与丧失

鉴于教师的职业特性，国家对教师的思想品德有很高的要求。根据法律规定，不符合条件的公民终身不能取得教师资格。《中华人民共和国教师法》第十四条规定："受到剥夺政治权利或者故意犯罪受到有期徒刑以上刑事处罚的，不能取得教师资格；已经取得教师资格的，丧失教师资格。"同时，《教师资格条例》第十八条规定："依照教师法第十四条的规定丧失教师资格的，不能重新取得教师资格，其教师资格证书由县级以上人民政府教育行政部门收缴。"

除上述规定提到的情形外，已经取得教师资格的公民还可能因一些不良行为丧失教师资格。根据《教师资格条例》第十九条的规定，有下列情形之一的，由县级以上人民政府教育行政部门撤销其教师资格：① 弄虚作假、骗取教师资格的；② 品行不良、侮辱学生，影响恶劣的。被撤销教师资格的，自撤销之日起5年内不得重新申请认定教师资格，其教师资格证书由县级以上人民政府教育行政部门收缴。此外,《〈教师资格条例〉实施办法》第二十七条规定:"对使用假资格证书的,一经查实,按弄虚作假、骗取教师资格处理,5年内不得申请认定教师资格,由教育行政部门没收假证书。对变造、买卖教师资格证书的,依法追究法律责任。"

 修身笃学

师德沦丧的警示:肖某某教师资格被撤销事件

天津市某中学原教师肖某某在课堂上斥责学生的音频在网络上迅速传播,引发了社会各界的广泛关注和热烈讨论。

肖某某在课堂上质问一名家境普通的学生:"你妈妈一个月挣多少钱呢?别怪我瞧不起你,×××的妈妈一年挣的钱比你妈妈50年挣得多!"在这段音频中,她还多次使用不文明语言侮辱学生。

肖某某作为一名教师,其言论不仅歧视了学生,公然贬低学生的家庭背景,还对学生进行言语侮辱。得知此事后,负责肖某某所在学校的教育局迅速介入,并在调查后对肖某某做出了严肃处理:给予其党内严重警告处分,降低岗位等级,并将其调离教学岗位。此外,肖某某的教师资格被撤销,教师资格证书被收缴,且在接下来的5年内,她不得再次申请认定教师资格。

肖某某的言行违背了教育的根本宗旨和师德的基本要求,不仅给当事学生造成了心灵上的伤害,还向其他学生传递了扭曲的价值观。可见,教师一旦丧失了道德底线,就不能被视为合格的教育工作者,也不符合教师资格的基本标准。

(资料来源:陈磊,《坚决遏制教育领域不正之风》,《法治日报》,2021年5月13日,有改动)

请思考: 上述案例中,肖某某的行为违反了教师资格的哪些基本要求?

 学以致用

法规启智:中小学教师资格知识竞答

活动目的

学生应通过知识竞答活动,加深对中小学教师任职资格相关规定的认识,树立依法执业的从业理念。

活动要求

(1)各组准备10道题目及对应的答案。
(2)教师读题完毕,各组组长举手争夺答题机会。
(3)各组每次选派的答题者不能重复。

"学以致用"
实训报告 5-1

活动过程

各组成员分工合作,参照表 5-1 所示的内容,开展实践活动。

表 5-1 活动名称及实施步骤

活动名称	实施步骤
准备工作	(1)全班学生按照 4~6 人为一组,分成若干小组
	(2)各组成员复习所学知识,设计与中小学教师资格的构成要件、认定程序、限制取得与丧失规定相关的题目,并准备题目的参考答案
实施过程	(3)各组组长将准备好的题目交给教师,教师随机抽取题目并读题
	(4)各组成员抢答题目,答对者加 1 分,答错者减 1 分。抢答结束时,小组得分多者获胜
	(5)活动结束后,教师对知识竞答情况进行总结
活动小结	(6)各组讨论本组成员在此次知识竞答活动中的综合表现,各组成员总结自己在活动中的收获

心得体会

任务二 熟悉教师的权利和义务

情景导入

教师的权利和义务:丁老师的平衡之道

在教育界,丁老师以其专业素养和研究成果而闻名。他不仅积极参加各地的教学研讨会,而且不断深化对教学理论的研究,发表了多篇论文,不断扩大个人影响力。

在追求个人研究成果的同时,丁老师始终没有忘记作为一名教师应尽的基本职责。丁老师深知,作为一名教师,他有义务确保学生接受高质量的教育。

为了帮助学生取得学业上的进步,丁老师采取了一系列措施:他将教育研讨会上学到的知识应用于教学实践，创新教学方法，尝试将新的教育理念融入日常教学；他逐渐减少外出参加研讨的次数，将更多的时间投入课堂教学和课后辅导中；他关注每个学生的学习状况，为不同水平的学生制订个性化的学习计划；他还加强了与家长的交流，确保家庭与学校共同促进学生的发展。

丁老师的努力很快取得了成效：班上学生的成绩逐渐提高，学生们的学习兴趣也显著提升。通过自己的实际行动，丁老师证明了教师的权利和义务是相辅相成的，只有在平衡个人专业发展与履行教育职责的过程中，教师才能真正实现自我价值，为学生带来深远的影响。

任务清单

（1）丁老师行使了教师的哪些权利，履行了教师的哪些义务？

（2）教师享有哪些权利，应当履行哪些义务？如何理解各项权利和义务的具体含义？

《中华人民共和国教育法》第三十三条规定："教师享有法律规定的权利，履行法律规定的义务，忠诚于人民的教育事业。"为了保障教师的合法权益，建设具有良好思想品德修养和业务素质的教师队伍，促进社会主义教育事业的发展，《中华人民共和国教师法》对教师的权利和义务做出了规定。教师应严格遵守法律的相关规定，正确认识和依法行使自己的权利，并认真履行自己的义务。

《中华人民共和国教师法》

一、教师的权利

教师的权利是指教师在教育教学工作中依法享有的权能和利益，表现为教师能够自主地做出或不做出一定行为，或者要求他人相应地做出或不做出一定行为的资格。在必要时，教师可以请求国家以强制手段保障其权利的实现。

教师的权利可以分为两个部分：一部分是教师作为公民所享有的权利，即教师的公民权利；另一部分是教师作为教育工作者所享有的权利，即教师的职业权利。其中，教师的公民权利主要包括我国宪法规定的政治权利、宗教信仰权、平等权、人身权、文化教育权、经济权、监督权等。对于教师的职业权利，《中华人民共和国教育法》《中华人民共和国义务教育法》《中华人民共和国教师法》等相关法律均做出了相应的规定。其中，《中华人民共和国教师法》第七条详细规定了教师的6项职业权利。

（一）教育教学权

教育教学权，即《中华人民共和国教师法》第七条第一项规定的"进行教育教学活动，开展教育教学改革和实验"的权利。这是教师履行教育教学职责所必须具备的基本权利。

该项权利包含以下 3 层含义：① 教师是履行教育教学活动的专业人员，有权按照学校的安排开展教育教学活动，非因法律规定，教师的教育教学权不能被剥夺；② 教师可依据其所在学校的教学计划、教学工作量等具体要求，结合自身的教学特点自主地组织教育教学活动；③ 教师有权根据学生的特点，在教育教学的形式、方法等方面进行改革和实验，不断提高教学质量。

为了保障教师能够顺利行使该项权利，社会各界应提供相应的设施、设备和用品，并在教师进行创造性工作时给予帮助。根据《中华人民共和国教师法》第九条第一项至第三项的规定，为保障教师完成教育教学任务，各级人民政府、教育行政部门、有关部门、学校和其他教育机构应当履行下列职责：① 提供符合国家安全标准的教育教学设施和设备；② 提供必需的图书、资料及其他教育教学用品；③ 对教师在教育教学、科学研究中的创造性工作给以鼓励和帮助。

（二）科学研究权

科学研究权，即《中华人民共和国教师法》第七条第二项规定的"从事科学研究、学术交流，参加专业的学术团体，在学术活动中充分发表意见"的权利。这是教师作为教育教学专业人员所享有的一项基本权利。

该项权利包含以下几层含义：① 在完成教育教学任务的前提下，教师有权进行科学研究、科学技术开发研究等活动；② 教师有权将教育教学工作中的成功经验或教育领域的研究成果等撰写成学术论文，并将其发表或出版；③ 在不影响教育教学工作的前提下，教师有权参加专业的学术团体并在团体中担任职务；④ 教师有权参加有关的学术交流活动，并在活动中发表自己的观点。

（三）指导评价权

指导评价权，即《中华人民共和国教师法》第七条第三项规定的"指导学生的学习和发展，评定学生的品行和学业成绩"的权利。这是标志教师在教育教学活动中占据主导地位的基本权利。

该项权利包含以下两层含义：① 教师有权根据学生的身心发展规律和个体差异，采取各种教育教学方式，对学生的学习和发展给予有针对性的指导；② 教师有权对学生的思想品德、学习成绩、生活表现等方面给予客观、公正、恰如其分的评价，任何人都不得非法干涉。

（四）获取报酬权

获取报酬权，即《中华人民共和国教师法》第七条第四项规定的"按时获取工资报酬，享受国家规定的福利待遇以及寒暑假期的带薪休假"的权利。这是教师基本的物质保障权利，是宪法赋予公民的社会经济权利在教师职业领域的具体化。该项权利主要包含以下两层含义。

（1）教师有权要求其所在学校及其主管部门根据国家法律法规、教师聘任合同的规定，按时、足额地支付工资报酬。这里的"工资报酬"包括教师工资、教龄津贴、其他津贴、奖金等。《中华人民共和国教师法》第二十五条规定："教师的平均工资水平应当不低于或者高于国家公务员的平均工资水平，并逐步提高。建立正常晋级增薪制度，具体办法由国务院规定。"该法第二十六条规定："中小学教师和职业学校教师享受教龄津贴和其他津贴，具体办法由国务院教育行政部门会同有关部门制定。"

（2）教师有权享有国家规定的医疗、住房、退休等方面的福利待遇，以及寒暑假期的带薪休假待遇。其中，在医疗方面，《中华人民共和国教师法》第二十九条规定："教师的医疗同当地国家公务员享受同等的待遇；定期对教师进行身体健康检查，并因地制宜安排教师进行休养。医疗机构应当对当地教师的医疗提供方便。"在住房方面，《中华人民共和国教师法》第二十八条规定："地方各级人民政府和国务院有关部门，对城市教师住房的建设、租赁、出售实行优先、优惠。县、乡两级人民政府应当为农村中小学教师解决住房提供方便。"在退休方面，《中华人民共和国教师法》第三十条规定："教师退休或者退职后，享受国家规定的退休或者退职待遇。县级以上地方人民政府可以适当提高长期从事教育教学工作的中小学退休教师的退休金比例。"

> **小贴士**
>
> 对于民办学校教师的待遇，《中华人民共和国教师法》第三十二条规定："社会力量所办学校的教师的待遇，由举办者自行确定并予以保障。"

（五）民主管理权

民主管理权，即《中华人民共和国教师法》第七条第五项规定的"对学校教育教学、管理工作和教育行政部门的工作提出意见和建议，通过教职工代表大会或者其他形式，参与学校的民主管理"的权利。这是教师参与学校民主管理的权利，是宪法赋予公民的民主权利在教育领域的具体体现。

该项权利主要包含以下两层含义：① 教师有权对学校及教育行政部门的工作提出意见和建议，有权正确行使宪法赋予公民的批评权和建议权，但不得歪曲事实；② 教师有权通过教职工代表大会、工会等组织形式及其他方式，参与学校的民主管理，讨论学校发展、改革等方面的重大事项。

（六）进修培训权

进修培训权，即《中华人民共和国教师法》第七条第六项规定的"参加进修或者其他方式的培训"的权利。这是教师享有的接受继续教育，不断获得充实和发展的基本权利。

该项权利主要包含以下两层含义：① 教师有权参加进修和接受其他多种形式的培训，以提高自己的业务素质，从而保障教育教学的质量；② 教师进修培训权的行使，必须在完成教师本人教育教学工作的前提下,根据学校或者教育行政主管部门的安排,有计划、有组织地进行。

> **课证融通**
>
> (2021年下半年小学教师资格考试"综合素质"卷 单选题)某县有关部门拖欠小学教师工资。依据《中华人民共和国教师法》,受理教师申诉的应该是( )。
> A. 同级人民政府
> B. 上一级人民政府
> C. 教师所在学校
> D. 同级人民政府教育行政部门
>
> **解析:** 本题主要考查教师维护自身合法权益的途径。根据《中华人民共和国教师法》第三十九条的规定,教师认为当地人民政府有关行政部门侵犯其根据本法规定享有的权利的,可以向同级人民政府或者上一级人民政府有关部门提出申诉,同级人民政府或者上一级人民政府有关部门应当做出处理。故本题选A。

上述6项权利是法律赋予的,这些权利的行使和实现受国家法律的保护。当自身的合法权益受到侵害时,教师可以通过申诉等合法途径进行维权。根据《中华人民共和国教师法》第三十九条的规定,教师对学校或者其他教育机构侵犯其合法权益的,或者对学校或者其他教育机构做出的处理不服的,可以向教育行政部门提出申诉,教育行政部门应当在接到申诉的30日内做出处理。教师认为当地人民政府有关行政部门侵犯其根据本法规定享有的权利的,可以向同级人民政府或者上一级人民政府有关部门提出申诉,同级人民政府或者上一级人民政府有关部门应当做出处理。

对于侵害教师合法权益的行为及行为主体,地方人民政府及相关部门应依法做出相应的处理。《中华人民共和国教师法》第三十八条规定:"地方人民政府对违反本法规定,拖欠教师工资或者侵犯教师其他合法权益的,应当责令其限期改正。违反国家财政制度、财务制度,挪用国家财政用于教育的经费,严重妨碍教育教学工作,拖欠教师工资,损害教师合法权益的,由上级机关责令限期归还被挪用的经费,并对直接责任人员给予行政处分;情节严重,构成犯罪的,依法追究刑事责任。"

此外,当教师在依法维权的过程中遭到打击报复时,相关部门应依法对打击报复的行为及行为主体做出处理。《中华人民共和国教师法》第三十六条规定:"对依法提出申诉、控告、检举的教师进行打击报复的,由其所在单位或者上级机关责令改正;情节严重的,可以根据具体情况给予行政处分。国家工作人员对教师打击报复构成犯罪的,依照刑法有关规定追究刑事责任。"

项目五 掌握从教规定，争做合格教师

> **修身笃学**
>
> **孙老师进修培训权益的协商与解决**
>
> 孙老师大学毕业后，便进入某中学担任教师，并与学校签订了为期3年的劳动合同。工作一段时间后，她产生了继续深造的想法，以提升自己的专业能力。
>
> 经过几个月的努力备考，孙老师顺利通过了某大学的硕士研究生入学考试。根据该大学的研究生培养方案，在职研究生需全日制在校学习半年。因此，孙老师向学校提出了下一学期休假半年的申请，以便脱产学习，但遭到了学校的拒绝。学校拒绝的理由是孙老师尚在服务期内，且学校教师人手紧张，无法批准她的进修申请。
>
> 面对这一情况，孙老师感到非常沮丧。她认为这次进修对她的职业发展十分重要，并且相信这将显著提高她的教学质量。在多次与学校协商无果的情况下，孙老师以学校剥夺其参加进修培训的权利为由，向当地教育局提出了申诉。
>
> 经过审查，教育局认为孙老师反映的情况属实，学校不得剥夺孙老师的进修培训权。但是，教师进修培训应在不影响正常教学秩序的前提下进行。在教育局的协调下，孙老师与学校最终达成了协议：学校同意孙老师参加进修培训，在下一学期将聘请一名代课老师在孙老师脱产学习期间接管教学工作；孙老师在本学期结束后，与代课老师完成工作交接，然后才能开始进修培训；进修期间，孙老师需要协助代课老师处理班级相关事务。
>
> 请思考：在孙老师争取进修培训权益的过程中，她是如何平衡个人职业发展需求与学校政策之间的矛盾的？此案例对教师权利保障提供了哪些有益的启示？

二、教师的义务

教师的义务是指教师依照法律法规的规定，从事教育教学工作所必须履行的责任，表现为教师在教育教学活动中必须做出一定行为或不得做出一定行为的约束。

与教师的权利相对应，教师的义务也可以分为两个部分：一部分是教师作为公民所应承担的义务，即教师的公民义务；另一部分是教师作为教育工作者所应承担的义务，即教师的职业义务。这两部分义务既有联系又有区别。教师公民义务的一部分体现在教师职业义务中，教师职业义务的一部分是教师公民义务的具体化、职业化。同时，教师的公民义务与职业义务还各自包含一些相互独立的部分。对于教师的职业义务，《中华人民共和国教育法》《中华人民共和国教师法》等相关法律均做出了相应的规定。其中，《中华人民共和国教师法》第八条详细规定了教师的6项职业义务。

（一）遵纪守法、为人师表的义务

《中华人民共和国教师法》第八条第一项规定，教师应当履行"遵守宪法、法律和职业道德，为人师表"的义务。该项义务主要包含以下两层含义。

（1）教师作为教育工作者，不仅要为学生做好遵守宪法和法律的表率，而且要在教育教学工作中自觉培养学生的法治观念和意识，使其做到遵纪守法。

（2）教师作为人类灵魂的工程师，必须遵守教师职业道德，在情操、言行、衣着等各个方面严格要求自己，以自己高尚的品行和独特的人格魅力对学生的健康成长产生积极的影响。

（二）履行教育职责的义务

教育教学是教师的本职工作，教师有义务遵守国家法律和学校的相关规定，履行教育职责。《中华人民共和国教师法》第八条第二项规定，教师应当履行"贯彻国家的教育方针，遵守规章制度，执行学校的教学计划，履行教师聘约，完成教育教学工作任务"的义务。该项义务主要包含以下几层含义。

（1）教师在教育教学工作中，必须贯彻《中华人民共和国教育法》第五条规定的国家教育方针，即"教育必须为社会主义现代化建设服务、为人民服务，必须与生产劳动和社会实践相结合，培养德智体美劳全面发展的社会主义建设者和接班人"。

（2）教师应遵守各级政府、教育行政部门及有关部门制定的教育教学管理方面的规章制度，执行学校依据有关法律法规制订的教学工作计划。

（3）教师应当履行聘任合同中约定的教育教学工作职责，完成职责范围内的教育教学任务，保证教育教学质量。

> **课证融通**
>
> （2023年下半年小学教师资格考试"综合素质"卷　单选题）教师王某向学校提出辞职，当天便离开学校，所任课程教学受到影响。王某的做法（　　）。
>
> A．正确，教师有辞职的权利
> B．正确，教师有教学的自由
> C．不正确，教师在聘期内不能辞职
> D．不正确，辞职应提前向学校申请
>
> **解析**：本题主要考查教师履行教育职责的义务。教师应当遵守规章制度，履行教师聘约。题干中，教师王某没有履行聘任合同中约定的教育教学工作职责，也没有完成职责范围内的教育教学任务，做法不正确。故本题选D。

（三）进行思想品德教育的义务

《中华人民共和国教师法》第八条第三项规定，教师应当履行"对学生进行宪法所确定

项目五 掌握从教规定，争做合格教师

的基本原则的教育和爱国主义、民族团结的教育，法制教育以及思想品德、文化、科学技术教育，组织、带领学生开展有益的社会活动"的义务。该项义务主要包含以下几层含义。

（1）教师应对学生进行爱国主义、民族团结的教育，激发学生爱集体、爱家乡、爱祖国的情感。

（2）教师应自觉地将法制教育、思想品德教育落实到教育教学工作中去，把学生培养成遵纪守法、品德优良的好公民。

（3）教师应对学生进行文化传承、科学技术方面的启蒙教育，激发学生的好奇心和求知欲，让学生在传承中华优秀传统文化的同时，提高科学认知水平。

（4）教师应带领学生参加有益的社会活动，将书本知识与社会实践结合起来，培养学生的爱国情感，增强学生的社会责任感。

（四）关爱和尊重学生，促进学生全面发展的义务

《中华人民共和国教师法》第八条第四项规定，教师应当履行"关心、爱护全体学生，尊重学生人格，促进学生在品德、智力、体质等方面全面发展"的义务。该项义务主要包含以下几层含义。

（1）教师应以博大的胸怀关心和爱护每一名学生，不区别对待不同的学生。

（2）人格尊严是宪法赋予公民的一项基本权利。教师应以尊重学生的人格尊严为前提，帮助学生成长进步，使其形成健康的人格，不能以关心和爱护为借口侵犯学生的人格尊严。

（3）教师应全面承担起健康、语言、社会、科学、艺术5大领域的教育任务，促进学生德、智、体、美、劳的全面发展。

⭐ 时代楷模

用关爱与尊重滋养学生成长

张老师在河南省某山区小学坚守了17年。在这漫长的岁月中，他先后培养了500多名学生，其中16名学生考上了大学。

自师范院校毕业后，张老师义无反顾地回到了家乡深山中的学校任教。他所任教的学校地处偏远，交通不便。因此，他不得不亲自用扁担将学生的课本挑进山里。这样的艰辛他坚持了5年。

面对师资匮乏的困境，他勇敢地承担起了全科教师的职责。在课堂上，张老师尊重每名学生的个性和兴趣，无论是教授数学、美术还是科学，他总能找到激发学生潜能的方法。

张老师不仅在教学中倾注了极大的热情，而且在日常生活中也对学生关怀备至。为了更好地照顾学生，张老师练就了一身过硬的本领：掂起勺子能做饭，拿起针线能缝纫，课桌椅坏了他来修，校舍破了他来补。张老师始终将学生的需求放在心头，记挂着哪些学生需要特殊照顾，哪些学生上学需要接送，用行动展现了对学生的深切关爱。

"孩子们在，学校就在！"张老师坚信，教育的核心在于育人，而育人的基础是关爱和尊重。张老师用自己的关爱与尊重，不仅为学生们的求学之路打下了坚实的基础，也滋养了他们心灵的健康成长。

（资料来源：丁雅诵、闫伊乔，《大力弘扬教育家精神 加快建设教育强国》，《人民日报》，2024年9月10日，有改动）

（五）保护学生合法权益的义务

《中华人民共和国教师法》第八条第五项规定，教师应当履行"制止有害于学生的行为或者其他侵犯学生合法权益的行为，批评和抵制有害于学生健康成长的现象"的义务。保护学生的合法权益和身心健康是全社会共同的责任，教师作为教育工作者，保护好学校的学生，使其免受非法侵犯，更加责无旁贷。该项义务主要包含以下两层含义。

（1）教师在学校工作和与教育教学工作相关的活动中，应对有害于学生健康成长的行为或者侵犯学生合法权益的违法行为予以制止。

（2）教师应对社会上出现的有害于学生健康成长的不良现象进行批评和抵制。

（六）不断提高思想觉悟和教育教学水平的义务

《中华人民共和国教师法》第八条第六项规定，教师应当履行"不断提高思想政治觉悟和教育教学业务水平"的义务。该项义务主要包含以下两层含义。

（1）教师应不断提高自己的思想觉悟，加强自身的思想道德修养。

（2）教师应适应时代要求和社会变革，不断学习专业知识，更新教育观念，创新教育教学方法，提高教育教学专业水平，以适应教育教学工作的需要。

课堂互动

某中学的校长要求该校教师承担一定的招生任务，且必须招入一定数量的学生，以扩大学校规模。你怎么看待这位校长的做法？你认为教师是否有义务参与学校的招生工作？这位校长的要求是否有法律依据？请与同学们展开讨论，提出观点并说明理由。

教师应当依法履行上述6项义务。对于不履行法定义务的教师，学校或者教育行政部门可依法对其进行处理。根据《中华人民共和国教师法》第三十七条的规定，教师有下列情形之一的，由所在学校、其他教育机构或者教育行政部门给予行政处分或者解聘：① 故意不完成教育教学任务，给教育教学工作造成损失的；② 体罚学生，经教育不改的；③ 品行不良、侮辱学生，影响恶劣的。教师有第②项、第③项所列情形之一，情节严重，构成犯罪的，依法追究刑事责任。

"明确权利义务，规范教育行为"案例分析

活动目的

学生应通过案例分析，加深对教师权利和义务相关规定的认识，增强为国家培养建设者与接班人的社会责任感和使命感，并学会运用法律武器处理与教师权益有关的问题。

活动要求

"学以致用"
实训报告 5-2

（1）全班学生按照 4～6 人为一组，分成若干小组。

（2）各组成员阅读以下案例。

丁老师是一名中学教师，以下是她在工作中的一些表现。

表现 1：为了撰写一篇关于教学研究的论文，丁老师投入了许多时间和精力，甚至到了废寝忘食的程度。上课时，丁老师让学生自行阅读课本并完成练习题，而她自己则忙于论文写作。

表现 2：丁老师按照学校的安排在暑假期间休假。但是，假期结束后，丁老师发现学校扣除了她暑假期间的工资，理由是暑假期间未参加工作。对此，丁老师只是向同事抱怨了几句。

表现 3：丁老师踊跃参加学校举办的教职工代表大会，并积极发表了自己的意见。

表现 4：丁老师注意到学生小美可能遭受了家庭暴力，但她既没有向小美的家长了解情况，也没有向学校反映或采取报警措施。

表现 5：丁老师没有参加内部培训，理由是她认为学校组织的内部培训质量不高。

表现 6：丁老师在学期末，对一名学生的评价如下：该生特别喜欢搞破坏，如果不严加教育，将来肯定会成为违法分子。

（3）各组成员分析并判断上述案例中行为主体（丁老师或学校）的行为是否符合法律规定。

（4）各组撰写案例分析报告。

活动过程

各组成员分工合作，参照表 5-2 所示的内容，开展实践活动。

表 5-2　活动名称及实施步骤

分析过程	要点记录
讨论案例	（1）各组成员讨论案例中行为主体的行为涉及教师的哪些权利或义务
判断行为	（2）各组成员判断这些行为是否符合法律规定，然后记录判断结果
提出观点	（3）对于案例中符合法律规定的行为，各组成员应提供相应的法律依据；对于案例中不符合法律规定的行为，各组成员除了提供相应的法律依据，还应提出具体的改进建议
撰写报告	（4）各组根据分析结果撰写案例分析报告
总结活动	（5）各组讨论本组成员在此次案例分析活动中的综合表现，各组成员总结自己在活动中的收获

心得体会

任务三　落实中小学教师专业标准

情景导入

用激励与评价点亮学生的成长之路

余老师在新学期担任某小学三年级某班的班主任，并负责教授语文课。在她的班级中，大多数学生性格开朗、活泼。然而，有一个名叫小天的学生，在课堂上总是沉默寡言，对学习缺乏兴趣，对待作业也常常是敷衍了事。余老师注意到了小天的这些情况，决定采取措施帮助他。

在日常教学中，余老师总是留心观察小天。当小天第一次在课堂上主动举手时，余老师立刻抓住机会，让小天回答问题。尽管小天的回答并不全面，但余老师还是肯定了小天的答案，并赞扬了小天的勇气和积极性。在一次班级手工活动中，小天制作的小飞机赢得了同学们的称赞，余老师也借此机会对他给予了高度评价，并鼓励他继续发挥创造力。

此后，余老师与小天进行了一次深入的交流，引导他认识自己的优点，如动手能力强、有创造力等。余老师还专门为小天布置了一项特殊的作业，要求他每天在语文作业的最后记录下自己的 3 个优点。

一段时间后，小天发生了显著变化：他在课堂上更加敢于发言，作业的质量有了明显的提升，成绩也在稳步上升。

任务清单

（1）余老师的做法是否符合小学教师专业标准？如果符合，具体体现在哪些方面？

（2）中小学教师专业标准分为哪几个板块，具体包含哪些内容？

高素质、专业化的中小学教师队伍是学生健康成长和中小学教育高质量发展的重要保障。为促进中小学教师专业发展，建设高素质中小学教师队伍，教育部制定并发布了《小学教师专业标准（试行）》《中学教师专业标准（试行）》。这两个专业标准是国家对中小学教师的基本专业要求，是中小学教师实施教育教学行为的基本规范，是引领中小学教师专业发展的基本准则，是中小学教师培养、准入、培训、考核等工作的重要依据。

一、中小学教师专业标准的基本理念

中小学教师专业标准的基本理念是师德为先、学生为本、能力为重、终身学习。

（一）师德为先

师德为先是指中小学教师在履行教书育人职责的过程中，应将师德放在首位。只有这样，中小学教师才能通过自身的一言一行为学生树立榜样，潜移默化地影响学生，帮助学生形成正确的价值观和道德观。《小学教师专业标准（试行）》《中学教师专业标准（试行）》对"师德为先"的基本理念做出了说明，即中小学教师必须做到热爱教育事业，具有职业理想，践行社会主义核心价值体系，履行教师职业道德规范，依法执教；关爱学生，尊重学生人格，富有爱心、责任心、耐心和细心；为人师表，教书育人，自尊自律，做学生健康成长的指导者和引路人。

（二）学生为本

学生为本是指中小学教师在教育教学工作中，应当以学生为中心，尊重学生的人格和权益，遵循学生的成长规律，促进学生全面发展。这一理念是以人为本的现代管理理念在中小学教育中的具体体现，也是中小学教师应秉持的核心理念。《小学教师专业标准（试行）》《中学教师专业标准（试行）》对"学生为本"的基本理念做出了说明，即中小学教师应尊重学生权益，以学生为主体，充分调动和发挥学生的主动性；遵循学生身心发展特点和教育教学规律，提供适合的

正确认识教学工作中的"学生为本"

教育，促进学生生动活泼学习、健康快乐成长。

（三）能力为重

能力为重是指中小学教师在教育教学工作中应注重提升自身的专业理论水平和教育实践能力。这些能力是中小学教师顺利完成教育教学活动的保障。《小学教师专业标准（试行）》《中学教师专业标准（试行）》对"能力为重"的基本理念做出了说明，即中小学教师应把学科知识、教育理论与教育实践有机结合，突出教书育人实践能力；研究学生，遵循学生的成长规律，提升教育教学专业化水平；坚持实践、反思、再实践、再反思，不断提高专业能力。

（四）终身学习

终身学习是指中小学教师应当将学习贯穿于整个生命周期，以适应社会发展和个体发展的需要。这一理念构成了中小学教师专业发展的基本要求。《小学教师专业标准（试行）》《中学教师专业标准（试行）》对"终身学习"的基本理念做出了说明，即中小学教师应学习先进教育理论，了解国内外中小学教育改革与发展的经验和做法；优化知识结构，提高文化素养；具有终身学习与持续发展的意识和能力，做终身学习的典范。

二、中小学教师专业标准的基本内容

教师作为履行学校教育教学职责的主体，需要具备高尚的职业道德，掌握丰富的专业知识和具有出色的专业技能。《小学教师专业标准（试行）》《中学教师专业标准（试行）》对中小学教师的专业理念与师德、专业知识、专业能力做出了具体规定。

（一）专业理念与师德

在专业理念与师德方面，《小学教师专业标准（试行）》《中学教师专业标准（试行）》从职业理解与认识、对学生的态度与行为、教育教学的态度与行为、个人修养与行为4个方面对中小学教师提出了要求，具体如下。

1. 职业理解与认识

对职业的深入理解和正确认识，有利于中小学教师增强职业使命感，明确教育目标，进而科学地开展教育实践，从而实现良好的教育结果。《小学教师专业标准（试行）》《中学教师专业标准（试行）》在职业理解与认识方面，要求中小学教师做到以下几点：① 贯彻党和国家的教育方针政策，遵守教育法律法规；② 理解中小学教育工作的意义，热爱中小学教育事业，具有职业理想和敬业精神；③ 认同中小学教师的专业性和独特性，注重自身专业发展；④ 具有良好的职业道德修养，为人师表；⑤ 具有团队合作精神，积极开展协作与交流。

2. 对学生的态度与行为

中小学教师对学生的态度与行为会直接影响学生的身心发展和各方面能力的发展。《小学教师专业标准（试行）》《中学教师专业标准（试行）》在对学生的态度与行为方面，要求中小学教师做到以下几点：① 关爱学生，重视学生身心健康发展，保护学生生命安全；② 尊重学生独立人格，维护学生合法权益，平等对待每一位学生，不讽刺、挖苦、歧视学生，不体罚或变相体罚学生；③ 尊重个体差异，主动了解和满足学生身心发展的不同需求；④ 信任学生，积极创造条件，让学生拥有快乐的学校生活，促进学生的自主发展。

3. 教育教学的态度与行为

中小学教师的教育教学态度与行为对学生的价值观塑造、情感支持、智力发展、社会性发展等都有着深远的影响。《小学教师专业标准（试行）》《中学教师专业标准（试行）》在教育教学的态度与行为方面，要求中小学教师做到以下几点。

（1）树立育人为本、德育为先的理念，将学生的知识学习、能力发展与品德养成相结合，重视学生的全面发展。

（2）尊重教育规律和学生身心发展规律，为每一名学生提供适合的教育。

（3）引导小学生体验学习乐趣，保护小学生的求知欲和好奇心，培养小学生的广泛兴趣、动手能力和探究精神；激发中学生的求知欲和好奇心，培养中学生的学习兴趣和爱好，营造自由探索、勇于创新的氛围。

（4）引导小学生学会学习，并使其养成良好的学习习惯；引导中学生自主学习、自强自立，培养其良好的思维习惯和适应社会的能力。

（5）尊重和发挥好共青团、少先队组织的教育引导作用。

4. 个人修养与行为

中小学教师的个人修养与行为对学生的言行举止、习惯养成、性格塑造等具有潜移默化的影响。《小学教师专业标准（试行）》《中学教师专业标准（试行）》在个人修养与行为方面，要求中小学教师做到以下几点：① 富有爱心、责任心、耐心和细心；② 乐观向上、热情开朗、有亲和力；③ 善于自我调节情绪，保持平和心态；④ 勤于学习，不断进取；⑤ 衣着整洁得体，语言规范健康，举止文明礼貌。

（二）专业知识

拥有丰富的专业知识是中小学教师的必备条件。中小学教师所需的专业知识分为小学生发展知识、教育知识、学科知识、学科教学知识和通识性知识5个方面。

1. 小学生发展知识

小学生发展知识是指有关小学生在身体、情感、智力、社交、语言等方面的发展特点与规律，以及对应的教育方法的知识。掌握这些知识有利于教师准确识别小学生的发展特点与水平，进而制订合适的教育策略，提供适当的教育资源，确保小学生得到全面而均衡的发展。

《小学教师专业标准（试行）》在小学生发展知识方面，要求小学教师做到以下几点：① 了解关于小学生生存、发展和保护的有关法律法规及政策规定；② 了解不同年龄及有特殊需要的小学生的身心发展特点和规律，掌握保护和促进小学生身心健康发展的策略与方法；③ 了解不同年龄小学生学习的特点，掌握小学生良好行为习惯养成的知识；④ 了解幼小和小初衔接阶段小学生的心理特点，掌握帮助小学生顺利过渡的方法；⑤ 了解对小学生进行青春期和性健康教育的知识和方法；⑥ 了解小学生安全防护的知识，掌握针对小学生可能出现的各种侵犯与伤害行为的预防与应对方法。

2. 教育知识

教育知识体现了教师对教育的认识，既包括系统的、具有伦理性和抽象性的教育知识，又包括零散的、具有经验性和操作性的教育知识。

《小学教师专业标准（试行）》在教育知识方面，要求小学教师做到以下几点：① 掌握小学教育教学基本理论；② 掌握小学生品行养成的特点和规律；③ 掌握不同年龄小学生的认知规律及教育心理学的基本原理和方法。在此基础之上，小学教师应学会合理制订小学生个体与集体的教育计划，学会合理设计主题鲜明、丰富多彩的班级和少先队活动。

《中学教师专业标准（试行）》在教育知识方面，要求中学教师做到以下几点：① 掌握中学教育的基本原理和主要方法；② 掌握班级、共青团、少先队建设与管理的原则与方法；③ 掌握教育心理学的基本原理和方法，了解中学生身心发展的一般规律与特点；④ 了解中学生世界观、人生观、价值观形成的过程及其教育方法；⑤ 了解中学生思维能力、创新能力和实践能力发展的过程与特点；⑥ 了解中学生群体文化的特点与行为方式。

3. 学科知识

学科知识是指教师所教学科的基础理论、核心概念、知识结构、研究方法及相关技能，不仅包括学科内的专业知识，还涉及学科间的相互联系和应用。掌握学科知识是教师有效教学的基础，也是帮助学生构建知识体系、发展学科能力的前提。

《小学教师专业标准（试行）》在学科知识方面，要求小学教师做到以下几点：① 适应小学综合性教学的要求，了解多学科知识；② 掌握所教学科的知识体系、基本思想与方法；③ 了解所教学科与社会实践、少先队活动的联系，了解与其他学科的联系。

《中学教师专业标准（试行）》在学科知识方面，要求中学教师做到以下几点：① 理解所教学科的知识体系、基本思想与方法；② 掌握所教学科内容的基本知识、基本原理与技能；③ 了解所教学科与其他学科的联系；④ 了解所教学科与社会实践及共青团、少先队活动的联系。

4. 学科教学知识

学科教学知识是指教师为使学科教学有效所必须具备的知识，包括对学科内容、教学理论、学习过程及教学策略的深刻理解与掌握。教师不仅要熟悉学科知识，还要了解如何将这些知识有效地传授给学生，以及如何引导学生进行有效的学习。

《小学教师专业标准（试行）》规定小学教师应掌握所教学科的课程标准和教学知识。

《中学教师专业标准（试行）》在学科教学知识方面，要求中学教师应做到以下几点：① 掌握所教学科课程标准；② 掌握所教学科课程资源开发与校本课程开发的主要方法与策略；③ 了解中学生在学习具体学科内容时的认知特点；④ 掌握针对具体学科内容进行教学和研究性学习的方法与策略。

5. 通识性知识

通识性知识是指广泛涵盖各个领域的基础知识和普遍原理。概括而言，通识性知识主要包括自然科学知识、人文社会科学知识、艺术欣赏与表现知识、现代信息技术知识等。这些知识可以拓宽中小学教师的视野，提升中小学教师的思维能力和创新能力，使其更深入地理解学校教育的目标、内容和方法，更好地解决学校教育过程中出现的问题，从而提高教育质量。

《小学教师专业标准（试行）》《中学教师专业标准（试行）》在通识性知识方面，要求中小学教师做到以下几点：① 具有相应的自然科学和人文社会科学知识；② 了解中国教育的基本情况；③ 具有相应的艺术欣赏与表现知识；④ 具有适应教育内容、教学手段和方法现代化的信息技术知识。

（三）专业能力

专业能力是中小学教师顺利完成教育教学活动的保障，主要包括以下 5 个方面的内容。

1. 教学设计

教学设计是指中小学教师根据课程标准和学生的实际情况，系统规划教学活动的过程。其旨在创造一个有效的学习环境，以促进学生的全面发展和个性成长。

《小学教师专业标准（试行）》在教学设计方面，要求小学教师做到以下两点：① 合理制订小学生个体与集体的教学计划；② 合理利用教学资源，科学编写教学方案。

《中学教师专业标准（试行）》在教学设计方面，要求中学教师做到以下几点：① 科学设计教学目标和教学计划；② 合理利用教学资源和方法设计教学过程；③ 引导和帮助中学生设计个性化的学习计划。

2. 组织与实施

组织与实施是指中小学教师对教育的目标、内容、形式、方法、过程等进行具体安排并付诸实践的过程。通过合理地组织与实施教育活动，中小学教师能充分利用教育资源，为学生提供更好的学习体验，从而实现预期教育目标。

《小学教师专业标准（试行）》在组织与实施能力方面，要求小学教师做到以下几点：① 建立良好的师生关系，帮助小学生建立良好的同伴关系；② 创设适宜的教学情境，根据小学生的反应及时调整教学活动；③ 调动小学生学习积极性，结合小学生已有的知识和经验激发学习兴趣；④ 发挥小学生主体性，灵活运用启发式、探究式、讨论式、参与式等教学方式；⑤ 发挥好少先队组织生活、集体活动、信息传播等教育功能；⑥ 将现代教育技术手段整合应用到教学中；⑦ 较好使用口头语言、肢体语言与书面语言，使用普通话教学，规范书写钢笔字、粉笔字、毛笔字；⑧ 妥善应对突发事件；⑨ 鉴别小学生行为和思想动向，用科学的方法防止和有效矫正其不良行为。

《中学教师专业标准（试行）》将中学教师在组织和实施方面的能力分为教学实施、班级管理与教育活动两个层面具体的要求。

在教学实施层面，中学教师应做到以下几点：① 营造良好的学习环境与氛围，激发与保护中学生的学习兴趣；② 通过启发式、探究式、讨论式、参与式等多种方式，有效实施教学；③ 有效调控教学过程，合理处理课堂偶发事件；④ 引发中学生独立思考和主动探究，发展学生创新能力；⑤ 发挥好共青团和少先队组织生活、集体活动、信息传播等教育功能；⑥ 将现代教育技术手段整合应用到教学中。

在班级管理与教育活动层面，中学教师应做到以下几点：① 建立良好的师生关系，帮助中学生建立良好的同伴关系；② 注重结合学科教学进行育人活动；③ 根据中学生世界观、人生观、价值观形成的特点，有针对性地组织开展德育活动；④ 针对中学生青春期生理和心理发展特点，有针对性地组织开展有益身心健康发展的教育活动；⑤ 指导学生理想、心理、学业等多方面发展；⑥ 有效管理和开展班级、共青团、少先队活动；⑦ 妥善应对突发事件。

3．激励与评价

中小学教师要善于激励学生，客观地评价学生，从而增强学生的自信心，激发学生的潜力。

《小学教师专业标准（试行）》在激励与评价方面，要求小学教师做到以下几点：① 对小学生的日常表现进行观察与判断，发现和赏识每一名小学生的点滴进步；② 灵活使用多元评价方式，给予小学生恰当的评价和指导；③ 引导小学生进行积极的自我评价；④ 利用评价结果不断改进教育教学工作。

《中学教师专业标准（试行）》在教育教学评价方面，要求中学教师做到以下几点：① 利用评价工具，掌握多元评价方法，多视角、全过程评价学生发展；② 引导学生进行自我评价；③ 自我评价教育教学效果，及时调整和改进教育教学工作。

4．沟通与合作

中小学教师要具有与学生及其家长、同事、社区等进行良好沟通与合作的能力，以便更好地开展教育教学工作，促进学生发展。《小学教师专业标准（试行）》《中学教师专业标准（试行）》在沟通与合作方面，要求中小学教师做到以下几点：① 与学生进行沟通交流；② 与同事合作交流，分享经验和资源，共同发展；③ 与家长进行有效沟通合作，共同促进学生发展；④ 协助学校与社区建立合作互助的良好关系。

此外，中学教师还应做到了解中学生，平等地与中学生进行沟通交流。小学教师还应做到使用符合小学生特点的语言进行教育教学工作；善于倾听，和蔼可亲，与小学生进行有效沟通。

5．反思与发展

中小学教师要具有反思自己的教育理念、教学方法和教学行为，并持续学习新知识和新技能的能力，以改进教育工作并实现个人的提升与发展。这既是现代社会发展和教育改革对教师的必然要求，也是教师不断成长的必然需求。《小学教师专业标准（试行）》《中学教师专业标准（试行）》在反思与发展方面，要求中小学教师做到以下几点：① 主动收集分析相关信息，不断进行反思，改进教育教学工作；② 针对教育教学工作中的现实需要与问题，进行探索和研究；③ 制订专业发展规划，积极参加专业培训，不断提高自身专业素质。

三、中小学教师专业标准的实施建议

《小学教师专业标准（试行）》《中学教师专业标准（试行）》为中小学教师提供了实施建议，具体内容如下。

（1）中小学教师要将《小学教师专业标准（试行）》《中学教师专业标准（试行）》作为自身专业发展的基本依据，爱岗敬业，增强专业发展的自觉性。中小学教师需要深入理解这两个标准的内容和要求，将其作为教育教学工作的指南。同时，中小学教师还需要根据自身实际情况，制订切实可行的专业发展规划，明确自己的发展目标和方向。此外，中小学教师还应保持对教育事业的热爱和敬业精神，为学生的成长和发展做出更大的贡献。

（2）中小学教师要大胆开展教育教学实践，不断创新。教育教学实践是教师专业发展的重要途径，也是提高教育教学质量的关键。因此，中小学教师需要关注教育教学改革的发展趋势，及时了解和掌握新的教育教学理念和方法，并将其应用到自己的教育教学实践中，以提高教育教学效果。同时，中小学教师还需要不断探索和创新，以提高自己的教育教学水平。

（3）中小学教师要积极进行自我评价，主动参加教师培训和自主研修，以逐步提升专业发展水平。自我评价是教师专业发展的重要环节，也是提高教育教学质量的重要手段。因此，中小学教师需要定期对自己的教育教学工作进行评价，找出自己的优点和不足，并制订相应的改进措施。同时，中小学教师还需要积极参加教师培训和自主研修，不断学习和掌握新的教育教学知识和技能，以提高自己的专业素养和教育教学能力。

学以致用

"学习专业标准，争做合格教师"主题演讲比赛

活动目的

学生应通过演讲比赛，加深对中小学教师专业标准的认识，增强学习专业知识和技能的自觉性，树立终身学习的理念。

活动要求

（1）深入学习中小学教师专业标准，思考如何成为一名合格的中小学教师。

"学以致用"
实训报告 5-3

（2）演讲内容可以围绕以下方面展开：对中小学教师专业标准基本理念的理解、中小学教师专业知识的拓展、中小学教师专业能力的提升、中小学教师专业标准的应用、中小学教师职业理想的实现等。

活动过程

各组成员分工合作，参照表5-3所示的内容，开展实践活动。

表5-3 活动名称及实施步骤

活动名称	实施步骤
准备工作	（1）全班学生选出1名主持人，然后以4~6人为一组进行分组
	（2）各组成员复习所学知识，并通过多种渠道搜集与中小学教师专业标准相关的资料，如文件解读、相关案例等
	（3）各组成员结合个人理解和实践经验，思考如何成为一名合格的中小学教师，并简要记录要点
实施过程	（4）各组成员展开讨论，确定演讲的主题，并分工合作编写演讲稿
	（5）主持人组织各组组长现场抽签，以确定演讲顺序
	（6）各组按照演讲顺序进行演讲，并记录其他组的演讲观点
	（7）各组组长担任评委，从演讲内容、语言表达、仪表形象等多个维度对其他组的演讲进行评价
活动小结	（8）各组讨论本组成员在此次演讲比赛中的综合表现，各组成员总结自己在活动中的收获

心得体会

项目五 掌握从教规定，争做合格教师

项目检测

一、不定项选择题

1. 根据《中华人民共和国教师法》的规定，取得初级中学教师资格，应当具备（　　）学历。
   A．高中毕业及其以上
   B．中等师范学校毕业及其以上
   C．高等师范专科学校或者其他大学专科毕业及其以上
   D．高等师范院校本科或者其他大学本科毕业及其以上

2. 教师资格的认定程序包括（　　）。
   A．申请   B．受理
   C．面试   D．审查

3. 何某是某民办小学的英语老师，因犯罪被判处剥夺政治权利终身。因此，何某（　　）。
   A．仍可在民办小学从事教师职业
   B．将终身不能从事教师职业
   C．10年内不得从事教师职业
   D．通过公立小学的公开招聘后，仍可继续从事教师职业

4. 冯老师积极参加学校的教职工大会，为学校的改革和发展建言献策。冯老师行使的教师权利是（　　）。
   A．教育教学权   B．科学研究权
   C．民主管理权   D．进修培训权

5. 如果学校侵犯了教师的合法权益，教师可以向教育行政部门提出申诉，教育行政部门应当在接到申诉的（　　）日内做出处理。
   A．3   B．10
   C．30   D．60

6. 下列选项中，关于中小学教师专业标准对教师职业理解与认识的要求，说法正确的有（　　）。
   A．中小学教师应贯彻党和国家的教育方针政策，遵守教育法律法规
   B．中小学教师应理解教育工作的意义，热爱中小学教育事业，具有职业理想和敬业精神
   C．中小学教师应勤于学习，不断进取
   D．中小学教师应认同中小学教师的专业性和独特性，注重自身专业发展

129

二、判断题

1. 申请认定教师资格者，其普通话水平应当达到国家语言文字工作委员会颁布的《普通话水平测试等级标准》二级甲等以上标准。（ ）

2. 师范教育类专业毕业生在申请认定教师资格时，无需缴纳认定费用。（ ）

3. 中小学教师在学校内需要履行保护学生合法权益的义务，在社会上也应当积极抵制有害于学生身心健康的不良现象。（ ）

4. 教师不能以关心和爱护学生为借口侵犯学生的人格尊严，而应以尊重学生的人格尊严为前提，帮助学生成长进步，使其形成健康的人格。（ ）

三、简答题

1. 申请认定中小学教师资格者应当提交哪些基本材料？
2. 简述中小学教师的义务。
3. 中小学教师应具有哪些专业能力？

四、案例分析题

赵老师是某中学八年级某班的班主任。新学期开始不久，赵老师与年级主任在教学方法上产生了分歧。由于年级主任不支持赵老师在教学方法上的创新尝试，赵老师感到自己的能力无法得到充分发挥，于是向学校提出了工作调动的申请，希望能够转至另一校区任教。考虑到老师们当下的工作非常繁重，赵老师承担的教学任务极为重要，且与学校的劳动合同尚未到期，学校决定暂时不考虑赵老师的调动请求。为此，学校安排了专人与赵老师进行沟通，希望赵老师能够先完成本学期的教学任务，之后再讨论调动申请。但是，赵老师误以为学校故意刁难他，所以选择不再上课。这一行为导致他所负责班级的教学活动受到了严重影响。学校领导多次尝试与赵老师沟通，希望他能重新回到教学岗位，但赵老师始终拒绝配合。

赵老师的哪些行为违反了法律规定？学校应该如何处理才符合法律规定？

项目五 掌握从教规定，争做合格教师

预期学习成果评价

教师应对学生的理论知识学习情况、实践技能掌握情况、素养目标达成情况、实践活动成果等进行评价，请各位学生配合指导教师共同完成预期学习成果评价表（见表5-4）。

表 5-4 预期学习成果评价表

班级		姓名		学号		
组号		指导教师		日期		
评价维度	评价标准		分值	评分		
				自评	互评	师评
基本知识 30分	能够简述教师资格的构成要件		6			
	能够简述教师资格的认定程序		6			
	能够简述中小学教师所拥有的各项权利和应履行的各项义务		8			
	能够简要概括中小学教师专业标准的基本内容		10			
实践技能 30分	能够以教师资格的相关要求约束自己		10			
	能够将教师的义务落实到日常的学习和生活中		10			
	能够按照中小学教师专业标准来要求自己		10			
综合素质 20分	能够按时、按要求完成所有的课堂互动、实践活动		10			
	具有良好的语言表达能力和较强的逻辑思维能力，能够主动参与团队决策，与团队其他成员之间相互协作、积极沟通		10			
活动成果 20分	小组分工明确，团队成员配合默契		5			
	案例分析报告主题明确，内容详实		5			
	演讲时表述清晰、准确、生动		5			
	活动总结内容全面、逻辑清晰		5			
合计			100			
总评	自评（30%）+互评（30%）+师评（40%）=					
教师评语			教师（签名）：			

项目六

了解办学标准，熟悉管理规定

 项目导读

学校是学生接受教育的重要场所，对学生的知识学习、品德塑造、能力提升等有着重要影响。教育教学活动的有序开展，以学校履职尽责和规范管理为必要条件。因此，教师必须明确学校在教育事业中担负的使命和职责，了解学校权利和义务的相关规定，熟悉学校的管理标准，以便依法开展相关工作，从而充分发挥学校在教育教学活动中的重要作用。本项目将详细介绍学校权利和义务、学校管理标准的相关规定。

 学习目标

知识目标
- 认识学校的权利和义务。
- 熟悉学校的管理标准。

能力目标
- 能够辨别学校是否正确行使了权利并履行了义务。
- 能够辨别学校的管理是否符合标准。

素养目标
- 增强推进中小学教育事业发展的使命感和责任感。
- 增强依法依规办学，提高学校管理水平的意识。

项目六 了解办学标准，熟悉管理规定

任务一 认识学校的权利和义务

守护师生合法权益

某中学附近新开了一家工厂，该工厂经常偷偷地排放工业废气，导致刺鼻的气味弥漫整个校园。这不仅严重破坏了学生的学习环境，也给老师们带来了极大的困扰。特别是对于患有呼吸道疾病的老师，这种恶劣的空气环境使其病情加重，影响了正常的教学工作。

针对这一情况，学校在校园的不同位置安装了空气质量检测设备，记录大气污染数据，并拍摄了大量工厂偷排废气的照片和视频。

之后，学校派代表与工厂负责人进行了沟通，展示了收集的证据，并要求工厂采取措施防止污染。在沟通无果的情况下，学校向当地环保部门举报了该工厂的违法行为。同时，校医务室为受到影响的师生提供了医疗援助，学校还调整了教学安排，尽量减少师生的户外活动，确保他们的学习和工作不受影响。

经过学校的坚持和努力，当地环保部门对涉事工厂进行了严厉处罚，并责令其在规定期限内完成整改。工厂按照要求，安装了先进的废气处理设备，从而使得校园的空气质量得以恢复。随着环境状况的好转，学校的教学秩序也逐步回归正常。

（1）上述案例表明学校履行了哪项义务？

（2）学校享有哪些权利，应当履行哪些义务？如何理解各项权利和义务的具体含义？

学校是开展教育教学活动的重要场所，肩负着为学生的终身学习和发展奠定基础的重要职责。为了确保学校能够更好地履行职责，《中华人民共和国民法典》《中华人民共和国教育法》等法律法规对学校的权利和义务做出了规定。学校应严格遵守这些规定，依法行使自己的权利，履行应尽的义务。

一、学校的权利

学校的权利是指学校依法行使的权力和享受的利益。其主要包括两个部分：一部分是学校作为法人所享有的权利，主要包括《中华人民共和国民法典》规定的名称权、名誉权、荣誉权、财产权等；另一部分是学校作为教育机构所享有的权利，主要包括《中华人民共和国教育法》规定的自主管理权，组织实施教育教学活动权，招生权，学籍管理与学生奖惩权，聘任与教职工奖惩权，设施、经费的管理权和使用权，拒绝非法干涉教育教学活动权等。下面重点介绍学校作为教育机构所享有的权利。

（一）自主管理权

自主管理权是指学校在政策和法律允许的范围内，独立决策和管理内部事务的权利。根据《中华人民共和国教育法》第二十九条第一款第一项的规定，学校可以行使"按照章程自主管理"的权利。学校章程是学校自主管理的基本依据。学校按照章程自主管理的权利，主要体现为学校在不违背国家政策和法律规定的前提下，有权根据本机构的章程组建功能部门、开展管理工作、做出管理决策等，而无须事无巨细地请示主管单位或上级管理部门。例如，学校可以根据教育部的规定管理教育教学工作，并根据自身情况管理教职工，同时自主管理财务和资产等。

（二）组织实施教育教学活动权

教育教学活动是学校工作的核心。教学活动是指以班级为单位的课堂教学活动，教学内容主要是学科知识，包括各个学科的理论知识和实践技能。而教育活动的内容不仅包括学科知识，还包括德育、体育、美育等。根据《中华人民共和国教育法》第二十九条第一款第二项的规定，学校可以行使"组织实施教育教学活动"的权利。组织实施教育教学活动的权利主要体现为学校在遵守国家法律法规和教育政策的前提下，根据自己的教育理念和学生的发展需求，独立地制订和实施教育教学计划，选择适宜的教育教学方法，组织各种教育教学活动的权利。

（三）招生权

招生权是指学校在遵守国家政策法规和当地招生政策的前提下，自主招收学生的权利。根据《中华人民共和国教育法》第二十九条第一款第三项的规定，学校可以行使"招收学生或者其他受教育者"的权利。招生权是教育机构的基本权利，学校作为实施教育的机构，享有招收学生的权利。具体而言，学校在遵守国家和地方招生政策的情况下，有权根据自己的办校宗旨、培养目标、师资力量、教育任务及办校条件，制订和实施具体的招生计划，审核报名材料，安排录取事宜等。

滥用招生权引发法律诉讼

（四）学籍管理与学生奖惩权

学籍管理权是指学校根据教育行政部门的学籍管理规定，对学生从入校到离校的过程中产生的各种信息进行记录和管理的权利。这一权利涉及内容广泛，包括但不限于管理学生的学籍，记录学生报名注册、出勤情况、在校表现、休学与复学、转校、退学等事项的权利。

学生奖惩权主要是指学校在教育教学和管理过程中，对学生实施奖励和惩罚的权利。根据《中华人民共和国教育法》第二十九条第一款第四项的规定，学校可以行使"对受教育者进行学籍管理，实施奖励或者处分"的权利。学校应根据国家有关规定，结合本机构的实际情况，制订具体的学籍管理办法，规范学生学籍信息的记录、保存和使用。学校也应根据本校学生的特点，依法制订、完善校规校纪，明确学生行为规范，健全实施奖惩的具体情形和规则。

（五）聘任与教职工奖惩权

聘任权是指学校根据相关规定和教育教学工作的需要，自行招聘、选拔、任用、解聘教师和其他工作人员的权利。教职工奖惩权是指学校根据教职工在教育教学和学校管理中的表现，对其实施奖励和惩罚的权利。根据《中华人民共和国教育法》第二十九条第一款第六项的规定，学校可以行使"聘任教师及其他职工，实施奖励或者处分"的权利。聘任教职工是学校充实师资力量的重要手段。学校应在法律法规授权的范围内，根据本机构的实际情况，自主制订并实施教职工聘任办法。同时，学校有权对教育教学成果显著或对学校建设有突出贡献的教职工进行表彰或奖励，对玩忽职守或违法乱纪的教职工进行批评或处分。

课堂互动

> 李老师在未办理请假手续的情况下，自行在工作时间参加了县教育局组织的一次学术研讨会，并安排学生在教室自习。鉴于此，学校对李老师实施了记过处分，并扣除了其当月部分绩效工资作为惩罚。
> 学校对李老师的处理是否合规？请阐述你的观点，并提供法律依据。

（六）设施、经费的管理权和使用权

设施、经费的管理权和使用权是指学校在政策和法律允许的范围内，自主管理、使用本机构的资产，合理配置各项资源的权利。根据《中华人民共和国教育法》第二十九条第一款第七项的规定，学校可以行使"管理、使用本单位的设施和经费"的权利。这意味着学校有权管理和使用本机构的场地、建筑、设备、办学经费及其他有关财产，如使用教学设施和行政设施、定期检查和维修各类设备、使用学校经费购买设备等。这项权利是学校开展教育教学活动的基本物质保障。

需要注意的是，学校在行使此项权利时，应注重保护国家利益和社会公共利益，并确保教育资源得到合理使用。

（七）拒绝非法干涉教育教学活动权

拒绝非法干涉教育教学活动权是指学校享有拒绝任何组织和个人非法干涉教学内容、教学方法、教学评价、师资培训等教育教学活动的权利。根据《中华人民共和国教育法》第二十九条第一款第八项的规定，学校可以行使"拒绝任何组织和个人对教育教学活动的非

法干涉"的权利。这项权利的有效行使有利于维护学校的自主权和学生的合法权益，是学校教育质量的重要保障。

对于非法干涉学校教育教学活动的行为，学校应及时向有关部门反映，有关部门应依法对干扰学校正常工作秩序的组织或个人进行处理。

（八）其他权利

根据《中华人民共和国教育法》第二十九条第一款第九项的规定，学校可以行使"法律、法规规定的其他权利"。这说明除上述权利外，学校还享有现行法律、行政法规及地方性法规所赋予的其他权利，以及未来法律法规可能确立的相关权利。

总之，正如《中华人民共和国教育法》第二十九条第二款所规定的："国家保护学校及其他教育机构的合法权益不受侵犯。"社会各界都应尊重和支持学校行使各项权利，共同促进教育事业的健康发展。

二、学校的义务

学校的义务是指学校在提供教育服务的过程中，按照法律规定应当做某种行为或不得做某种行为的责任。与学校的权利相对应，学校的义务也可以分为两个部分：一部分是学校作为法人所应承担的义务，另一部分是学校作为教育机构所应承担的义务。下面重点介绍学校作为教育机构所应承担的义务。

（一）遵守法律、法规

学校作为教育机构，应当遵守相关的法律、法规，这是确保学校规范运行，并且保障教职工、学生及其家长合法权益的必要条件。根据《中华人民共和国教育法》第三十条第一项的规定，学校应当履行"遵守法律、法规"的义务。

（二）贯彻教育方针，保证教育教学质量

根据《中华人民共和国教育法》第三十条第二项的规定，学校应当履行"贯彻国家的教育方针，执行国家教育教学标准，保证教育教学质量"的义务。对于学校而言，该项义务主要包含几层含义：① 学校在开展教育教学活动时，应当遵循我国的教育政策和指导思想，如坚持以人为本、注重学生的全面发展、充分尊重和保护学生的合法权益、营造良好的教育环境等；② 学校在教育教学过程中，应当严格执行国家制定的教育教学标准，确保教学内容、教学方法、教学质量等达到国家规定的标准；③ 学校要加强教师队伍建设，不断提高教师的教育教学水平，以保证学校的教育教学质量。

（三）维护学生及教职工的合法权益

学生是祖国的未来，学校必须维护学生的各项合法权益。教职工是教育教学活动的实际执行者，只有他们的合法权益得到应有的保障，他们才能最大限度地发挥自己的积极性和创

造性，完成教育教学任务，实现教育目标。因此，国家以法律的形式确认了学校对学生和教职工的权益保护职责。

根据《中华人民共和国教育法》第三十条第三项的规定，学校应当履行"维护受教育者、教师及其他职工的合法权益"的义务。对于学校而言，此项义务主要包含两层含义：① 学校应建立和完善保障学生和教职工合法权益的规章制度，通过实施制度确保他们的合法权益得到有效保护；② 当学校以外的社会组织和个人侵犯学生和教职工的合法权益时，学校应采取合法手段积极维护他们的合法权益。

守护学生权益

> **课证融通**
>
> （2022年上半年小学教师资格考试"综合素质"卷 单选题）学生思涵受不了继母的虐待，向班主任刘老师求助。刘老师当即向王校长汇报了这一情况。王校长却说："清官难断家务事，这种事我们还是别管了。"王校长的做法（　　）。
>
> A．错误，学校应依法履行监护责任，保护儿童人身安全
> B．错误，学校应依法履行保护义务，积极采取救助措施
> C．正确，学校没有执法权限，光凭劝说无济于事
> D．正确，学校不是行政机关，无权干预家庭事务
>
> **解析**：本题主要考查学校维护学生及教职工的合法权益的义务。根据《中华人民共和国教育法》第三十条第三项的规定，学校及其他教育机构应当履行"维护受教育者、教师及其他职工的合法权益"的义务。题干中，王校长的做法是错误的，所以排除C、D选项。此外，学校不需要对学生承担监护责任，排除A选项。故本题选B。

（四）为学生及其监护人了解相关情况提供便利

学生及其监护人了解学生的学业成绩和身心发展情况，是确保教育相关方目标一致，形成教育合力的基础。根据《中华人民共和国教育法》第三十条第四项的规定，学校应当履行"以适当方式为受教育者及其监护人了解受教育者的学业成绩及其他有关情况提供便利"的义务。

对于学生而言，"适当方式"主要包括教师的课堂观察、作业反馈、单元测试和期中期末考试等。对于学生监护人而言，"适当方式"主要包括家访、召开家长会、设立家长接待日、组建家长委员会、组织家长座谈会、建立家长群组、举办学校开放日、一对一沟通与反馈等。"其他有关情况"主要包括学生的身心健康状况、在校表现、能力发展情况等。学校应当根据法律规定，为学生及其监护人提供便利，与学生及其监护人保持良好的沟通，共同为学生的成长创造有利条件。

（五）遵照国家有关规定收取费用并公开收费项目

学校的正常运转需要资金，这些资金主要用于支付教职工工资、购买和维护教学设施、

更新教学资源等。不同办学主体或处于不同教育阶段的学校的资金来源不同,所以其向学生收取费用的项目和标准也有所不同。

根据《中华人民共和国教育法》第三十条第五项的规定,学校应当履行"遵照国家有关规定收取费用并公开收费项目"的义务。对于学校而言,此项义务主要包含两层含义:① 学校应当按照国家和地方有关部门制定的收费项目和标准,合理确定本机构的收费标准,不得乱收费,也不得擅自提高收费标准;② 学校应当向社会公开收费项目,自觉接受社会监督。

修身笃学

某中学违规收费事件

安徽省某中学的一位学生家长在主流媒体网站的领导留言板上反映了其孩子所在班级的班费问题。这位家长指出,学校家长委员会在未说明具体用途的情况下,按照每人2 000元的标准,一次性收取了8万多元的班费。

这一事件引起了社会各界的广泛关注。虽然为了组织集体活动收取班费具有一定的合理性,但这个标准对于一个普通家庭而言显然过高。而且,学校未对这笔费用的具体用途做出说明,这不禁令人怀疑其中可能存在不当行为。

针对这一事件,当地教体局介入调查处理。经调查,学校违反了《关于健全学校家庭社会协同育人机制的意见》中的相关规定,即严禁以家长委员会名义违规收费;学校还违反了《中华人民共和国教育法》第三十条第五项的规定,即学校应当履行"遵照国家有关规定收取费用并公开收费项目"的义务。基于此,教体局对学校进行了通报批评,并责令其退还违规收取的班费。此外,教体局对涉事的两名责任人进行了诫勉谈话,并予以处分。

(资料来源:胡欣红,《别让家委会沦为学校违规收费"白手套"》,《北京青年报》,2023年1月2日,有改动)

请思考: 上述案例中,学校应采取哪些改进措施,以确保收费的合规性和合理性?

(六)依法接受监督

学校依法接受监督,有助于提高其运营管理的透明度,有效杜绝滥用职权、玩忽职守、徇私舞弊等不良现象,确保国家各项教育政策得到有效执行,从而推动教育事业的发展。根据《中华人民共和国教育法》第三十条第六项的规定,学校应当履行"依法接受监督"的义务。此项义务要求学校接受国家行政管理机关依法进行的检查、监督和指导,以及社会各界依法进行的监督,不得拒绝或妨碍检查、监督工作的正常进行。

总之,学校在贯彻办校宗旨、进行内部管理和组织教育教学活动的过程中必须履行上述义务,以规范办校行为,提高教育质量。社会各界应督促学校积极履行法定义务,促进我国教育事业高质量发展。

学以致用

"教育实践中的权利和义务：学校行为规范"案例分析

活动目的

学生应通过案例分析，进一步理解学校权利和义务的相关规定，培养法律思维能力，并学会运用法律知识解决实际问题。

活动要求

（1）全班学生按照4～6人为一组，分成若干小组。
（2）各组成员阅读以下案例。

"学以致用"
实训报告6-1

案例一：某民办学校公布招生简章，计划招收300名小学生。简章中明确指出，报名学生必须是"事业单位或社区管委会在编在岗干部的3代以内直系亲属"。这一条件引发了许多家长的不满，他们认为这违反了教育公平的原则。

案例二：某民办学校在新学期向学生收取了超出常规标准和跨学期的学费及住宿费。面对家长的询问，学校解释称，这样做是为了加快图书馆的建设进度，以便学生能够尽早使用这一资源。

案例三：李某是某学校的管理人员。该校因扩大规模，计划招聘一批新教师。在公布拟聘教师名单的前一天，李某暗中将他的亲戚小张的名字加入名单，同时删除了原名单中排在最后一位的一名候选人。然而，学校在次日发现这一情况后，并未采取任何措施。

案例四：某公办学校按照《中小学校财务制度》《中华人民共和国政府采购法》的相关规定，购置了一批仪器设备，以供学生实验使用。

（3）各组成员分析并判断案例中学校的行为是否符合学校权利和义务的相关规定。
（4）各组撰写案例分析报告。

活动过程

各组成员分工合作，参照表6-1所示的内容，开展实践活动。

表6-1 活动名称及实施步骤

分析过程	要点记录
讨论案例	（1）各组成员讨论案例涉及学校的哪些权利或义务
判断行为	（2）各组成员判断案例中学校的行为是否符合学校权利和义务的相关规定
提出观点	（3）对于案例中符合学校权利和义务相关规定的行为，各组成员应提供相应的法律依据；对于案例中不符合学校权利和义务相关规定的行为，各组成员除了提供相应的法律依据，还应提出具体的改进建议
撰写报告	（4）各组根据讨论结果撰写案例分析报告
总结活动	（5）各组讨论本组成员在此次案例分析活动中的综合表现，各组成员总结自己在活动中的收获

心得体会

任务二　熟悉学校的管理标准

情景导入

"课间一刻钟"：新举措促进学生身心健康成长

随着新学期的到来，北京市某小学实施了一项新举措——"课间一刻钟"，这一小小的变化正在悄然改变校园生活。所谓"课间一刻钟"，是指将原本 10 分钟的课间休息时间延长至 15 分钟。尽管只增加了 5 分钟，却能使学生有更多的时间参与游戏和体育活动。

为了确保"课间一刻钟"的顺利执行，学校首先将下课铃声从 3 秒延长至 30 秒，以提醒教师按时下课，确保学生有足够的课间休息时间。接着，学校精心规划了时间安排，以平衡课间活动与教学秩序，确保每天 6 节课的安排不受影响，同时让学生们有足够的时间放松和调整状态。此外，学校还将是否挤占课间休息时间纳入教师考核，以保障学生们的休息和活动时间。

课间休息时间的延长，使得原本安静的课间时光充满了欢声笑语和运动的呐喊声。学生们开始携带各种游戏工具，如翻花绳、纸牌等，进行充满创意的课间活动。例如，用纸牌搭建各种结构，不仅锻炼了学生们的动手能力，而且激发了他们对物理、数学等学科的兴趣。还有的学生走出教室，在操场上进行篮球、足球、毽子、乒乓球等体育活动，享受着运动的乐趣。

"课间一刻钟"的实施，不仅营造了积极向上的课间活动氛围，更为学生们的身心健康发展奠定了坚实的基础，使其实现了在阳光下成长，在快乐中学习。

（资料来源：姚晓丹、董城，《让孩子们身上有汗，眼里有光》，《光明日报》，2024 年 10 月 15 日，有改动）

任务清单

（1）上述案例中，学校的做法是否符合相关管理标准？请详细说明理由。

（2）相关管理标准规定学校应担负哪些管理职责，具体包含哪些内容？

项目六 了解办学标准，熟悉管理规定

学校的管理标准是指学校在管理过程中应遵循的原则和规范。这些标准大致可分为义务教育学校的管理标准和非义务教育学校的管理标准。下面重点介绍义务教育学校的管理标准。

为全面贯彻党的教育方针，促进义务教育学校不断提升治理能力和治理水平，逐步形成"标准引领、管理规范、内涵发展、富有特色"的良好局面，全面提高义务教育质量，促进教育公平，加快教育现代化，着力解决人民日益增长的美好生活需要和学校发展不平衡不充分问题，教育部根据《中华人民共和国教育法》《中华人民共和国义务教育法》等有关法律法规，制定了《义务教育学校管理标准》，详细规定了义务教育学校的 6 项管理职责。

一、保障学生平等权益

保障学生平等权益是指义务教育学校在管理过程中，要确保每个学生都有机会获得优质的教育资源、享有良好的教育环境，不受任何形式的歧视或不公平待遇。为了履行这一管理职责，义务教育学校需要完成以下几项管理任务。

（一）维护学生平等入学权利

义务教育学校应当维护学生平等入学的权利，这是确保学生平等接受义务教育的必要条件。为了完成这一管理任务，义务教育学校应当达成以下管理要求。

（1）根据国家法律法规和教育行政部门的相关规定，落实招生入学方案，公开范围、程序、时间和结果，保障适龄的儿童和少年平等接受义务教育的权利；按照教育行政部门的统一安排，做好进城务工人员随迁子女就学工作。

（2）坚持免试就近入学原则，不举办任何形式的入学或升学考试，不以各类竞赛、考级或奖励证书作为学生入学或升学的依据，也不得提前招生、提前录取。

（3）实行均衡编班，不分重点班与非重点班，编班过程邀请相关人员参加，接受各方监督。

（4）实行收费公示制度，严格执行国家关于义务教育免费的规定。

（二）建立控辍保学工作机制

控辍保学是指控制学生辍学，确保学生接受完整的义务教育。义务教育学校应当通过一系列措施和政策建立控辍保学工作机制，防止学生因各种原因辍学，确保他们能够完成规定的学习任务，获得必要的知识和技能。为了完成这一管理任务，义务教育学校应当采取以下措施。

（1）执行国家学籍管理的相关规定，利用中小学生学籍信息管理系统做好辍学学生标注登记工作，并确保学籍系统信息与实际一致，防止空挂学籍和辍学。

（2）严格执行学生考勤制度，建立和完善辍学学生劝返复学、登记与书面报告制度，加强家校联系，配合政府部门做好辍学学生劝返复学工作。

（3）把对学习困难学生的帮扶作为控辍保学的重点任务，建立健全学习帮扶制度。

（三）满足需要关注学生的需求

对于那些存在生理缺陷、智力发育迟缓、无人监护的学生，义务教育学校应当满足其相关需求，确保其能够在被尊重和包容的环境中接受教育。为了完成这一管理任务，义务教育学校应当达成以下管理要求。

（1）制订保障教育公平的制度，并通过各种途径广泛宣传，不让任何一名学生受到歧视或欺凌。

（2）坚持合理便利原则，满足适龄残疾儿童随班就读需要，并为其学习、生活提供帮助；创造条件为有特殊学习需要的学生建立资源教室，配备专兼职教师。

（3）为需要帮助的儿童提供情感关怀，优先满足留守儿童寄宿、乘坐校车、营养改善需求。寄宿制的义务教育学校还应按政府购买服务的有关规定配备服务人员。

> **课证融通**
>
> （2021年上半年小学教师资格考试"综合素质"卷　单选题）某小学将学习成绩优秀的学生组建成一个实验班，安排全校最优秀的教师为其上课。该小学的做法（　　）。
>
> 　　A．合法，学校有自主办学及自主管理的权利
> 　　B．不合法，学校不得变相设重点班
> 　　C．合法，有助于教师分层分类教学
> 　　D．不合法，学校不应安排最优秀的教师上课
>
> **解析：** 本题主要考查学校的管理标准。根据《义务教育学校管理标准》，学校应当实行均衡编班，不分重点班与非重点班。故本题选B。

二、促进学生全面发展

促进学生全面发展是指义务教育学校在管理过程中，要确保所有学生能够在德、智、体、美、劳等方面得到全面发展。为了履行这一管理职责，义务教育学校需要完成以下几项管理任务。

（一）提升学生道德品质

义务教育学校应注重培养学生的道德品质，通过开展丰富多彩的德育活动，引导学生树立正确的人生观和价值观，使其养成良好的行为习惯。为了完成这一管理任务，义务教育学校需要做到以下几点。

（1）推动习近平新时代中国特色社会主义思想进校园、进课堂、进头脑，落实《中小学德育工作指南》《中小学生守则（2015年修订）》，坚持立德树人，引导学生养成良好的思想素质、道德品质和行为习惯，形成积极健康的人格和良好的心理品质，促进学生核心素养的提升和全面发展。

项目六　了解办学标准，熟悉管理规定

（2）教育学生爱党、爱国、爱人民，让学生熟记并践行社会主义核心价值观，积极开展理想信念教育、社会主义核心价值观教育、中华优秀传统文化教育、生态文明教育和心理健康教育。

（3）统筹德育资源，创新德育形式，探索课程育人、文化育人、活动育人、实践育人、管理育人、协同育人等多种途径，努力形成全员育人、全程育人、全方位育人的德育工作格局。

（4）把学生思想品德发展状况纳入综合素质评价体系，认真组织开展评价工作。

德育的实施途径和要求

（5）建立党组织主导、校长负责、群团组织参与、家庭社会联动的德育工作机制；将德育工作经费纳入经费年度预算，优化德育队伍结构，提供德育工作必需的场所、设施。

（6）根据《青少年法治教育大纲》，依据相关学科课程标准，落实多学科协同开展法治教育，培养法治精神，树立法治信仰。

 时代楷模

创新思政课程，培育学生粮食安全意识

天津市某小学四年级的一个班级里，正在进行一堂以粮食安全为主题的思政课。科学教师王老师在投影屏幕左侧展示了小明一天的食谱，在投影屏幕右侧展示了"中国居民平衡膳食宝塔"的图片。右侧这张图片详细列出了中国居民每天需要摄入的食物种类及其推荐摄入量。王老师让学生们观察，并问道："大家看看，小明一天的食谱是否符合平衡膳食的原则呢？"

一名学生举手回答："不符合。小明的午餐和晚餐中，米饭和肉的摄入量较多，而蔬菜和水果的摄入量却相对较少。"就在她发言的同时，投影屏幕上的图片内容换成了两名儿童：一名健康壮硕、精神奕奕，另一名则身体瘦削、面色发黄。王老师顺势引导话题："我们刚才讨论的是怎样吃得更好，但是世界上还有很多人由于缺少粮食而吃不饱饭。"

王老师用生动形象的语言，从一粒种子、一穗稻谷到一碗米饭，讲述了"谁知盘中餐，粒粒皆辛苦"的现实意义，并强调："节约粮食，不仅是个人良好生活习惯的体现，而且与国家安全密切相关。"

随后，王老师向学生们展示了一组数据：《2024世界粮食安全和营养状况》报告显示，2023年全球有7.13亿～7.57亿人面临饥饿，相当于全球每11人中就有1人面临饥饿。学生们露出惊讶的神情。

王老师再次提问："那么，以后外出吃饭时，大家应该怎么做呢？"一名学生抢答："吃不完的食物要打包带回家。"王老师鼓励他："'光盘'是个好习惯，同时也可以提醒家长根据人数适量点菜，好不好？"这堂融合了科学课内容的国家粮食安全教育思政课，在学生们齐声的"好"中圆满结束。

143

这堂思政课紧密结合《大中小学国家安全教育指导纲要》等文件要求，融入食物、种子、土壤等科学知识，通过设计符合小学生认知特点的教学活动，将粮食安全这一抽象主题具体化和情景化。这样的教学不仅加深了学生对粮食安全的理解，还培养了他们的节约意识和国家安全观念，使粮食安全教育更加贴近学生的实际生活，更具教育意义。

（资料来源：龚相娟，《让小学生听得懂"粮食安全"（解码·思政课怎么上）》，《人民日报》，2024年5月9日，有改动）

（二）帮助学生学会学习

义务教育学校应帮助学生学会学习，因为这是学生个人成长和未来发展的基础。为了完成这一管理任务，义务教育学校需要做到以下几点。

（1）营造良好的学习环境与氛围，激发和保护学生的学习兴趣，培养学生的学习自信心。

（2）遵循教育规律和学生身心发展规律，帮助学生掌握科学的学习方法，养成良好的学习习惯。

（3）落实学生主体地位，引导学生独立思考和主动探究，培养学生形成良好的思维品质。

（4）尊重学生个体差异，采用灵活多样的教学方法，因材施教，培养学生的自主学习能力和终身学习能力。

（三）增进学生身心健康

义务教育学校应致力于增进学生的身心健康，使学生拥有强健的体魄、积极的心态和良好的生活习惯。为了完成这一管理任务，义务教育学校需要做到以下几点。

（1）落实《中小学心理健康教育指导纲要（2012年修订）》，将心理健康教育贯穿于教育教学全过程；按照《中小学心理辅导室建设指南》建立心理辅导室，并配备专兼职心理健康教育教师，科学开展心理辅导。

心理健康教育的指导思想和基本原则

（2）确保学生每天锻炼1小时，开足并上好体育课，开展大课间体育活动，使每个学生至少掌握两项体育运动技能，养成体育锻炼习惯；配齐体育教师，加强科学锻炼指导和体育安全管理；保障并有效利用体育场地和设施器材，满足学生体育锻炼的需要。

（3）建立常态化的校园体育竞赛机制，经常开展班级、年级体育比赛，每年举办全员参与的运动会。

（4）落实《国家学生体质健康标准（2014年修订）》，定期开展学生体检和体质健康监测，重点监测学生的视力、营养状况和体质健康达标状况，并及时向家长反馈；建立学生健康档案，将学生参加体育活动及体质体能健康状况等纳入学生综合素质评价。

（5）科学合理安排作息时间，确保学生课间和必要的课后自由活动时间，整体规划并控制各学科课后作业量；与学生家庭配合，保证小学生每天10小时、初中生每天9小时的睡眠时间。

（6）保障室内采光、照明、通风，以及课桌椅、黑板等设施达到规定标准；端正学生坐姿，做好眼保健操，降低学生近视新发率。

（四）提高学生艺术素养

义务教育学校应注重提升学生的艺术素养，满足学生的兴趣和特长发展需要。为了完成这一管理任务，义务教育学校需要做到以下几点。

（1）按照国家要求，开齐开足音乐课、美术课，开设书法课；利用当地教育资源，开发具有民族、地域特色的艺术教育选修课程，培养学生艺术爱好，让每个学生至少学习掌握一项艺术特长。

（2）按照国家课程方案规定的课时数和班级数配备艺术教师，设置艺术教室和艺术活动室，并按照国家标准配备艺术课程教学和艺术活动器材，满足艺术教育的基本需求。

（3）面向全体学生组织开展艺术活动，因地制宜建立学生艺术社团或兴趣小组。

（4）充分利用社会艺术教育资源，利用当地的文化艺术场地资源开展艺术教学和实践活动；如有条件，可与社会艺术团体及社区建立合作关系。

（五）培养学生生活本领

义务教育学校应着力培养学生的生活本领，锻炼学生的实践能力和独立生活能力。为了完成这一管理任务，义务教育学校需要做到以下几点。

（1）贯彻《关于加强中小学劳动教育的意见》，为学生提供劳动机会，通过家校合作使学生养成家务劳动习惯，掌握基本生活技能，培养学生的吃苦耐劳精神。

（2）开齐开足综合实践活动课程，充分利用各类综合实践基地，多渠道、多种形式开展综合实践活动；在寒暑假期间，布置与劳动或社会实践相关的作业。

（3）指导学生利用学校资源、社区和地方资源，完成个性化作业和实践性作业。

三、引领教师专业进步

引领教师专业进步是指义务教育学校应提升教师的专业水平，确保他们能够为学生提供高质量的教育服务。为了履行这一管理职责，义务教育学校需要完成以下 3 项管理任务。

（一）加强教师管理和职业道德建设

义务教育学校应加强教师管理和职业道德建设，以提升教师队伍的道德素养。此项管理任务的完成，需要义务教育学校做到以下几点。

（1）坚持用习近平新时代中国特色社会主义思想武装教师头脑，加强教师思想政治教育和师德建设，建立健全师德建设长效机制，促进教师牢固树立和自觉践行社会主义核心价值观；严格遵守《中小学教师职业道德规范》，增强教师立德树人的荣誉感和责任感，使他们成为有理想信念、道德情操、扎实学识、仁爱之心的好老师,并成为学生锤炼品格、学习知识、创新思维、奉献祖国的引路人。

(2)要求教师语言规范健康,举止文明礼貌,衣着整洁得体。

(3)严格要求教师尊重学生人格,不讽刺、挖苦、歧视学生,不体罚或变相体罚学生,不收受学生或家长礼品,不从事有偿补课。

(4)健全教师管理制度,完善教师岗位设置、职称评聘、考核评价和待遇保障机制;落实班主任工作量计算、津贴等待遇;保障教师合法权益,激发教师的积极性和创造性。

(5)关心教师的生活状况和身心健康,做好教师后勤服务,丰富教师的精神文化生活,减轻教师的工作压力,并定期安排教师体检。

(二)提高教师教育教学能力

义务教育学校应提高教师的教育教学能力,以适应新时代教育发展的需要。此项管理任务的完成,需要义务教育学校做到以下几点。

(1)组织教师认真学习课程标准,熟练掌握学科教学的基本要求。

(2)针对教学过程中的实际问题开展校本教研,定期开展集体备课、听课、说课、评课等活动,提高教师的专业水平和教学能力。

> **小贴士**
>
> 校本是指以学校为本、以学校为基础。其强调教育活动的开展应当立足于学校的实际情况,满足学校的具体需求,并由学校自主进行规划、组织、实施和评价。

(3)落实《中小学班主任工作规定》,制订班主任队伍培训计划,定期组织班主任开展学习、交流、培训和基本功比赛,提高班主任的组织管理和教育能力。

(4)推动教师阅读工作,引导教师学习经典,加强教师教育技能和教学基本功训练,提升教师普通话水平,规范汉字书写,增强学科教学能力。

(5)提高教师的信息技术和现代教育装备应用能力,强化实验教学,促进现代科技与教育教学的深度融合。

> **课堂互动**
>
> 教师应如何将现代科技融入教学中,以提高教育教学能力?请举例说明。

教师如何将现代科技融入教学中

(三)建立教师专业发展支持体系

义务教育学校应建立教师专业发展支持体系,支持教师提升专业能力。此项管理任务的完成,需要义务教育学校做到以下几点。

(1)完善教师培训制度,制订教师培训规划,指导教师制订专业发展计划,建立教师专业发展档案。

（2）按规定将培训经费列入学校预算，支持教师参加必要的培训，落实每位教师 5 年不少于 360 学时的培训要求。

（3）引进优质培训资源，定期开展专题培训，促进教研、科研与培训的有机结合，发挥校本研修的基础作用。

（4）鼓励教师利用网络学习平台开展教研活动，建设教师学习共同体。

四、提升教育教学水平

提升教育教学水平是指义务教育学校应根据学生的发展水平，采取适宜的教育教学模式，确保教育质量。为了履行这一管理职责，义务教育学校需要完成以下几项管理任务。

（一）建设适合学生发展的课程

义务教育学校应建设适合学生发展的课程，满足学生的差异化需求。为了完成这一管理任务，义务教育学校应当达成以下管理要求。

（1）落实国家义务教育课程方案和课程标准，严格遵守国家关于教材、教辅管理的相关规定，确保国家课程的全面实施；不拔高教学要求，不加快教学进度。

（2）根据学生的发展需要和地方、学校、社区的资源条件，科学规范地开设地方课程和校本课程，编制课程纲要，加强课程实施和管理。

（3）落实综合实践活动课程的要求，通过考察探究、社会服务、设计制作、职业体验等方式培养学生的创新精神和实践能力；每学期组织一次综合实践交流活动。

（4）创新各学科课程的实施方式，强化实践育人环节，引导学生动手解决实际问题。

（5）定期开展学生学习心理的研究，研究学生的学习兴趣、动机和个别化学习需要，并采取有针对性的措施，改进课程实施和教学效果。

（二）实施以学生发展为本的教学

义务教育学校应实施以学生发展为本的教学，关注学生的个体差异，激发学生的学习兴趣和潜能。为了完成这一管理任务，义务教育学校应当达成以下管理要求。

（1）定期开展教学质量分析，建立基于过程的学校教学质量保障机制，统筹课程、教材、教学、评价等环节，主动收集学生的反馈意见，及时改进教学。

（2）采取启发式、讨论式、合作式、探究式等多种教学方式，提高学生参与课堂学习的主动性和积极性。

（3）创新作业方式，避免布置重复机械的练习，多布置科学探究式的作业；可根据学生掌握情况布置分层作业，但不得布置超越学生能力的作业，也不得以增加作业量的方式惩罚学生。

（三）建立促进学生发展的评价体系

义务教育学校应建立促进学生发展的评价体系，关注学生的全面发展，并注重过程性评价。为了完成这一管理任务，义务教育学校应当达成以下管理要求。

（1）对照中小学教育质量综合评价改革指标体系进行监测，改进教育教学。

（2）实施综合素质评价，重点考察学生在思想品德、学业水平、身心健康、艺术素养、社会实践等方面的发展情况；建立学生综合素质档案，做好学生成长记录，真实反映学生发展状况。

（3）控制考试次数，探索实施等级加评语的评价方式；依据课程标准的规定和要求确定考试内容，对相关科目的实验操作考试提出要求；紧密联系社会实际和学生生活经验进行命题，注重加强对能力的考察；考试成绩不进行公开排名，也不以分数作为评价学生的唯一标准。

（四）提供便利实用的教学资源

义务教育学校应提供便于师生使用并且实用的教学资源，以满足教学需求，提高教学效果。为了完成这一管理任务，义务教育学校应当采取以下措施。

（1）按照规定配置教学资源和设施设备，指定专人负责，建立资产台账，定期维护保养。

（2）落实《中小学图书馆（室）规程》，加强图书馆的建设与应用，提升服务教育教学能力；建立实验室、功能教室等的使用管理制度，确保其向学生充分开放，提高使用效益。

五、营造和谐美丽环境

营造和谐美丽环境是指义务教育学校应创造一个安全、卫生、积极向上的学习和生活环境，更好地服务学生。为了履行这一管理职责，义务教育学校需要完成以下几项管理任务。

（一）建立切实可行的安全与健康管理制度

义务教育学校应建立切实可行的安全与健康管理制度，从制度层面保障师生的安全和健康。为了完成这一管理任务，义务教育学校需要做到以下几点。

（1）积极借助政府部门、社会力量和专业组织，构建学校安全风险管理体系，形成以校方责任险为核心的校园保险体系；组织教职工学习有关安全工作的法律法规，落实《中小学校岗位安全工作指南》。

（2）落实《国务院办公厅关于加强中小学幼儿园安全风险防控体系建设的意见》《中小学幼儿园安全管理办法》，建立健全学校安全卫生管理制度和工作机制，采取切实措施，确保学校师生人身安全、食品安全、饮水安全、设施安全和活动安全；若使用校车，应严格执行国家校车安全管理制度。

（3）制订突发事件应急预案，预防和应对不法分子入侵、自然灾害和公共卫生事件，落实防治校园欺凌和暴力的有关要求。

（二）建设安全卫生的学校基础设施

义务教育学校应建设安全卫生的学校基础设施，排除安全隐患，确保学生在校期间的安全。为了完成这一管理任务，义务教育学校需要做到以下几点。

（1）配备保障学生安全与健康的基本设施和设备，落实人防、物防和技防等相关要求；教育、教学及生活所用的设施、设备、场所要经权威部门检测，确保符合国家环保、安全等标准后才能投入使用。

（2）定期对校舍及其他基础设施开展安全隐患排查和整治工作，及时将校舍安全隐患问题向主管部门书面报告。

（3）设立卫生室或保健室，并按要求配备专兼职卫生技术人员，落实日常卫生保健制度。

（4）设置安全警示标识和安全、卫生教育宣传橱窗，定期更换宣传内容。

（三）开展以生活技能为基础的安全健康教育

义务教育学校应开展以生活技能为基础的安全健康教育，提高学生的安全意识和自我保护能力。为了完成这一管理任务，义务教育学校需要做到以下几点。

（1）落实《中小学公共安全教育指导纲要》，突出强化预防溺水和交通安全教育，有计划地开展国家安全、社会安全、公共卫生、意外伤害、网络、信息安全、自然灾害及影响学生安全的其他事故或事件教育，了解保障安全的方法并掌握一定的技能。

（2）落实《中小学健康教育指导纲要》，普及疾病预防、营养与食品安全、生长发育、青春期保健等知识和技能，提升师生健康素养。

（3）落实《中小学幼儿园应急疏散演练指南》，定期开展应急演练，提高师生应对突发事件和自救自护的能力。

（四）营造健康向上的学校文化

义务教育学校应营造健康向上的学校文化，以塑造学生良好的品格和价值观，激发学生学习的热情和主动性。为了完成这一管理任务，义务教育学校需要做到以下几点。

（1）立足学校实际和文化积淀，结合区域特点，建设体现办学理念和思想的学校文化，发展办学特色，引领学校内涵发展。

（2）做好校园的净化、绿化、美化工作，合理设计和布置校园，有效利用空间和墙面，建设生态校园、文化校园和书香校园，发挥环境育人的功能。

（3）每年通过科技节、艺术节、体育节、读书节等形式，因地制宜组织丰富多彩的学校活动。

六、建设现代学校制度

建设现代学校制度是指义务教育学校应构建一套科学、规范、高效的学校管理体系，以适应现代教育发展的需要。为了履行这一管理职责，义务教育学校需要完成以下几项管理任务。

（一）提升依法科学管理能力

义务教育学校应提升依法科学管理能力，确保各项管理工作依法进行，并提高管理的效率和质量。此项管理任务的完成，需要义务教育学校做到以下几点。

（1）每年组织教职工学习《中华人民共和国宪法》《中华人民共和国教育法》《中华人民共和国义务教育法》《中华人民共和国教师法》《中华人民共和国未成年人保护法》等法律，以增强法治观念，提升依法治教、依法治校的能力。

（2）依法制订和修订学校章程，健全完善章程的执行和监督机制，规范学校办学行为，提升学校治理水平。

（3）制订学校发展规划，确定年度实施方案，客观评估办学绩效。

（4）健全管理制度，建立便捷规范的办事程序，完善内部机构的组织规则、议事规则等。

（5）认真落实《中小学校财务制度》，做好财务管理和内审工作。

（6）指定专人负责学校法制事务，建立学校法律顾问制度，充分运用法律手段维护学校的合法权益。

（二）建立健全民主管理制度

义务教育学校应建立健全民主管理制度，保障教职工、学生和家长的参与权、知情权和监督权，促进决策的科学化和民主化。此项管理任务的完成，需要义务教育学校做到以下几点。

（1）贯彻《关于加强中小学校党的建设工作的意见》，以提升组织力为重点，突出政治功能，把学校党组织建设成领导改革发展的坚强战斗堡垒，并充分发挥党员教师的先锋模范作用。

（2）坚持民主集中制，定期召开校务会议，健全学校教职工（代表）大会制度，将涉及教职工切身利益及学校发展的重要事项，提交教职工（代表）大会讨论通过。

（3）设置信息公告栏，公开校务信息，公示收费的项目、标准、依据等，保证教职工、学生和相关社会公众对学校重大事项和重要制度的知情权。

（4）建立问题协商机制，听取学生、教职工和家长的意见和建议，有效化解相关矛盾。

（5）发挥少先队、共青团、学生会和学生社团的作用，引导学生自我管理或参与学校治理。

（三）构建和谐的家庭、学校、社区合作关系

义务教育学校应构建和谐的家庭、学校、社区合作关系，共同促进学生发展。此项管理任务的完成，需要义务教育学校做到以下几点。

（1）健全和完善家长委员会制度，建立家长学校，设立学校开放日，提高家长在学校治理中的参与度，形成育人合力。

（2）引入社会和利益相关者的监督，加强学校与社区的联系，促进社区代表参与学校治理。

（3）主动争取社会资源和社会力量的支持，推动学校的改革发展。

（4）如有条件，可将体育文化设施在课后和节假日有序开放给本校师生和所在社区居民使用。

博闻多识

进一步减轻义务教育阶段学生作业负担和校外培训负担

2021年，中共中央办公厅、国务院办公厅发布了《关于进一步减轻义务教育阶段学生作业负担和校外培训负担的意见》，旨在提升学校育人水平，持续规范校外培训，有效减轻义务教育阶段学生的校内作业负担和校外培训负担。该意见对义务教育学校提出了以下要求。

一、提升教育教学质量，确保学生在校内学足学好

学校需提升课堂教学质量，确保按照国家规定开齐开足开好课程。教学应严格按照课程标准，实行零起点教学，避免随意增减课时、提高难度或加快进度，确保学生达到国家规定的学业质量标准。同时，学校应减轻学生的考试压力，改进考试方法，采用等级制评价成绩，禁止提前结课备考、违规统考、考题超标、考试排名等，坚决抵制唯分数论。

二、保证课后服务时间，提升课后服务质量

学校应充分发挥其资源优势，制订并实施课后服务方案，引导学生自愿参加多样化的课后育人活动，以满足他们在校内的不同学习需求。在课后服务时间，学校应指导学生认真完成作业，并为那些学习上有困难的学生提供补习和答疑服务。同时，学校应为学有余力的学生拓展学习空间，开展丰富多彩的科普、文体、艺术、劳动、阅读、兴趣小组及社团活动。需要注意的是，学校不得利用课后服务时间讲授新课。

三、全面压减作业总量和时长，减轻学生过重作业负担

学校需完善作业管理机制，统筹安排各学科和年级的作业，确保作业难度不超过国家课程标准。小学一年级和二年级不布置作业，小学三年级至六年级及初中的作业时间分别限制在60分钟以内和90分钟以内。作业设计应科学合理，体现素质教育导向，避免机械性重复。教师应指导学生在校内完成部分书面作业，并认真批改给予反馈。在课余时间，学校应引导学生完成剩余书面作业、进行体育锻炼和阅读等活动，同时合理使用电子产品。

学以致用

学校管理标准知识竞答

活动目的

学生应通过知识竞答活动,加深对学校管理标准的认识,增强依法开展管理工作的意识。

"学以致用"
实训报告 6-2

活动要求

(1) 各组准备 10 道题目及对应的答案。
(2) 教师读题完毕,各组组长举手争夺答题机会。
(3) 各组每次选派的答题者不能重复。

活动过程

各组成员分工合作,参照表 6-2 所示的内容,开展实践活动。

表 6-2　活动名称及实施步骤

活动名称	实施步骤
准备工作	(1) 全班学生以 4~6 人为一组,进行分组 (2) 各组成员复习所学知识,设计与学校的管理标准相关的题目,并准备题目的参考答案
知识竞答	(3) 各组组长将准备好的题目交给教师,教师随机抽取题目并读题 (4) 各组成员抢答题目,答对者加 1 分,答错者减 1 分。抢答结束时,小组得分多者获胜 (5) 活动结束后,教师对知识竞答情况进行总结
总结活动	(6) 各组讨论本组成员在此次知识竞答活动中的综合表现,各组成员总结自己在活动中的收获

心得体会

项目六　了解办学标准，熟悉管理规定

项目检测

一、不定项选择题

1. 某小学根据自身的实际情况，制订并实施了教育计划，选择了适宜的教育教学方法，并组织了多样化的教育教学活动。这表明该校行使了（　　）。

　　A．自主管理权

　　B．组织实施教育教学活动权

　　C．设施、经费的管理权和使用权

　　D．其他权利

2. 根据《义务教育学校管理标准》，义务教育学校承担着（　　）项管理职责。

　　A．4　　　　　　　　　　　B．5

　　C．6　　　　　　　　　　　D．7

3. 义务教育学校应当坚持（　　）入学原则。

　　A．免试就近　　　　　　　B．择优录取

　　C．统一考试　　　　　　　D．面试选拔

4. 义务教育学校应落实每位教师 5 年不少于（　　）学时的培训要求。

　　A．240　　　　　　　　　　B．280

　　C．320　　　　　　　　　　D．360

5. 义务教育学校应加强教师管理和职业道德建设，以提升教师队伍的道德素养。此项管理任务要求学校做到（　　）。

　　A．健全教师管理制度，完善教师岗位设置、职称评聘、考核评价和待遇保障机制

　　B．要求教师语言规范健康，举止文明礼貌，衣着整洁得体

　　C．保障教师合法权益，激发教师的积极性和创造性

　　D．关心教师的生活状况和身心健康，做好教师后勤服务

6. 义务教育学校具有营造和谐美丽环境的管理职责，具体内容包括（　　）。

　　A．建立切实可行的安全与健康管理制度

　　B．建设安全卫生的学校基础设施

　　C．开展以生活技能为基础的安全健康教育

　　D．构建和谐的家庭、学校、社区合作关系

二、判断题

1. 学校应根据自身的实际情况，合理制订收费项目和标准。　　　　　　（　　）

2. 若小学生因监护人要求而辍学，学校在充分了解情况后，应尊重监护人的决定。

（　　）

3. 义务教育学校应当把学生思想品德发展状况纳入综合素质评价体系，认真组织开展评价工作。（ ）

4. 义务教育学校应当与学生家庭配合，保证小学生每天 10 小时、初中生每天 9 小时的睡眠时间。（ ）

三、简答题

1. 学校享有哪些权利，应当履行哪些义务？

2. 简述《义务教育学校管理标准》中规定的学校管理职责及其相应的管理任务。

四、案例分析题

新学期开学不久，某小学六年级组织了一次家长会。会上，家长韩女士向学校提出了建议：希望学校能够开设物理、化学等兴趣班，以便学生提前接触并了解初中的课程内容，为其升入中学打下坚实的基础。韩女士称，她在家长群中发起过一次投票，结果显示大多数家长都赞同她的提议。家长们普遍认为，参加这样的兴趣班能够显著提高学生的学科素养，有助于学生在未来的学习中脱颖而出。然而，学校拒绝了她的提议，这让韩女士感到意外。

学校拒绝韩女士提议的行为是否符合规定？请详细说明理由。

项目六　了解办学标准，熟悉管理规定

预期学习成果评价

教师应对学生的理论知识学习情况、实践技能掌握情况、素养目标达成情况、实践活动成果等进行评价，请各位学生配合指导教师共同完成预期学习成果评价表（见表 6-3）。

表 6-3　预期学习成果评价表

班级		姓名		学号		
组号		指导教师		日期		
评价维度	评价标准		分值	评分		
				自评	互评	师评
基本知识 30 分	能够简述学校所拥有的各项权利和应履行的各项义务		15			
	能够简要概括学校的管理标准		15			
实践技能 30 分	能够辨别学校是否正确行使了权利并履行了义务		15			
	能够辨别学校的管理是否符合标准		15			
综合素质 20 分	能够按时、按要求完成所有的课堂互动、实践活动		10			
	具有良好的语言表达能力和较强的逻辑思维能力，能够主动参与团队决策，与团队其他成员之间相互协作、积极沟通		10			
活动成果 20 分	小组分工明确，团队成员配合默契		5			
	案例分析报告主题明确，内容翔实		5			
	竞答时积极主动，且答案正确		5			
	活动总结内容全面、逻辑清晰		5			
合计			100			
总评	自评（30%）+互评（30%）+师评（40%）=					
教师评语			教师（签名）：			

项目七

践行科学教育，培育祖国未来

 项目导读

义务教育课程全面贯彻党的教育方针，落实立德树人根本任务，反映时代特征，体现中国特色，遵循教育规律和学生身心发展规律，突出全纳性、全面性和基础性，发展素质教育，培养时代新人，为全面建成社会主义现代化强国、实现中华民族伟大复兴奠定人才基础。本项目将从义务教育的课程方案和课程标准两个方面介绍相关的规定和要求。

 学习目标

知识目标

- 了解义务教育课程方案。
- 熟悉义务教育课程标准。

能力目标

- 能够辨别教师是否按照义务教育的课程方案来培养学生。
- 能够辨别教学活动是否符合义务教育课程标准。

素养目标

- 具有积极践行义务教育课程方案和课程标准的意识。
- 培养终身学习的意识，不断提升自身的教育理论水平和实践能力。

项目七　践行科学教育，培育祖国未来

任务一　了解义务教育课程方案

遵循课程基本原则，促进学生全面发展

江苏省某中学精心设计了工程教育课程，旨在让学生深入感受工程世界的魅力，激发他们对工程相关学科的兴趣。课程内容分为面向全体学生、部分学生和特需学生3个层次，以便学生根据自身特点选择合适的课程内容。

工程教育课程既包括理论学习，又包括实践操作。理论学习部分融合了多个学科的知识，如数学、物理等，以提升学生的学科综合素养。在实践操作部分，学生可以通过"逐梦蓝天"项目体验模拟飞行，通过"太空农场"项目进行种子培育，还可以通过"桥世界"项目制作桥梁模型。这些实践活动不仅深受学生的喜爱，而且有效提高了他们的实践能力。

该中学的工程教育课程基于跨学科理念设计，不仅打破了学科间的壁垒，形成了融合育人的路径，而且通过增强学生的实践能力，为学生的全面发展奠定了坚实的基础。

（资料来源：苏雁、姚昆，《培养更多"未来工程师"——江苏无锡推进中小学工程教育纪实》，《光明日报》，2024年11月11日，有改动）

（1）上述案例中的学校遵循了哪些义务教育课程基本原则？

（2）义务教育课程的培养目标、基本原则和实施要点分别是什么？

随着义务教育的全面普及，其教育需求从"有学上"转向"上好学"。因此，义务教育必须进一步明确"培养什么人、怎样培养人、为谁培养人"，优化学校育人蓝图。加之当今世界科技进步日新月异，网络新媒体迅速普及，未成年人的成长环境发生了深刻变化，人才培养面临新挑战，义务教育课程也必须与时俱进。为此，教育部全面修订了义务教育课程方案和课程标准，并于2022年秋季学期开始执行。

一、义务教育课程的培养目标

义务教育是国家依法统一实施的，所有适龄儿童、少年必须接受的教育，旨在保障每一名适龄儿童、少年接受教育的权利，提高国民素质。义务教育要在坚定理想信念、厚植爱国主义情怀、加强品德修养、增长知识见识、培养奋斗精神、增强综合素质上下功夫，以培养出有理想、有本领、有担当的德智体美劳全面发展的社会主义建设者和接班人。

（一）有理想

有理想是指学生应当怀有远大的目标和坚定的信念，以指引自己的行动方向。这一培养目标要求学生做到以下几点：① 热爱祖国，热爱人民，热爱中国共产党，学习伟大建党精神；② 努力学习和弘扬社会主义先进文化、革命文化和中华优秀传统文化，理解并践行社会主义核心价值观，逐步领会改革创新的时代精神；③ 懂得坚持走中国特色社会主义道路的道理，初步树立共产主义远大理想和中国特色社会主义共同理想；④ 明确人生发展方向，追求美好生活，并将个人追求融入国家富强、民族复兴和人民幸福的伟大梦想之中。

（二）有本领

有本领是指学生应当具备扎实的技能和良好的素质。这一培养目标要求学生做到以下几点：① 乐学善学，勤于思考，保持好奇心与求知欲，形成良好的学习习惯，初步掌握适应现代化社会需要的知识与技能，具有自主学习的能力；② 乐于提问，敢于质疑，学会在真实情境中发现并解决问题，具有探究能力和创新精神；③ 自理自立，热爱劳动，掌握基本的生活技能，具有良好的生活习惯；④ 强身健体，健全人格，养成体育运动的习惯，掌握基本的健康知识和适合自身的运动技能，树立生命安全与健康意识，形成积极的心理素质，具有抗挫折能力与自我保护能力；⑤ 向善尚美，富于想象，具有健康的审美情趣及初步的艺术鉴赏和表现能力；⑥ 学会交往，善于沟通，具有基本的合作能力和团队精神。

（三）有担当

有担当是指学生应当具有责任感和使命感。这一培养目标要求学生做到以下几点：① 坚毅勇敢，自信自强，勤劳节俭，保持奋斗进取的精神状态；② 诚实守信，明辨是非，遵纪守法，具有社会主义民主观念与法治意识；③ 孝亲敬长，团结友爱，热心公益，具有集体主义精神，积极为社会做力所能及的贡献；④ 热爱自然，保护环境，爱护动物，珍爱生命，树立公共卫生意识与生态文明观念；⑤ 具有维护民族团结，捍卫国家主权、尊严和利益的意识；⑥ 关心时事，热爱和平，尊重和理解文化的多样性，初步具有国际视野和人类命运共同体意识。

创建绿色校园，培养学生环保意识

云南省某中学的校园里，呈现出一片绿意盎然、生机勃勃的景象。在学生宿舍区域，一排排花架上摆放着各式各样的花卉，每个花盆上都贴有学生的班级和姓名。这源于学校开展的"每人一盆花"实践活动，该活动的目的是通过学生栽花、浇花、育花和赛花，培养他们对自然和环境的热爱。

为了将环保教育与校园文化深度融合，学校还采取了多项措施：举办主题班会，将绿色教育与班级管理相结合；开展"植树添绿，你我同行""清洁校园，传递文明""清垃圾，大手拉小手"等主题活动，鼓励学生积极参与绿色校园建设；充分利用校园宣传栏普及环保知识，传播生态环保理念，打造绿色文明校园。

通过实施这些措施，学生们提升了生态文明素养，逐渐形成了尊重自然和保护环境的习惯。学校的校园环境也因此得到了显著改善，变得更加整洁、美丽。

（资料来源：邱晓琴，《云南西盟："内外兼修" 扮靓绿美校园底色》，光明网，2023 年 5 月 24 日，有改动）

二、义务教育课程的基本原则

为落实义务教育课程的培养目标，义务教育课程应遵循以下基本原则。

（一）坚持全面发展，育人为本

义务教育课程应构建德智体美劳全面培养的体系，贯彻新时代党对教育的新要求，坚持德育为先，提升智育水平，加强体育美育，落实劳动教育。义务教育课程应采用九年一贯制设置，完善类别与结构，优化科目的课时比例，确保"五育"并举，以促进学生健康、全面发展。

（二）面向全体学生，因材施教

义务教育课程应为每一名适龄儿童和少年提供适合的学习机会。课程设计需把握学生身心发展的阶段特征，注重幼儿园、小学、初中、高中各学段之间的衔接，并体现不同学段目标要求的层次性。义务教育课程安排应关注地区、学校和学生的个体差异，打好共同基础，并适当增加课程的选择性，提高课程的适宜性，以促进教育公平。

课程设置要点

（三）聚焦核心素养，面向未来

义务教育课程应依据学生终身发展和社会发展的需要，明确育人主线，加强正确的价值观引导，并重视必备品格和关键能力的培育。义务教育课程内容应精心挑选，注重培养学生的爱国情怀、社会责任感、创新精神和实践能力，为他们的未来奠定坚实的基础。

（四）加强课程综合，注重关联

义务教育课程应加强与学生经验和社会生活的联系，强化学科内知识整合，并统筹设计综合课程和跨学科主题教学。综合课程应加强建设力度，完善科目设置，注重培养学生在真实情境中综合运用知识解决问题的能力。跨学科主题教学旨在强化课程协同育人的功能。

（五）变革育人方式，突出实践

义务教育课程应突出学科思想方法和探究方式的学习，践行知行合一、学思结合的教学理念，倡导"做中学""用中学""创中学"的学习模式，并积极探索新技术背景下学习环境与方式的变革。同时，义务教育课程应加强与生产劳动和社会实践的结合，优化综合实践活动的实施方式与路径，推进工程与技术实践的发展，以充分发挥实践的独特育人功能。

课证融通

（2024年上半年小学教师资格考试"综合素质"卷 单选题）某小学校长在期末总结会上说："××学校的成绩远超其他学校。其成功的法宝就是把最好的资源集中在语文、数学、英语这3个重点学科上，缩减综合实践活动的课时，并将缩减的课时用在重点学科的教学上。"上述学校的做法（　　）。

A．有利于教育质量提升
B．不利于学生全面发展
C．有利于重点学科学习
D．不利于教师自我提升

解析： 本题主要考查义务教育课程的基本原则。义务教育课程应坚持"五育"并举，并强化综合实践活动，以实现学生的全面发展。故本题选B。

三、义务教育课程设置

义务教育课程包括国家课程、地方课程和校本课程3类，以国家课程为主体，以地方课程和校本课程为拓展补充，兼顾差异。其中，国家课程由国务院教育行政部门统一组织开发、设置，所有学生必须按规定修习。

义务教育课程九年一贯设置，按"六三"学制或"五四"学制安排。国家课程设置道德与法治、语文、数学、外语（英语、日语、俄语）、历史、地理、科学、物理、化学、生物学、信息科技、体育与健康、艺术、劳动、综合实践活动等。课程类别及科目设置（以"六三"学制为例）如表7-1所示。

表7-1 义务教育课程类别及科目设置

课程类别	科目	年级
国家课程	道德与法治	一至九年级
	语文	一至九年级
	数学	一至九年级
	外语	三至九年级

续表

课程类别	科目	年级
国家课程	历史、地理	七至九年级
	科学	一至六年级
	物理、化学、生物学（或科学）	七至九年级
	信息科技	三至八年级
	体育与健康	一至九年级
	艺术	一至九年级
	劳动	一至九年级
	综合实践活动	一至九年级
地方课程	由省级教育行政部门规划设置	
校本课程	由学校按规定设置	

四、义务教育课程的实施要点

（一）科学规划课程实施

学校应根据省级义务教育课程实施办法科学规划课程实施，具体要求如下。

（1）立足本校办学理念，分析资源条件，制订学校课程实施方案，注重整体规划，有效实施国家课程，规范开设地方课程，合理开发校本课程。

（2）在小学一年级的第一学期安排必要的入学适应教育，适当利用地方课程、校本课程和综合实践活动课时组织开展入学适应活动，对学生的学习、生活和交往进行指导。

（3）鼓励将小学1~2年级的道德与法治、劳动、综合实践活动，以及班队活动、地方课程和校本课程等相关内容整合实施。

（4）统筹安排各门课程的跨学科主题学习与综合实践活动。

（5）注重统一规范与因校制宜相结合，统筹利用校内外的教育教学资源，将理念和原则要求转化为具体的育人实践活动。

此外，学校的课程实施方案须报上级教育行政主管部门备案，作为对学校开展教育督导的重要依据。

（二）深化教学改革

深化教学改革的具体要求包括坚持素养导向、强化学科实践、推进综合学习和落实因材施教等几个方面的内容。

坚持素养导向要求学校做到以下几点：① 围绕"为什么教""为谁教"两个问题，深刻理解课程的育人价值，落实育人为本的理念；② 准确把握课程要培养的学生核心素养，明确教学内容和教学活动的素养要求，培养学生形成正确价值观、必备品格和关键能力；③ 设定教学目标，改革教学过程和教学方法，把立德树人的根本任务落实到具体的教育教学活动中。

强化学科实践要求学校做到以下两点：① 注重"做中学"，引导学生参与学科探究活动，经历发现问题、解决问题、建构知识和运用知识的过程，体会学科思想方法；② 加强知识学习与学生经验、现实生活、社会实践之间的联系，注重创设真实情境，增强学生认识真实世界和解决真实问题的能力。

推进综合学习要求学校做到以下两点：① 整体理解和把握学习目标，注重知识学习与价值教育的有机融合，确保每个教学活动都能在多方面发挥育人价值；② 探索大单元教学模式，积极开展主题化、项目式学习等综合性教学活动，加强知识之间的内在关联，促进知识结构化，从而培养学生形成举一反三、融会贯通的能力。

落实因材施教要求学校做到以下几点：① 创设以学生为中心的学习环境，凸显学生的学习主体地位，开展差异化教学，加强个别化指导，满足学生多样化的学习需求；② 引导学生明确目标、自主规划与自我监控，提高自主学习、合作学习和探究学习的能力，形成良好的思维习惯；③ 发挥新技术的优势，探索线上教学与线下教学的深度融合，服务个性化学习。

（三）改进教育评价

学校应全面落实新时代教育评价改革的要求，改进结果评价，强化过程评价，探索增值评价，健全综合评价，着力推进评价观念、方式和方法的改革，提升考试评价质量。

为了满足更新教育评价观念的要求，学校应做到以下几点：① 强化素养导向，注重对正确价值观、必备品格和关键能力的考查，开展综合素质评价；② 倡导评价促进学习的理念，注重提高学生自我评价和自我反思的能力，引导学生合理运用评价结果改进学习；③ 严格遵守评价的伦理规范，尊重学生人格，保护学生自尊心。

为了满足创新评价方式方法的要求，学校应做到以下几点：① 注重对学习过程的观察、记录与分析，倡导基于证据的评价；② 关注学生真实发生的进步，积极探索增值评价；③ 加强对话交流，增强评价双方自我总结、反思、改进的意识和能力，倡导协商式评价；④ 注重动手操作、作品展示、口头报告等多种方式的综合运用，关注典型行为表现，推进表现性评价；⑤ 推动考试评价与新技术的深度融合。

为了满足提升考试评价质量的要求，学校应做到以下几点：① 全面推进基于核心素养的考试评价，强化考试评价与课程标准、教学的一致性，促进"教—学—评"有机衔接；② 增强日常考试评价的育人意识，注重伴随教学过程开展评价，捕捉学生有价值的表现，因时、因事、因人选择评价方式和手段，增强评价的适宜性和有效性；③ 提高作业设计质量，增强针对性、丰富类型、合理安排难度，有效减轻学生过重的学业负担；④ 优化试题结构，增强试题的探究性、开放性和综合性，提高试题的信度与效度。

（四）强化专业支持

强化专业支持的具体要求包括加强培训，强化教研和科研的专业支撑。

在加强培训方面，学校应做到以下两点：① 明确国家、地方和学校的培训职责，建立健全培训工作体系；② 组织教师参与各级各类课程、教材、教学和考试评价的培训，定期开展校本研修。

在强化教研和科研的专业支撑方面，学校应做到以下几点：① 明晰教研工作的定位，深入研究培养时代新人的要求，传播先进的教育理念，推介课程改革的优秀经验，帮助教师准确把握课程改革方向，钻研课程标准和教材，改进教学；② 增强教研供给的全面性与均衡性，实现学段全覆盖、学科全覆盖、教育教学环节全覆盖，强化薄弱环节，确保各类各项教研活动发挥服务和引领作用；③ 提高教研活动的针对性，深入了解和把握学校、课堂、教师和学生的多样化教研需求，积极利用多种技术和手段，丰富教研活动的途径和方式，注重提供个别化指导服务；④ 充分利用高等学校、科研院所、学术团体等机构的专业力量，开展相关的基础研究、国际比较研究、案例研究等，为课程改革提供指导。

"理解课程方案，培养优秀学生"主题墙报制作

活动目的

学生应通过制作墙报，深入理解义务教育课程的培养目标、基本原则、课程设置和实施要点。

活动要求

（1）墙报内容应紧密围绕义务教育课程的培养目标、基本原则、课程设置和实施要点来编排。

（2）墙报应包括知识呈现、学习心得等板块的内容。

（3）墙报制作完成后，各组可将其分享到社交平台上，并在班级内分享墙报的设计思路、主要内容和特色。

"学以致用"
实训报告 7-1

活动过程

各组成员分工合作，参照表 7-2 所示的内容，开展实践活动。

表 7-2　活动名称及实施步骤

活动名称	实施步骤
准备工作	（1）全班学生按照 4~6 人为一组，分成若干小组
	（2）复习所学知识，并搜集相关资料
	（3）选择墙报制作软件，并熟悉该软件的使用方法
实施过程	（4）确定墙报的设计思路、主要内容和特色
	（5）各组成员运用软件制作墙报
	（6）各组成员将制作好的墙报分享到自己常用的社交平台上，并在班级内分享墙报的设计思路、主要内容和特色
活动小结	（7）各组讨论本组成员在此次墙报制作活动中的综合表现，各组成员总结自己在活动中的收获

心得体会

任务二　熟悉义务教育课程标准

情景导入

传承中华优秀传统文化，增强学生文化自信

某小学五年级的语文教师精心设计了一堂以"仁"为主题的语文课。在教师的指导下，学生们提前布置了教室。他们不仅在教师墙上悬挂了与"仁"相关的名言警句和历史故事图片，还准备了一些道具，包括古代服饰、笔墨纸砚等，营造了浓厚的传统文化氛围。

语文课上，教师以一段生动的历史故事开场。他讲述了孔子与弟子们关于"仁"的讨论过程，并引导学生们思考：应当如何理解和实践"仁"？

然后，教师将学生们分成几个小组，每个小组选择一个与"仁"相关的历史故事进行情景模拟。穿上古代服饰的学生们全身心地投入角色，生动地再现了历史场景。

接着，教师引导学生们体验书法艺术的魅力。学生们一笔一画地用毛笔书写"仁"字，

项目七 践行科学教育，培育祖国未来

同时聆听教师对"仁"字的演变历程和深层含义的讲解。这进一步深化了学生们对"仁"的理解。

书法练习结束后，学生们依旧以小组为单位，围绕"如何在日常生活中践行'仁'"这一主题展开了讨论。他们结合自己的生活经历，分享了各自在家庭、学校和社会中践行"仁"的具体做法。有的学生提到要关爱他人、帮助弱势群体；有的学生则强调要诚实守信、尊重他人。

这堂生动有趣的语文课极大地激发了学生们对中华优秀传统文化的兴趣和热爱，并增强了他们的文化自信。学生们纷纷表示，他们希望能更加深入地了解中华优秀传统文化，并努力成为中华优秀传统文化的传承者。

 任务清单

（1）上述案例中的语文课体现了义务教育语文课程标准中规定的哪些课程目标和课程内容？

（2）除了语文，义务教育还设置了哪些课程？其课程目标和课程内容分别是什么？

2022年修订的义务教育课程标准强化了课程育人导向，优化了课程内容结构，研制了学业质量标准，增强了指导性，加强了学段衔接，对推动义务教育高质量发展，全面建成社会主义现代化强国具有重要意义。以下主要介绍义务教育的课程目标和课程内容。

一、道德与法治

（一）课程目标

道德与法治课程围绕政治认同、道德修养、法治观念、健全人格和责任意识等核心素养确立课程目标。其具体内容如下。

1. 政治认同

政治认同是指具备热爱伟大祖国、中华民族、中华文化、中国共产党、中国特色社会主义的情感，以及为中华民族伟大复兴而奋斗的志向，并且能够自觉践行和弘扬社会主义核心价值观。在政治认同的培养方面，学生应达到以下几个目标。

（1）能够初步了解中国的基本国情、中华优秀传统文化的主要代表性成果，了解中国共产党的历史和革命传统、改革开放和中国特色社会主义的伟大成就，汲取党史、新中国史、改革开放史、社会主义发展史所蕴含的精神力量，热爱伟大祖国、中华民族、中华文化、中国共产党和中国特色社会主义，为身为中国人而感到自豪。

（2）具有维护民族团结的意识，能够把个人发展和国家命运联系起来，维护国家利益和安全。

（3）能够理解社会主义核心价值观的内涵及其重要意义，并在社会生活中自觉践行。

（4）能够以实现中华民族伟大复兴为己任，增强做中国人的志气、骨气、底气，不负时代，不负韶华，不负党和人民的殷切期望。

（5）关心时事，热爱和平，初步具有国际视野和人类命运共同体意识。

2. 道德修养

道德修养是指养成良好的道德品质和行为习惯，把道德规范内化于心、外化于行。在道德修养的培养方面，学生应达到以下几个目标。

（1）能够了解个人生活和公共生活中的基本道德要求和行为规范，能够在日常生活中践行诚实守信、团结友爱、尊老爱幼等基本道德要求。

（2）形成初步的道德认知和判断，能够明辨是非善恶。

（3）通过体验、认知和践行，养成良好的道德品质。

3. 法治观念

法治观念是指树立宪法和法律至上、法律面前人人平等、权利与义务相统一的理念，并使尊法、学法、守法、用法成为人们的共同追求和自觉行为。在法治观念的培养方面，学生应达到以下几个目标。

（1）能够具有基本的规则意识和安全意识，理解宪法的意义，知道与学生生活密切相关的法律，能够初步认识到法律对个人生活、社会秩序和国家发展的规范和保障作用。

（2）形成宪法法律至上、法律面前人人平等的观念和权利与义务相统一的观念。

（3）遵守规则和法律规范，提高自我防范意识，掌握基本的自我保护方法，预防意外伤害，养成自觉守法、遇事找法、解决问题靠法的思维习惯和行为方式，初步具备依法参与社会生活的能力。

4. 健全人格

健全人格是指具有正确的自我认知、积极的思想品质和健康的生活态度。在健全人格的培养方面，学生应达到以下几个目标。

（1）能够正确认识生命的意义和价值，珍爱生命，热爱生活。

（2）初步具有自尊自强、坚韧乐观的心理素质和道德品质。

（3）具有理性平和的心态，能够建立良好的同伴关系、师生关系和家庭关系，树立正确的合作与竞争观念，具有团队意识和互助精神。

（4）具备积极向上、锐意进取的人生态度，能够适应变化，不怕挫折。

5. 责任意识

责任意识是指具备对承担责任的认知、态度和情感，并能够将其转化为实际行动。在责任意识的培养方面，学生应达到以下几个目标。

（1）能够关心集体、社会和国家，具有主人翁意识、责任感和集体主义精神，主动承担对自己、家庭、学校和社会的责任，自觉维护祖国统一和国家安全。

（2）能够主动参与志愿者活动、社区服务活动，具有为人民服务的奉献精神，勇于担当。

（3）能够遵守社会规则和社会公德，依法依规有序参与公共事务，具有公共意识和公共精神。

（4）敬畏自然，保护环境，形成人与自然生命共同体的意识。

（二）课程内容

道德与法治课程以发展学生的核心素养为导向，以"成长中的我"为原点，由"自我认识"到"我与自然""我与家庭""我与他人""我与社会""我与国家和人类文明"，不断扩展学生的认识和生活范围。课程以道德与法治教育为框架，有机融入国家安全教育、生命安全与健康教育、劳动教育，以及信息素养教育、金融素养教育等相关主题，强化中华民族传统美德、革命传统和法治教育。课程内容根据不同阶段学生的身心发展特点，以学生的实际生活为基础，分学段按主题进行科学设计，以构建学段衔接、循序渐进、螺旋上升的课程体系。

1. 第一学段（1～2 年级）

1～2 年级是学校生活起步期，学生开始适应有序的集体学习生活。结合低年级段学生的特点，本学段设置入学教育、道德教育、生命安全与健康教育、法治教育、中华优秀传统文化与革命传统教育 5 个主题，旨在以正确的价值观、道德和法律规范对学生进行道德和法治启蒙。其中，入学教育主要是对一年级第一学期的学生开展适应性教育。

2. 第二学段（3～4 年级）

3～4 年级是从小学低年级段向高年级段过渡的时期。在这一学段，学生已经适应了学校生活，他们的生活视野进一步扩大，具备一定的独立意识。根据上述特点，这一学段设置道德教育、生命安全与健康教育、法治教育、中华优秀传统文化与革命传统教育、国情教育 5 个主题，旨在引导学生养成健康的生活习惯、良好的道德品质和健全的人格，形成集体荣誉感和责任意识。

3. 第三学段（5～6 年级）

5～6 年级是小学的高年级段，延续小学低年级段和中年级段，与初中阶段相衔接。在这一学段，学生的生活范围不断扩大，他们具备一定的道德是非判断能力。基于上述特点，这一学段设置道德教育、生命安全与健康教育、法治教育、中华优秀传统文化与革命传统教育、国情教育 5 个主题，旨在培养学生的道德情感和责任意识，引导学生遵守公共规则，形成深厚的爱国情感。

4. 第四学段（7～9 年级）

7～9 年级是初中年级段，延续小学高年级段，与高中阶段相衔接，是培育学生的道德品格，使其形成世界观、人生观、价值观的重要时期。在这一学段，学生正处于青春期，他们的独立思考能力和判断能力进一步增强，情绪波动性大，可塑性强。根据上述特点，这一学段设置生命安全与健康教育、法治教育、中华优秀传统文化教育、革命传统教育、国情教育 5 个主题，旨在引导学生正确认识自己，以及个人与家庭、他人、社会、国家和人类文明的关系，了解国家发展和世界发展的趋势，增强社会责任感和担当意识，立志成为社会主义建设者和接班人。

二、语文

（一）课程目标

语文课程围绕文化自信、语言运用、思维能力和审美创造等核心素养确立课程目标。其具体内容如下。

1. 文化自信

文化自信是指学生认同中华文化，并对中华文化的生命力有坚定的信心。在文化自信的培养方面，学生应达到以下几个目标。

（1）在语文学习过程中，培养爱国主义、集体主义和社会主义思想道德，逐步形成正确的世界观、人生观和价值观。

（2）热爱国家通用语言文字，感受语言文字及作品的独特价值，认识中华文化的丰厚与博大，从中汲取智慧，并弘扬社会主义先进文化、革命文化和中华优秀传统文化，以建立文化自信。

（3）关心社会文化生活，积极参与并组织校园、社区等的文化活动，培养交流、合作、探究等实践能力，增强社会责任意识；感受多样文化，吸收人类优秀文化的精华。

2. 语言运用

在语言运用的培养方面，学生应达到以下几个目标。

（1）认识并书写常用汉字，学会汉语拼音，能说普通话；主动积累和梳理基本的语言材料和语言经验，逐步形成良好的语感，初步领悟语言文字的运用规律；学会使用常用的语文工具书，运用多种媒介学习语文，初步掌握基本的语文学习方法，并养成良好的学习习惯。

识字、写字教学基本字表

（2）学会运用多种阅读方法，具有独立阅读的能力；能够阅读日常的书籍、报纸和杂志，初步具有鉴赏文学作品的能力，并能借助工具书阅读浅显易懂的文言文；学会倾听与表达，初步学会使用口头语言文明地进行人际沟通和社会交往；能够根据需要，用书面语言具体明确、文从字顺地表达自己的见闻、体验和想法。

3. 思维能力

思维能力是指学生在语文学习过程中的联想、想象、分析、比较、归纳、判断等认知表现，主要包括直觉思维、形象思维、逻辑思维、辩证思维和创造思维。在思维能力的培养方面，学生应达到以下几个目标。

（1）积极观察和感知生活，培养联想与想象能力，激发创造潜能，丰富语言经验，培养语言直觉，提高语言的表现力和创造力，从而提高形象思维能力。

（2）乐于探索，勤于思考，初步掌握比较、分析、概括、推理等思维方法，能够辩证地思考问题，并以有理有据、负责任的方式表达自己的观点，养成实事求是、崇尚真知的态度。

4. 审美创造

审美创造是指学生通过感受、理解、欣赏和评价语言文字及其作品，获得较为丰富的审美经验，形成初步的感受美、发现美及运用语言文字表现美和创造美的能力，涵养高雅情趣，并具备健康的审美意识和正确的审美观念。在审美创造的培养方面，学生应达到以下几个目标。

（1）感受语言文字的美，感悟作品的思想内涵和艺术价值，能够结合个人经验，理解、欣赏并初步评价语言文字作品，从而丰富自己的情感体验和精神世界。

（2）能够借助不同媒介表达自己的见闻和感受，学习发现美、表现美和创造美，形成健康的审美情趣。

博闻多识

加强中小学规范汉字书写教育

为了进一步加强中小学规范汉字书写教育，发挥其独特的育人功能，教育部办公厅于2024年发布了《关于进一步加强中小学规范汉字书写教育的通知》，对中小学校提出了以下要求。

一、培养学生形成良好的书写习惯

学校应提倡"提笔就是练字时"的理念，依据《义务教育语文课程标准（2022年版）》等文件，指导学生掌握正确的书写坐姿和执笔姿势。学校还应重点抓好低年级学生书写习惯的养成，确保他们能够做到"三个一"（眼离书本一尺，胸离桌子一拳，手离笔尖一寸），以助力预防和矫正学生的脊柱侧弯和近视问题。

二、提高学生的规范书写水平

学校应当引导学生树立语言文字规范意识，并落实《义务教育语文课程标准（2022年版）》中对不同学段学生的写字要求。同时，学校应依据《通用规范汉字表》《通用规范汉字笔顺规范》，培养学生掌握汉字的笔画、笔顺、偏旁部首和间架结构，使他们逐步学会书写正楷字和规范、通行的行楷字，并不断提高他们的书写质量和速度，确保书写达到规范、端正、整洁、美观和流利的要求。

三、培养学生传承优秀的汉字文化

学校既要培养学生了解汉字的创造、使用、演变和发展过程，帮助他们感知汉字的形、音、义之间的联系，使其逐步建立汉字与生活中的事物、行为之间的联系，并感悟汉字的文化内涵，也要提倡学生使用规范汉字开展书法活动，引导学生学会欣赏优秀的书法作品，培养他们的审美情趣。此外，教师要充分运用优秀成果，深入挖掘汉字及其书写所蕴含的育人价值。

四、采用多种形式加强规范汉字书写教育

学校可以采用以下措施加强规范汉字书写教育：① 落实课程方案的要求，确保语文课程中包含写字教育，并为3~6年级的语文课程每周安排1课时书法课；② 发挥课堂的

主渠道作用，注重在其他学科的教学中结合实际情况加强规范汉字书写教育；③ 提倡创办学生书法社团、组织学生书法作品展示等活动；④ 充分利用博物馆、图书馆等资源，拓展汉字书写的学习渠道；⑤ 鼓励学生积极参与社会用语用字规范化活动。

五、将规范汉字书写教育融入校园文化建设

学校应规范校园用字，确保课堂板书、教学课件等用字规范，同时开展规范汉字书写的展示、比赛、研学及以汉字为主题的文化活动，引导师生在正式写作和公共场合中正确使用汉字，避免不当使用谐音字。教师和学生应在教育教学活动中自觉抵制忽视汉字书写规范、书写技法和审美特征的行为，以及故意将汉字笔画和结构进行粗俗、草率变形的"丑书""怪书"。

（二）课程内容

语文的课程内容主要以中华优秀传统文化、革命文化、社会主义先进文化等为主题。

1. 中华优秀传统文化

语文课程应围绕创造性转化和创新性发展要求，确定中华优秀传统文化内容主题，注重弘扬讲仁爱、重民本、守诚信、崇正义、尚和合、求大同等核心思想理念；弘扬有利于促进社会和谐、鼓励人们向上向善的中华人文精神；弘扬自强不息、敬业乐群、扶危济困、见义勇为、孝老爱亲等中华传统美德。

其主要载体为汉字、书法，成语、格言警句，神话传说、寓言故事、历史故事、民间故事、中华民族团结一家亲的故事，古代诗词、古代散文、古典小说，古代文化常识、传统节日、风俗习惯等。

2. 革命文化

语文课程应围绕伟大建党精神，确定革命文化内容主题，注重反映理想信念、爱国情怀、艰苦奋斗、无私奉献、顽强斗争和英勇无畏等革命传统。

其主要载体为老一辈无产阶级革命家和革命英雄人物的代表性作品，以及反映他们生平事迹的传记、故事等作品，反映党领导人民革命的伟大历程和重要事件的作品，有关革命传统人物、事件、节日、纪念日活动等方面的作品，阐发革命精神的作品，革命圣地、革命旧址和革命文物等。

3. 社会主义先进文化

语文课程应围绕社会主义核心价值观，确定社会主义先进文化内容主题，突出爱党、爱国、爱社会主义相统一。

其主要载体为反映社会主义建设事业中取得的重大成就、涌现出来的模范人物与先进事迹的作品；反映当代中国从站起来、富起来到强起来的奋斗历程和重大事件，以及体现中国式现代化新道路和人类文明新形态的相关作品；反映和谐互助、共同富裕、改革创新、劳动创造美好生活等方面的作品。

在突出上述主题的同时，语文课程还应设置反映世界文明优秀成果、科技进步、日常生活特别是儿童生活等方面的主题。其主要载体为外国文学名著、科普科幻作品、实用性文章、中外优秀儿童文学作品等。

各类主题的主要载体还应包括口头和书面交流与沟通、跨媒介阅读与表达等语文实践活动。

语文课程的内容主要以学习任务群的形式组织与呈现。其分为以下几个层面：第一个层面设置"语言文字积累与梳理"等基础型学习任务群；第二个层面设置"实用性阅读与交流""文学阅读与创意表达""思辨性阅读与表达"3个发展型学习任务群；第三个层面设置"整本书阅读""跨学科学习"2个拓展型学习任务群。学习任务群的安排可根据学段特点有所侧重。

三、数学

（一）课程目标

数学课程围绕会用数学的眼光观察现实世界、会用数学的思维思考现实世界和会用数学的语言表达现实世界等核心素养确立课程目标。学生应通过本课程的学习，达到以下几个目标。

（1）获得适应未来生活和进一步发展所必需的数学基础知识、基本技能、基本思想、基本活动经验。

（2）体会数学知识之间、数学与其他学科之间，以及数学与生活之间的联系，在探索真实情境中的关系时，能够发现问题、提出问题，并运用数学及其他学科的知识与方法来分析和解决问题。

（3）对数学具有好奇心和求知欲，了解数学的价值，欣赏数学之美，提高学习数学的兴趣，建立学好数学的信心，养成良好的学习习惯，并形成质疑问难、自我反思和勇于探索的科学精神。

（二）课程内容

数学课程包含数与代数、图形与几何、统计与概率、综合与实践4个学习领域。其中，数与代数、图形与几何、统计与概率均以数学的核心内容和基本思想为主线，循序渐进地展开教学；综合与实践旨在根据不同学段学生的特点，通过以跨学科主题学习为主、辅以主题式和项目式学习的方式，设计真实且较为复杂的问题情景，培养学生综合运用数学学科及跨学科的知识与方法解决实际问题的能力。4个学习领域的主题按学段逐步递进，如表7-3所示。

表 7-3　各个学习领域和学段的数学主题

学习领域	学段			
	第一学段 （1~2年级）	第二学段 （3~4年级）	第三学段 （5~6年级）	第四学段 （7~9年级）
数与代数	（1）数与运算 （2）数量关系	（1）数与运算 （2）数量关系	（1）数与运算 （2）数量关系	（1）数与式 （2）方程与不等式 （3）函数
图形与几何	图形的认识与测量	（1）图形的认识与测量 （2）图形的位置与运动	（1）图形的认识与测量 （2）图形的位置与运动	（1）图形的性质 （2）图形的变化 （3）图形与坐标
统计与概率	数据分类	数据的收集、整理与表达	（1）数据的收集、整理与表达 （2）随机现象发生的可能性	（1）抽样与数据分析 （2）随机事件的概率
综合与实践	重在解决实际问题，以跨学科主题学习为主，主要包括主题活动和项目学习等。其中，第一学段至第三学段主要采用主题式学习，将知识内容融入主题活动之中；第四学段可采用项目式学习			

四、英语

义务教育开设英语、日语、俄语等外语课程。本书以英语课程为例，讲述相关的课程目标和课程内容。

（一）课程目标

英语课程围绕语言能力、文化意识、思维品质和学习能力等核心素养确立课程目标。其具体内容如下。

1. 发展语言能力

语言能力是指运用语言和非语言知识及各种策略，参与特定情境下相关主题的语言活动时所表现出来的语言理解和表达能力。英语语言能力的提高有助于学生提升文化意识、思维品质和学习能力，发展跨文化沟通与交流的能力。

完成英语课程的学习后，学生能够通过语言实践活动，感知、体验、积累和运用英语，认识英语与汉语的异同，逐步形成语言意识，积累语言经验，并能够进行有意义的沟通与交流。

2. 培育文化意识

文化意识是指对中外文化的理解和对优秀文化的鉴赏，体现学生在新时代对跨文化的认知、态度和行为选择。文化意识的培育有助于学生增强家国情怀和人类命运共同体意识，涵养品格，提升文明素养和社会责任感。

完成英语课程的学习后，学生在文化意识的发展方面应实现以下两个目标：① 能够了解不同国家的优秀文明成果，比较中外文化的异同，发展跨文化沟通与交流的能力，形成健康向上的审美情趣和正确的价值观；② 加深对中华文化的理解和认同，树立国际视野，坚定文化自信。

3．提升思维品质

思维品质是指人的思维的个性特征，反映学生在理解、分析、比较、推断、批判、评价、创造等方面的层次和水平。思维品质的提升有助于学生学会发现问题、分析问题和解决问题，对事物做出正确的价值判断。

完成英语课程的学习后，学生在思维品质的提升方面应实现以下几个目标：① 能够在语言学习的过程中发展思维，并在发展思维的过程中进一步推进语言学习；② 初步学会从多个角度观察和认识世界、看待事物，并且能够有理有据、条理清晰地表达观点；③ 逐步发展逻辑思维、辩证思维和创新思维，从而使思维展现出一定的敏捷性、灵活性、创造性、批判性和深刻性。

4．提高学习能力

学习能力是指积极运用和主动调整英语学习策略、拓展英语学习渠道、努力提升英语学习效率的意识和能力。学习能力的发展有助于学生掌握科学的学习方法，养成良好的终身学习习惯。

完成英语课程的学习后，学生在学习能力的提高方面应实现以下几个目标：① 能够树立正确的英语学习目标，保持学习兴趣，主动参与语言实践活动；② 在学习过程中注意倾听、乐于交流、大胆尝试；③ 学会自主探究，合作互助；④ 学会反思和评价学习进展，调整学习方式；⑤ 学会自我管理，提高学习效率，做到乐学善学。

（二）课程内容

英语课程内容由主题、语篇、语言知识、文化知识、语言技能和学习策略等要素构成。

1．主题

主题具有联结和统领其他内容要素的作用，为语言学习和课程育人提供了语境范畴。主题包括人与自我、人与社会、人与自然三大范畴。其中，"人与自我"以"我"为视角，设置"生活与学习""做人与做事"等主题群；"人与社会"以"社会"为视角，设置"社会服务与人际沟通""文学、艺术与体育""历史、社会与文化""科学与技术"等主题群；"人与自然"以"自然"为视角，设置"自然生态""环境保护""灾害防范""宇宙探索"等主题群。

2．语篇

语篇承载了表达主题的语言知识和文化知识，为学生提供了多样化的文体素材。根据不同的分类标准，语篇可以分为不同的类型。根据文本的连续性，语篇可以分为连续性文本和非连续性文本。连续性文本包括对话、访谈、记叙文、说明文、应用文、议论文、歌曲、歌谣、韵文等，非连续性文本包括图表、图示、网页、广告等。根据表达形式的不同，语篇可以分为口语与书面语。根据媒介的不同，语篇可以分为文字、音频、视频等。

3. 语言知识

语言知识为语篇的构成和意义的表达提供了语言要素。语言知识包括语音、词汇、语法、语篇和语用知识，它是发展语言技能的重要基础。针对语言知识的各个组成部分，学生需要掌握相应的学习内容并满足一定的要求。

语言知识的学习内容及要求

4. 文化知识

文化知识为学生奠定人文底蕴、培养科学精神、形成良好品格和正确价值观提供了内容资源。文化知识不仅包括饮食、服饰、建筑、交通，以及相关的发明与创造等物质文化方面的知识，而且包括哲学、科学、历史、语言、文学、艺术、教育，以及价值观、道德修养、审美情趣、劳动意识、社会规约和风俗习惯等非物质文化方面的知识。文化知识的学习不只是为了了解和记忆具体的知识点，更重要的是去发现和判断这些知识点背后的态度和价值观。

5. 语言技能

语言技能为学生获取信息、建构知识、表达思想、交流情感提供了途径。语言技能分为理解性技能和表达性技能，具体包括听、说、读、看、写及其综合运用。其中，听、读、看属于理解性技能，说、写属于表达性技能。

6. 学习策略

学习策略为学生提高学习效率、提升学习效果提供了具体的方式方法。学习策略主要包括元认知策略、认知策略、交际策略、情感管理策略等。其中，元认知策略有助于学生计划、监控、评价、反思和调整学习过程，提升自主学习能力；认知策略有助于学生采用适宜的学习方式、方法和技术加工语言信息，提高学习效率；交际策略有助于学生发起和维持交际，提高交际效果；情感管理策略有助于学生调控学习情绪，保持积极的学习态度。

> **小贴士**
>
> 元认知是指个体对自己认知过程的认知，包括对感知、记忆、思维等认知活动的再感知、再记忆、再思维。

五、历史

（一）课程目标

历史课程围绕唯物史观、时空观念、史料实证、历史解释和家国情怀等核心素养确立课程目标。其具体内容如下。

1. 唯物史观

唯物史观是揭示人类社会历史的客观基础及发展规律的科学的历史观和方法论。唯物史观是历史学习的理论指引，是其他素养得以达成的理论保证。完成历史课程的学习后，学生应初步学会在唯物史观的指导下看待历史，具体包括以下几个目标。

（1）能够认识劳动在人类社会发展中的重要作用，知道物质生产是人类生存和人类社会发展的基础。

（2）知道人民群众是物质生产的主要承担者和历史的创造者。

（3）知道生产力发展的重要性，以及生产力和生产关系之间的矛盾运动、经济基础和上层建筑之间的矛盾运动是社会历史发展的根本动力。

（4）知道在阶级社会中存在着阶级矛盾和阶级斗争，以及阶级斗争是推动历史发展的直接动力。

（5）初步了解人类社会形态从低级到高级发展的趋势。

（6）能够将唯物史观运用于历史学习，并能够结合史实进行阐述和说明。

2．时空观念

时空观念是指在特定的时间联系和空间联系中观察和分析事物的意识与思维方式。时空观念是历史学科本质的体现，是其他素养得以达成的基础条件。完成历史课程的学习后，学生应学会在具体时空条件下考察历史，具体包括以下几个目标。

（1）了解历史发展的时间顺序和空间要素，初步掌握计算历史时间和识别历史地图的方法，并能够将这些方法运用在历史叙述中。

（2）能够将事件、人物、现象等置于历史发展的特定或总体进程及具体的地理空间中加以考察，并从历史发展的角度来认识其地位和作用。

3．史料实证

史料实证是指对获取的史料进行辨析，并运用可信史料努力重现真实历史的态度与方法。史料实证是历史学习的必备技能，是其他素养得以达成的必要途径。完成历史课程的学习后，学生应初步学会依靠可信史料了解和认识历史，具体包括以下几个目标。

（1）了解史料的主要类型，初步学会从多种渠道获取历史信息，提高对史料的识读能力。

（2）能够尝试运用史料来说明历史问题，并学会根据可信史料对历史进行论述。

（3）初步形成重视证据的意识和具备处理历史信息的能力。

4．历史解释

历史解释是指以史料为依据，客观地认识和评判历史的态度和方法。历史解释是对历史思维与表达能力培养的基本要求，是其他素养得以达成的集中体现。完成历史课程的学习后，学生应初步学会有理有据地表达自己对历史的看法，具体包括以下几个目标。

（1）能够初步区分历史叙述中的史实与解释。

（2）能够客观地叙述和分析历史，有理有据地表达自己的看法。

（3）在理解和辨析相关史料的基础上，尝试发现和提出新的问题，并加以论证，以形成自己的历史认识。

5．家国情怀

家国情怀是学习和探究历史应具有的人文追求与社会责任。家国情怀体现了历史学习的价值追求，是其他素养得以达成的情感基础和理想目标。完成历史课程的学习后，学生应形成对国家和中华民族的认同,具有国际视野,有理想、有担当,具体包括以下几个目标。

(1) 能够从历史的角度认识中国国情和中华民族多元一体的发展趋势,增强热爱家乡和祖国的情感,铸牢中华民族共同体意识。

(2) 了解并认同社会主义先进文化、革命文化和中华优秀传统文化,认识中华文明的历史价值和现实意义,增强民族自尊心、自信心和自豪感。

(3) 了解中国历史上的英雄人物,崇尚英雄气概,传承民族气节。

课堂互动

> 请列举几位中国历史上的英雄人物,并简要叙述他们的英勇事迹。

(4) 培育并践行社会主义核心价值观,把握习近平新时代中国特色社会主义思想的核心要义,树立中国特色社会主义道路自信、理论自信、制度自信、文化自信。

(二) 课程内容

根据通史叙事的结构和7~9年级学段的要求,历史课程内容分为7个板块,包括中国古代史、中国近代史、中国现代史、世界古代史、世界近代史、世界现代史及跨学科主题学习活动。

1. 中国古代史

中国古代史始于中国境内早期人类的活动,止于1840年的鸦片战争,重点叙述了5 000多年中华文明的演进,以及统一多民族国家的起源、建立、巩固和发展的历程。

2. 中国近代史

中国近代史始于1840年的鸦片战争,止于1949年中华人民共和国的成立,重点叙述了两个历程:① 列强侵略中国,中国逐渐成为半殖民地半封建社会;② 中华民族对外反抗列强侵略,对内反对封建专制统治,最终由中国共产党团结带领全国各族人民实现了民族独立和人民解放,夺取了新民主主义革命的伟大胜利。

3. 中国现代史

中国现代史自中华人民共和国成立至今,叙述了全国各族人民在中国共产党的领导下,进行社会主义革命、建立社会主义制度、推进社会主义建设、进行改革开放、走中国特色社会主义道路、全面建设社会主义现代化国家、开创中国特色社会主义新时代的历程。这一历程展现了中华民族从站起来、富起来到强起来的伟大飞跃。

4. 世界古代史

世界古代史从早期人类的出现延续至15世纪,展现了古代文明的产生、发展与多元面貌。这一历史阶段大体经历了原始社会、奴隶社会和封建社会,但也有一些民族和国家并未经过奴隶社会或封建社会的连续发展过程。

5. 世界近代史

世界近代史的起讫时间大约从16世纪初至19世纪末,重点展现了资本主义的产生、发展与全球扩张，社会主义从空想到科学的发展，以及殖民地和半殖民地人民争取民族解放的斗争历程。在这一历史阶段，世界各地区前资本主义文明之间的相对孤立和相互隔绝状态，被日益发展的资本主义世界市场和血腥的殖民扩张打破，从而使人类逐渐步入了一个相互联系、相互依赖的阶段，进而产生了真正意义上的世界近代史。

6. 世界现代史

世界现代史叙述了自 20 世纪初以来的世界历史发展基本进程，主要涉及两次世界大战、"冷战"及国际格局的新发展。这一历史阶段见证了社会主义从理想变为现实，社会主义力量从壮大到遭遇挫折，殖民体系的崩溃与发展中国家的发展，以及和平、发展、合作、共赢成为时代潮流。进入 20 世纪以来，世界日益成为一个密不可分的整体，各国之间形成了既相互依存又相互竞争的复杂关系，由此，完整意义上的世界现代史得以形成。

7. 跨学科主题学习

上述 6 个板块构成了历史学习的基础，而跨学科主题学习则是对这些内容的提升和拓展，其涉及的主题内容均源自上述 6 个板块。其围绕特定的研究主题展开活动，从具体的问题意识出发，将分散在不同板块的内容进行整合，有助于学生形成在时段上纵通、在领域上横通的通史意识。同时，跨学科主题学习通过结合其他课程的知识、技能、方法及课题研究等，能够引导学生开展深入探究和解决问题的综合实践，从而培养他们从多角度分析问题和解决问题的能力。

六、地理

（一）课程目标

地理课程围绕人地协调观、综合思维、区域认知和地理实践力等核心素养确立课程目标。其具体内容如下。

1. 人地协调观

人地协调观是指人们对人类活动与地理环境之间的关系秉持的正确价值观。在人地协调观的培养方面，学生应达到以下几个目标。

（1）能够初步认识地理环境是人类生存的基础，人类活动深刻影响着地理环境，以及协调人地关系是人类社会可持续发展的必然选择。

（2）能够运用所学的知识、方法和工具，对世界、中国、家乡出现的人口、资源、环境和发展问题做出初步的分析和评价，并具有遵守相关法律法规的意识。

（3）能够立足家乡、胸怀祖国、放眼世界，初步树立人与自然和谐共生的观念。

2. 综合思维

综合思维是指人们综合地认识地理环境及人地关系的思维方式和能力。在综合思维的培养方面，学生应达到以下几个目标。

（1）能够初步理解地理事物和现象是由地理要素在不同时空条件下相互作用形成的。

（2）能够通过观察、比较、分析等方法，认识地理事物和现象的自然、人文特征及其时空变化特点，从而初步形成从地理综合视角看待和分析问题的意识与能力。

（3）能够初步具备崇尚真知、独立思考、大胆尝试等科学品质。

3. 区域认知

区域认知是指人们从空间和区域的视角认识地理环境及人地关系的思维方式和能力。在区域认知的培养方面，学生应达到以下几个目标。

（1）能够初步理解地球上存在不同空间尺度和不同类型的区域，每个区域都有各自的特征，并且不同区域之间会产生联系。

（2）能够运用多种地理工具获取区域信息，认识区域特征、区域差异和区域联系，并初步形成从空间和区域的视角看待和分析问题的意识与能力。

（3）能够增进热爱家乡和热爱祖国的情感，形成人类命运共同体意识。

4. 地理实践力

地理实践力是指人们在地理实验、社会调查、野外考察等地理实践活动中所展现的行动力和意志品质。在地理实践力的培养方面，学生应达到以下几个目标。

（1）能够初步掌握地理实验、社会调查、野外考察等地理实践活动的基本方法。

（2）能够在校内外的真实环境中，通过参与地理实践活动，运用所学的知识和地理工具，观察并感悟地理环境及人们的生产生活状态，尝试解决实际的地理问题，从而增强信息运用和实践操作等行动力。

（3）能够在实践活动中养成乐于合作和勇于克服困难等优良品质。

（二）课程内容

地理课程包含认识全球、认识区域、地理工具与地理实践、跨学科主题学习4个部分的内容。

1. 认识全球

认识全球是指将地球整体作为学习对象，认识地球的宇宙环境、地球的运动和地球的表层。

地球的宇宙环境包括"地球在宇宙中""太空探索"两个部分的内容，旨在帮助学生初步形成科学的宇宙观，增强科学兴趣，提升科学探究意识和科学精神。

地球的运动包括"地球自转""地球公转"两个部分的内容，旨在帮助学生科学地认识地球运动的规律及其对人类地球家园的意义，形成尊重、敬畏、顺应自然规律及科学认识自然现象的意识。

地球的表层包括"自然环境""人文环境"两个部分的内容，旨在帮助学生认识全球自然与人文环境的基本状况，提高学生对有关全球议题的理解能力。

2. 认识区域

认识区域是指将地球表层不同空间尺度的区域作为学习对象，认识世界、认识中国。

认识世界包括"认识大洲""认识地区""认识国家"3个部分的内容，旨在帮助学生理解世界不同区域自然地理环境的差异性、社会文化的多样性，以及人与自然之间的关系，初步形成人与自然生命共同体、人类命运共同体等意识。

认识中国包括"认识中国全貌""认识分区""认识家乡"3个部分的内容。其目的是帮助学生认识中国辽阔的疆域和优越的地理位置，强化国家领土主权和国土安全的意识，感受祖国山河的壮美和人民生产生活的丰富多彩，从而培育生态文明意识，以及热爱祖国和热爱家乡的情感。

3. 地理工具与地理实践

地理工具的课程内容围绕地球仪、地图等工具进行介绍，旨在帮助学生认识并使用这些工具分析地理事物和现象，逐步养成阅读和使用地图的习惯，学会熟练地使用地图，掌握适应现代社会生活的基本数字化生存技能。

地理实践的课程内容包括地理实验、社会调查和野外考察等活动，旨在帮助学生掌握并运用这些方法，进而提高他们的地理实践能力。

4. 跨学科主题学习

地理课程的跨学科主题学习基于学生的基础、体验和兴趣，围绕特定的研究主题展开。其以地理课程内容为主干，运用并整合其他课程的相关知识和方法。学习主题和内容主要选取生态文明建设、环境保护、资源利用、家乡环境与人们生产生活的变化、乡村振兴等方面的真实事物和现象。

七、科学

（一）课程目标

科学课程围绕科学观念、科学思维、探究实践和态度责任等核心素养确立课程目标。其具体内容如下。

1. 科学观念

科学观念是在理解科学概念、规律和原理的基础上，形成的对客观事物的总体认识。完成科学课程的学习后，学生应掌握基本的科学知识，形成初步的科学观念，具体包括以下几个目标。

（1）初步认识科学的本质。

（2）掌握与认知水平相适应的科学知识，初步形成基本的科学观念，并能运用这些知识解释有关的自然现象、解决简单的实际问题。

2. 科学思维

科学思维是从科学的视角出发，对客观事物的本质属性、内在规律及相互关系的认识方式，主要包括模型建构、推理论证、创新思维等。完成科学课程的学习后，学生应掌握基本的思维方法，具有初步的科学思维能力，具体包括以下几个目标。

（1）掌握分析与综合、比较与分类、抽象与概括、归纳与演绎、联想与想象、重组思维、发散思维、突破定势等基本思维方法及其在科学领域的具体应用。

（2）能够基于经验事实抽象概括出理想模型，具有初步的模型理解和模型建构能力。

（3）能够合理分析与综合判断各种信息、事实和证据，并运用证据与推理对研究的问题进行描述、解释和预测，具有初步的推理与论证能力。

（4）能够对不同的观点、结论和方案进行质疑、批判、检验和修正，进而提出创造性的见解和方案，具有初步的创新思维能力。

3. 探究实践

探究实践主要是指在了解和探索自然、获得科学知识、解决科学问题，以及参与技术与工程实践的过程中，形成的科学探究能力、技术与工程实践能力和自主学习能力。完成科学课程的学习后，学生应掌握基本的科学方法，具有初步的探究实践能力，具体包括以下几个目标。

（1）掌握观察、实验、测量、推理、解释等基本科学方法。

（2）形成科学探究的意识，理解科学探究是探索和了解自然、获得科学知识、解决科学问题的主要途径，理解科学探究涉及提出问题、做出假设、制订计划、搜集证据、处理信息、得出结论、表达交流和反思评价等要素，具有初步的科学探究能力。

（3）理解技术与工程实践涉及明确问题、设计方案、实施计划、检验作品、改进完善、发布成果等要素，具有初步的技术与工程实践能力。

（4）能够根据自身特点制订合理的学习计划，监控学习过程，反思学习过程与结果，具有初步的自主学习能力。

4. 态度责任

态度责任是在认识科学本质及规律，理解科学、技术、社会、环境之间关系的基础上，逐渐形成的科学态度与社会责任。完成科学课程的学习后，学生应树立基本的科学态度，具有正确的价值观和社会责任感，具体包括以下几个目标。

（1）具有对自然现象的好奇心和探究热情。

（2）能够大胆提出自己的见解，并基于证据和逻辑得出结论，做到实事求是。

（3）不迷信权威，敢于大胆质疑，追求创新。

（4）善于与他人合作和分享，能够包容不同的观点。

（5）热爱自然、珍爱生命，具有保护环境、节约资源、推动生态文明建设和可持续发展的责任感。

（6）能够对与科学技术相关的社会热点问题做出正确的价值判断，尊重科学，反对迷信。

（7）遵守科学与技术应用的公共规范、法律法规和伦理道德，维护自身和他人的合法权益，捍卫国家利益。

（二）课程内容

科学课程设置了13个学科核心概念，这些概念涵盖了科学课程的核心内容，如表7-4所示。

表 7-4 学科核心概念及课程内容

学科核心概念	课程内容
物质的结构与性质	（1）物质具有一定的特性与功能 （2）空气与水是重要的物质 （3）金属及合金是重要的材料 （4）常见的化合物 （5）物质由元素组成 （6）物质由微观粒子构成 （7）常见物质的分类
物质的变化与化学反应	（1）物质的三态变化 （2）物质的溶解和溶液 （3）物质变化的特征 （4）化学反应遵守质量守恒定律
物质的运动与相互作用	（1）力是改变物体运动状态的原因 （2）电磁相互作用 （3）声音与光的传播
能的转化与能量守恒	（1）能的形式、转移与转化 （2）能源与可持续发展
生命系统的构成层次	（1）生物具有区别于非生物的特征 （2）地球上存在动物、植物、微生物等不同类型的生物 （3）细胞是生物体结构与生命活动的基本单位 （4）生物体具有一定的结构层次 （5）人体由多个系统组成 （6）生态系统由生物与非生物环境共同组成
生物体的稳态与调节	（1）植物能制造和获取养分来维持自身的生存 （2）人和动物通过获取其他生物的养分来维持生存 （3）人体通过一定的调节机制保持稳态
生物与环境的相互关系	（1）生物能适应其生存环境 （2）生物与环境相互作用、相互协调，实现生态平衡 （3）人的生活习惯影响身体健康 （4）人体生命安全与生存环境密切相关
生命的延续与进化	（1）植物通过多种方式进行繁殖 （2）不同种类动物具有不同的生殖方式和发育过程 （3）人的生命是从受精卵开始的 （4）细菌、真菌、病毒具有不同的繁殖方式 （5）生物体的遗传信息逐代传递，可发生改变 （6）生物的遗传变异和环境因素的共同作用导致了生物的进化
宇宙中的地球	（1）地球是一颗行星 （2）地球绕地轴自转 （3）地球围绕太阳公转 （4）月球是地球的卫星 （5）地球所处的宇宙环境 （6）太空探索拓展了人类对宇宙的认知

续表

学科核心概念	课程内容
地球系统	（1）天气和气候 （2）水循环 （3）岩石和土壤 （4）地球内部圈层和地壳运动
人类活动与环境	（1）自然资源 （2）自然灾害 （3）人类活动对环境的影响
技术、工程与社会	（1）技术与工程创造了人造物，技术的核心是发明，工程的核心是建造 （2）技术与工程改变了人们的生产和生活 （3）科学、技术、工程相互影响与促进
工程设计与物化	（1）工程需要定义和界定 （2）工程的关键是设计 （3）工程是设计方案物化的结果

 修身笃学

张老师的趣味科学课堂

在某小学四年级的科学课堂上，张老师走到教室中间，轻轻掷出一架纸飞机。纸飞机在空中画出一道优美的弧线，然后精准地落回他的掌心。学生们发出"哇"的惊叹声，课堂气氛瞬间活跃起来。接着，张老师上演了另一个科学"魔术"：他仅用一个纸板，就隔空托举着纸飞机完成了长距离飞行。

这些简单的小实验，实则蕴含着空气动力学和斜坡气流原理的大学问。张老师巧妙地将一张纸片和一个纸板作为教学工具，将深奥的科学知识融入趣味盎然的小实验中，让课堂既充满信息量又极具吸引力。随着科学课程教学的深入，学生们的好奇心也被彻底激发。张老师耐心地解答着每一个问题，仿佛在学生们心中点亮了一盏盏科学思维的明灯。

虽然张老师的教龄不长，也不具有科学专业背景，但他对科学的热爱和对教育的执着使得他的课堂生动有趣、丰富多彩。他自学理论知识，通过网络学习制作教学工具，并不断探索和改进教学方法。

在这所小学的科学实验室内，摆放着师生共同制作的实验器材，每一个瓶瓶罐罐都承载着学生们的梦想。"我想成为一名科学家""我要成为一名宇航员"……学生们写下寄语，用透明胶带贴在瓶子上。这些瓶子将被制成"水火箭"，载着学生们的梦想，飞向广阔的天空。

（资料来源：邢郑、孙娜，《乡村科学课 点亮科学梦》，《人民日报》，2024年6月25日，有改动）

请思考：上述案例中，张老师是如何在科学课堂上激发学生的兴趣，并实现科学课程的目标的？

八、物理

（一）课程目标

物理课程围绕物理观念、科学思维、科学探究、科学态度与责任等核心素养确立课程目标。其具体内容如下。

1. 物理观念

物理观念是指从物理学视角形成的关于物质、运动和相互作用、能量等内容的总体认识。在物理观念的培养方面，学生应达到以下几个目标。

（1）认识物质的形态、属性及结构，认识运动和力、声和光、电和磁，认识机械能、内能、电磁能及能量的转化与守恒。

（2）能够将所学物理知识与实际情境联系起来，能够从物理学视角观察周围事物，解释有关现象，解决简单的实际问题。

（3）初步形成物质观念，运动和相互作用观念、能量观念。

2. 科学思维

科学思维是指从物理学视角对客观事物的本质属性、内在规律及相互关系的认识方式。在科学思维的培养方面，学生应达到以下几个目标。

（1）会用所学模型分析常见的物理问题。

（2）能够对相关问题和信息进行分析并得出结论，具有初步的科学推理能力。

（3）有利用证据对所研究的问题进行分析和解释的意识，能够使用简单和直接的证据表达自己的观点，具有初步的科学论证能力。

（4）能够独立思考，对相关信息、方案和结论提出自己的见解，具有质疑创新的意识。

3. 科学探究

科学探究是指基于观察和实验提出物理问题、形成猜想与假设、设计实验与制订方案、获取与处理信息、基于证据得出结论并做出解释，以及对科学探究过程和结果进行交流、评估、反思的能力。在科学探究能力的培养方面，学生应达到以下几个目标。

（1）有科学探究的意识，能够发现问题、提出问题，形成猜想与假设，具有初步的观察能力和提出问题的能力。

（2）能够制订简单的科学探究方案，有控制实验条件的意识，会通过实践操作等方式收集信息，初步具有获取证据的能力。

（3）能够分析、处理信息，得出结论，初步具有对科学探究过程和结果做出解释的能力。

（4）能够以书面或口头形式表述自己的观点，能够自我反思和听取他人意见，具有与他人交流的能力。

4. 科学态度与责任

科学态度与责任是指在认识科学本质和了解科学、技术、社会、环境之间关系的基础上形成的，探索自然的内在动力，严谨认真、实事求是、持之以恒的品质，热爱自然、保护环境、遵守科学伦理的自觉行为，以及推动可持续发展和实现中华民族伟大复兴的使命担当。在科学态度与责任的培养方面，学生应达到以下几个目标。

（1）初步认识科学本质，体会物理学对人类认识深化及社会发展的推动作用。

（2）亲近自然，崇尚科学，乐于思考与实践，具有探索自然的好奇心和求知欲，有克服困难的信心和决心，能够总结成功的经验，分析失败的原因，体验战胜困难、解决问题的喜悦，严谨认真，实事求是，善于跟他人分享与合作，不迷信权威，敢于提出并坚持基于证据的个人见解，勇于放弃或修正不正确的观点。

（3）能够关注科学技术对自然环境、人类生活和社会发展的影响，遵守科学伦理，有保护环境、节约资源的意识，能够在力所能及的范围内为社会的可持续发展做出贡献，具有实现中华民族伟大复兴的责任感与使命感。

（二）课程内容

物理课程的内容由物质、运动和相互作用、能量、实验探究、跨学科实践 5 个主题构成，其具体内容如下。

1. 物质

这部分内容的设计旨在引导学生从物理学的视角认识物质世界，了解身边物质的形态和变化，了解物质的属性、结构与物质世界的尺度，初步形成物质观念，引导学生学习科学研究方法，提升科学探究能力，体会科学、技术、社会、环境之间的关系，形成辩证唯物主义世界观和关心环境、保护环境的责任感。

2. 运动和相互作用

这部分内容的设计旨在引导学生从物理学视角认识运动和相互作用，了解身边的运动形式及相互作用，了解声、光、电、磁的含义，初步形成运动和相互作用观念；发展学生的推理论证能力及交流合作能力，引导学生了解我国古代和现代的相关科技成就，体会中华民族的智慧，培养学生的科学态度和实现中华民族伟大复兴的责任感与使命感。

3. 能量

这部分内容的设计旨在引导学生从物理学视角认识能量，了解不同形式的能量，认识能量转化与守恒的普遍规律，了解节约能源与可持续发展的重要性，初步形成能量观念；发展学生综合分析问题和解决问题的能力，培养学生为可持续发展做贡献、将科学服务于人类的使命感。

4. 实验探究

实验探究包含测量类和探究类学生必做实验。这两类学生必做实验相互关联，各有侧重，旨在体现物理课程实践性的特点，培养学生发现问题和提出问题的能力、动手操作和收集数据的能力、分析和处理数据的能力、解释数据的能力、表达和交流的能力，引导学生学会学习、学会合作，培养学生严谨认真、实事求是的科学态度。

5. 跨学科实践

跨学科实践与日常生活、工程实践及社会热点问题密切相关。这部分内容的设计旨在发展学生跨学科运用知识的能力、分析和解决问题的综合能力、动手操作的实践能力，培养学生积极认真的学习态度和乐于实践、敢于创新的精神。

九、化学

（一）课程目标

化学课程围绕化学观念、科学思维、科学探究与实践、科学态度与责任等核心素养确立课程目标。其具体内容如下。

1. 化学观念

化学观念是指人类探索物质的组成与结构、性质与应用、化学反应及其规律所形成的基本观念。完成化学课程的学习后，学生应能够形成化学观念，解决实际问题，具体包括以下几个目标。

（1）初步认识物质的多样性，能够对物质及其变化进行分类。

（2）能够从元素、原子、分子视角初步分析物质的组成及变化，认识"在一定条件下通过化学反应可以实现物质转化"的重要性。

（3）初步学会从定性和定量的视角研究物质的组成及变化，认识质量守恒定律对资源利用和物质转化的重要意义。

（4）能够通过实例认识物质的性质与应用的关系，形成合理利用物质的意识。

（5）能够从物质及其变化的视角初步分析、解决一些与化学相关的简单的实际问题，发展辩证唯物主义世界观。

2. 科学思维

科学思维是指从化学视角研究物质及其变化规律的思路与方法。完成化学课程的学习后，学生应发展科学思维，强化创新意识，具体包括以下几个目标。

（1）初步学会运用观察、实验、调查等手段获取化学事实，能够初步运用比较、分类、分析、综合、归纳等方法认识物质及其变化，形成一定的证据推理能力。

（2）能够从变化和联系的视角分析常见的化学现象，能以宏观、微观、符号相结合的方式认识和表征化学变化。

（3）初步建立物质及其变化的相关模型，能够根据物质的类别和信息提示预测其性质，并能解释一些简单的化学问题。

（4）能够从跨学科角度初步分析和解决简单的开放性问题，体会系统思维的意义。

（5）能够对不同的观点和方案提出自己的见解，发展创新思维能力，逐步学会辩证唯物主义方法论。

3. 科学探究与实践

科学探究与实践是指经历化学课程中的实验探究，基于学科和跨学科实践活动形成的学习能力。完成化学课程的学习后，学生应经历科学探究，增强实践能力，具体包括以下几个目标。

（1）认识实验是科学探究的重要形式和学习化学的重要途径，能够进行安全、规范的实验基本操作，独立或与同学合作完成简单的化学实验任务。

（2）能够主动提出有探究价值的问题，能够运用科学语言和信息技术手段合理表述探究的过程和结果，并与同学交流。

（3）能够从化学视角对常见的生活现象、简单的跨学科问题进行探讨，能够运用简单的技术与工程的方法初步解决与化学有关的实际问题，完成社会实践活动。

（4）在科学探究与实践活动中，能够根据自己的实际情况制订学习计划，开展自主学习活动，能够与同学合作、分享，善于听取他人的合理建议，评价、反思、改进学习过程与结果，初步形成自主、合作、探究的能力。

4. 科学态度与责任

科学态度与责任是指通过化学课程的学习，在理解科学、技术、社会、环境相互关系的基础上，逐步形成对化学促进社会可持续发展的正确认识，以及所表现的责任担当。完成化学课程的学习后，学生应养成科学态度，具有责任担当，具体包括以下几个目标。

（1）具有对物质世界及其变化的好奇心、探究欲和审美情趣。

（2）热爱科学，逐步形成崇尚科学、严谨求实、大胆质疑、追求真理、反对伪科学的科学精神及勇于克服困难的坚毅品质。

（3）学习科学家胸怀祖国、服务人民的爱国精神，勇攀高峰、敢为人先的创新精神，淡泊名利、潜心研究的奉献精神。

（4）认识科技创新在我国现代化建设全局中的核心地位，努力把科技自立自强信念自觉融入人生追求之中。

（5）赞赏化学对满足人民日益增长的美好生活需要和社会可持续发展做出的重大贡献。

（6）具有安全意识和合理选用化学品的观念，提高应对意外伤害事故的意识。

（7）初步形成节能低碳、节约资源、保护环境的态度和健康的生活方式。

（8）初步认识科学、技术、社会、环境的相互关系，遵守与化学、技术相关的伦理道德及法律法规，能够积极参加与化学有关的社会热点问题的讨论并做出合理的价值判断，初步形成主动参与社会决策的意识。

（9）树立人与自然和谐共生的科学自然观和绿色发展观，具有为全面建成社会主义现代化强国、实现中华民族伟大复兴而学习化学的志向和责任担当。

（二）课程内容

化学课程设置了科学探究与化学实验、物质的性质与应用、物质的组成与结构、物质的化学变化、化学与社会·跨学科实践 5 个主题。这 5 个主题的具体内容如表 7-5 所示。

表 7-5 化学课程的内容

主题	内容
科学探究与化学实验	（1）化学科学本质 （2）实验探究（科学探究的能力、基本的化学实验技能） （3）化学实验探究的思路与方法 （4）科学的探究态度 （5）学生必做实验及实践活动
物质的性质与应用	（1）物质的多样性 （2）常见的物质 （3）认识物质性质的思路与方法 （4）物质性质的广泛应用及化学品的合理使用 （5）学生必做实验及实践活动
物质的组成与结构	（1）物质的组成 （2）元素、分子、原子与物质 （3）认识物质的组成与结构的思路与方法 （4）研究物质的组成与结构的意义 （5）学生必做实验及实践活动
物质的化学变化	（1）物质的变化与转化 （2）化学反应及质量守恒定律 （3）认识化学反应的思路与方法 （4）化学反应的应用价值及合理调控 （5）学生必做实验及实践活动
化学与社会·跨学科实践	（1）化学与可持续发展 （2）化学与资源、能源、材料、环境、健康 （3）化学、技术、工程融合解决跨学科问题的思路与方法 （4）应对未来不确定性挑战 （5）跨学科实践活动

十、生物学

（一）课程目标

生物学课程围绕生命观念、科学思维、探究实践、态度责任等核心素养确立课程目标。其具体内容如下。

1. 生命观念

生命观念是指从生物学视角，对生命的物质和结构基础、生命活动的过程和规律、生物界的组成和发展变化、生物与环境关系等方面的总体认识和基本观点。完成生物学课程的学习后，学生应掌握生物学基础知识，形成基本的生命观念，具体包括以下几个目标。

（1）获得生物体的结构层次、生物的多样性、生物与环境、植物的生活、人体生理与健康、遗传与进化等方面的基础知识。

（2）初步形成生物学的结构与功能观、物质与能量观、进化与适应观、生态观等生命观念。

（3）能够应用生命观念探讨和阐释生命现象及规律，认识生物界的多样性和统一性，认识生物界的发展变化，认识人与自然的关系等，初步形成科学的自然观和世界观。

（4）能够应用生命观念分析生活中遇到的一些与生物学相关的实际问题。

2. 科学思维

完成生物学课程的学习后，学生应初步掌握科学思维方法，具备一定的科学思维习惯和能力，具体包括以下几个目标。

（1）尊重事实证据，能够运用比较和分类、归纳和演绎、抽象和概括、分析和综合等思维方法认识事物，解决实际问题，初步形成基于证据和逻辑的思维习惯。

（2）能够进行独立思考和判断，多角度、辩证地分析问题，提出自己的见解。

（3）能够对他人的观点进行审视评判、质疑包容。

（4）能够运用科学思维，探讨真实情境中的生物学问题，参与社会性科学议题的讨论。

3. 探究实践

探究实践主要包括科学探究和跨学科实践。科学探究是学习生物学的重要方式，跨学科实践是扩展视野、增强本领的重要途径，探究实践是创新型人才的重要标志。完成生物学课程的学习后，学生应初步具有科学探究和跨学科实践能力，能够分析解决真实情境中的生物学问题，具体包括以下几个目标。

（1）能够从生物学现象中发现和提出问题、收集和分析证据、得出结论。

（2）综合运用生物学和其他学科的知识、方法与实验操作技能，采用工程技术手段，通过设计、制作和改进，形成物化成果，将解决问题的想法或创意付诸实践，逐步形成团队合作意识、坚持不懈的探索精神、实践创新意识、审美意识和创意实现能力。

4. 态度责任

态度责任是指在科学态度、健康意识和社会责任等方面的自我要求和责任担当。态度责任关系到知识和能力的正确运用，是生物学课程育人价值的重要体现。完成生物学课程的学习后，学生应初步确立严谨求实的科学态度，乐于探索生命的奥秘，树立健康意识和社会责任感，能够强身健体和服务社会，具体包括以下几个目标。

（1）初步理解科学的本质，能够以科学的态度进行科学探究。

（2）面对各种媒体上的生物学信息或社会性科学议题，做到不迷信权威，不盲从他人，能对自己或他人的观点进行理性审视，尊重他人的观点。

（3）乐于探索自然界的奥秘，关注生物科学和生物技术的新进展及其对个人和社会发展的促进作用。

（4）关注身体内外各种因素对健康的影响，在饮食作息、体育锻炼、疾病预防等方面形成健康生活的态度和行为习惯。

（5）能够基于生命观念和科学思维，破除封建迷信，反对伪科学。

（6）理解科学、技术、社会、环境的相互关系，参与社会性科学议题的讨论。

（7）初步形成生态文明观念，践行"绿水青山就是金山银山"的理念，积极参与环境保护实践，立志成为美丽中国的建设者。

（8）主动宣传关于生命安全与健康的观念和知识，成为健康中国的促进者和实践者。

（二）课程内容

生物学课程的内容包含生物体的结构层次、生物的多样性、生物与环境、植物的生活、人体生理与健康、遗传与进化、生物学与社会·跨学科实践 7 个主题。各个主题之间相互融合，其具体内容如下。

1. 生物体的结构层次

生物体具有一定的结构层次。细胞是生物体结构和功能的基本单位。细胞的分裂、分化和生长是细胞重要的生命活动。细胞经过分裂和分化可以形成生物体的各种组织，功能不同的组织可以形成器官，共同完成某种生理功能的器官可以形成系统。多细胞生物体依靠器官（系统）之间的协调配合，进行正常的生命活动。

2. 生物的多样性

地球上的生物是多种多样的。依据生物之间的相似程度，生物可分成不同的类群。生物与人类的生活关系密切，生物的多样性对维持生态平衡具有重要作用。

3. 生物与环境

生物的生活离不开环境，同时生物又能适应和影响环境。生物与环境保持着十分密切的关系，并形成多种多样的生态系统。生态系统自我调节的能力是有限的，人类活动可能对生态环境造成一定的破坏，维护生态平衡对于人类的生存和发展具有重要意义。

4. 植物的生活

植物分布广泛，直接或间接地为其他生物提供食物和能量；植物参与生物圈中的水循环，维持生物圈中的碳氧平衡。植物对生物圈的存在和发展起着决定性作用。

5. 人体生理与健康

人体具有多个系统，各系统相互协调与配合，共同完成各项生命活动。人体健康是生活质量的重要保障，良好的行为习惯对人体健康至关重要。

6. 遗传与进化

生物的生殖、发育和遗传是生命的基本特征。植物、动物和人通过生殖和遗传维持物种的延续。生命的起源和生物的进化是生物学研究的重要领域。以自然选择学说为核心的生物进化理论，解释了生物多样性的原因。

7. 生物学与社会·跨学科实践

本主题包括模型制作、植物栽培和动物饲养、发酵食品制作 3 类跨学科实践活动。

十一、信息科技

（一）课程目标

信息科技课程围绕信息意识、计算思维、数字化学习与创新、信息社会责任等核心素养确立课程目标。其具体内容如下。

1. 信息意识

信息意识是指个体对信息的敏感度和对信息价值的判断力。完成信息科技课程的学习后，学生应树立正确价值观，形成信息意识，具体包括以下几个目标。

（1）认识到数据对社会发展的作用和价值，自觉辨别数据真伪，判断和评估所获取信息的价值，增强信息交流的主动性和友善性，树立正确的信息价值观。

（2）根据解决问题的需要，有意识地寻求恰当方式检索、选择所需信息。

（3）掌握和运用信息科技手段表达、交流与支持自己的观点，根据信息价值合理分配注意力，提高学习信息科技的兴趣。

（4）增强数据安全意识，认识到原始创新对国家可持续发展的重要性。

2. 计算思维

计算思维是指个体运用计算机科学领域的思想方法，在问题解决过程中涉及的抽象、分解、建模、算法设计等思维活动。完成信息科技课程的学习后，学生应初步具备解决问题的能力，发展计算思维，具体包括以下几个目标。

（1）知道数据编码的作用与意义，掌握信息处理的基本过程与方法，体验过程与控制的场景，验证解决问题的过程，初步具备应用信息科技解决问题的能力。

（2）了解算法在解决问题过程中的作用，领会算法的价值。

（3）能够采用计算机科学领域的思想方法界定问题、分析问题、组织数据、制订问题解决方案，并对其进行反思和优化，使用简单算法，利用计算机实现问题的自动化求解。

（4）能够有意识地总结解决问题的方法，并将其迁移到其他问题求解中。

3. 数字化学习与创新

数字化学习与创新是指个体在日常学习和生活中通过选用合适的数字设备、平台和资源，有效地管理学习过程与学习资源，开展探究性学习，创造性地解决问题。完成信息科技课程的学习后，学生应提高数字化合作与探究的能力，发扬创新精神，具体包括以下几个目标。

（1）围绕学习任务，利用数字设备与团队成员合作解决学习问题，协同完成学习任务，逐步形成应用信息科技进行合作的意识。

（2）适应数字化学习环境，针对问题设计探究路径，通过网络检索、数据分析、模拟验证、可视化呈现等方式开展探究活动，得出探究结果。

（3）利用信息科技平台，开展协同创新，在数字化学习环境中发挥自主学习能力，主动探索新知识与新技能，采用新颖的视角思考和分析问题，设计和创作具有个性化的作品。

4. 信息社会责任

信息社会责任是指个体在信息社会中的文化修养、道德规范和行为自律等方面应承担的责任。完成信息科技课程的学习后，学生应遵守信息社会法律法规，践行信息社会责任，具体包括以下几个目标。

（1）领悟网络空间命运共同体对信息社会发展的重要意义，具备自觉维护国家信息安全、网络安全的意识，认识到自主可控技术对国家安全的重要性。

（2）采用一定的策略与方法保护个人隐私，尊重他人知识产权，安全使用数字设备，认识信息科技应用的影响。

（3）正确应对人工智能对社会的影响，认识到人工智能对伦理与安全的挑战。

（4）能够遵循信息科技领域的伦理道德规范，明确科技活动中应遵循的价值观念、道德责任和行为准则。

（5）按照法律法规与信息伦理道德进行自我约束，积极维护信息社会秩序，养成在信息社会中学习、生活的良好习惯，能安全、自信、积极主动地融入信息社会。

（二）课程内容

信息科技课程依据核心素养和学段目标，按照学生的认知特征和信息科技课程的知识体系，围绕数据、算法、网络、信息处理、信息安全、人工智能6条逻辑主线，组织课程内容。其具体学习内容由内容模块和跨学科主题两部分组成，如表7-6所示。

表7-6 信息科技课程的内容

学段	内容模块	跨学科主题
第四学段 （7～9年级）	（1）人工智能与智慧社会 （2）物联网实践与探索 （3）互联网应用与创新	互联智能设计	（1）未来智能场景畅想 （2）人工智能预测出行 （3）在线数字气象站 （4）无人机互联表演 （5）向世界介绍我的学校
第三学段 （5～6年级）	（1）过程与控制 （2）身边的算法	小型系统模拟	（1）小型扩音系统 （2）小型开关系统 （3）解密玩具汉诺塔 （4）游戏博弈中的策略
第二学段 （3～4年级）	（1）数据与编码 （2）在线学习与生活	数据编码探秘	（1）用编码描述秩序 （2）用数据讲故事 （3）自我管理小管家 （4）在线学习小能手
第一学段 （1～2年级）	（1）信息隐私与安全 （2）信息交流与分享	数字设备体验	（1）信息安全小卫士 （2）信息管理小助手 （3）用符号表达情感 （4）向伙伴推荐数字设备

十二、体育与健康

（一）课程目标

体育与健康课程围绕运动能力、健康行为、体育品德等核心素养确立课程目标。其具体内容如下。

1. 运动能力

运动能力是指学生在参与体育运动过程中所表现出来的综合能力。完成体育与健康课程的学习后，学生应掌握与运用体能和运动技能，提高运动能力，具体包括以下几个目标。

（1）能够享受运动乐趣，掌握各种体能的学练方法，积极参与各种体能练习，达到《国家学生体质健康标准（2014年修订）》的相应要求，改善体形，保持良好的身体姿态。

（2）在学练多种运动项目技战术和参与展示或比赛的基础上掌握1或2项运动技能。

（3）认识体能和运动技能发展的重要性，掌握所学运动项目的基础知识和基本原理，了解并运用所学运动项目的规则。

（4）经常观看体育比赛，并能简要分析体育比赛中的现象与问题。

（5）形成积极的体育态度，提高分析问题和解决问题的能力。

2. 健康行为

健康行为是指学生增进身心健康和积极适应外部环境的综合表现。完成体育与健康课程的学习后，学生应学会运用健康与安全的知识和技能，形成健康的生活方式，具体包括以下几个目标。

（1）能够理解体育锻炼对健康的重要性，积极参加校内外体育锻炼，逐步形成体育锻炼意识和习惯。

（2）掌握个人卫生保健、营养膳食、青春期生长发育、常见疾病和运动伤病预防、安全避险等知识与方法，并运用在学习和生活中。

（3）了解和体验体育活动对心理健康的积极影响，学会调控自己的情绪，积极应对挫折和失败，保持良好的心态。

（4）主动同他人交流与合作，知道在不同环境下进行体育锻炼的方法和注意事项，逐步适应自然环境和社会环境。

3. 体育品德

体育品德是指学生在体育运动中应当遵循的行为规范和体育伦理，以及形成的价值追求和精神风貌。完成体育与健康课程的学习后，学生应积极参与体育活动，养成良好的体育品德，具体包括以下几个目标。

（1）能够理解参与体育学练、展示或比赛对个人品德塑造的重要性。

（2）积极参与体育活动，在遇到困难或挑战自身身体极限且保证安全的情况下能克服困难、坚持到底，与同伴一起顽强拼搏。

（3）遵守体育游戏、展示或比赛规则，相互尊重，诚实守信，具有公平竞争的意识和行为。

（4）充满自信，乐于助人，表现出良好的礼仪，承担不同角色并认真履行职责，正确对待成败。

（5）能够将体育运动中养成的良好体育品德迁移到日常学习和生活中。

（二）课程内容

体育与健康课程内容包括基本运动技能、体能、健康教育、专项运动技能和跨学科主题学习。

1．基本运动技能

基本运动技能包括移动性技能、非移动性技能和操控性技能，主要发展学生的身体活动能力，为学生发展体能和学练专项运动技能奠定良好基础。

2．体能

体能学练主要针对改善身体成分，发展心肺耐力、肌肉力量、肌肉耐力、柔韧性、反应能力、位移速度、协调性、灵敏性、爆发力、平衡能力等，为学生增进体质健康和学练专项运动技能奠定良好基础。

3．健康教育

健康教育包括健康行为与生活方式、生长发育与青春期保健、心理健康、疾病预防与突发公共卫生事件应对、安全应急与避险5个领域，主要帮助学生逐步养成健康与安全的行为习惯和生活态度。

4．专项运动技能

专项运动技能包括球类运动、田径类运动、体操类运动、水上或冰雪类运动、中华传统体育类运动、新兴体育类运动6类。

1）球类运动

球类运动是人们为了实现自我发展和休闲娱乐而创造的以球为载体，在开放和对抗情境中合理运用攻防技战术，以战胜对方为直接目的的体育活动。球类运动的主要特点是结果的不确定性、应激反应的即时性、技能操控的复杂性、战术选择的针对性和有效性等。

球类运动项目可分为同场对抗项目和隔网对抗项目，前者是双方在同一场地内进行的有身体接触的对抗性运动项目（如篮球、橄榄球等）；后者是双方在各自区域内进行的无直接身体接触的对抗性运动项目（如排球、乒乓球等），又可分为集体性球类运动项目（如足球、手球等）和个体性球类运动项目（如羽毛球、网球等）。

2）田径类运动

田径类运动是走、跑、跳、投掷等运动项目，以及由以上部分项目组成的全能运动项目的总称，其特点是以个人为主独立完成速度、高度或远度等的较量。田径类运动项目可分为跑（如短跑、中长跑、跨栏跑、接力跑等）、跳（如跳高、跳远等）、投掷（如推铅球、掷实心球、掷垒球等）3类。

3）体操类运动

体操类运动是通过徒手、持轻器械或在器械上完成不同类型与难度的成套动作，充分展现身体控制能力，塑造健美形体，并具有一定艺术表现力的体育活动。体操类运动项目可分为两类：一类是技巧与器械体操（如支撑跳跃、技巧运动、低单杠运动等），其特点是身体做出支撑、倒置、滚动、旋转、跳跃、翻腾、环绕、伸展等动作；另一类是艺术性体操（如韵律操、健美操等），其特点是伴随音乐展现节奏明快、刚劲有力、舒展优美的动作。

4）水上或冰雪类运动

水上或冰雪类运动是人们在水环境或冰雪环境中开展的体育活动。水上或冰雪类运动项目可分为两类：一类是水上运动项目（如蛙泳、自由泳、仰泳、蝶泳等），另一类是冰雪运动项目（如速度滑冰、高山滑雪、冰球等）。

5）中华传统体育类运动

中华传统体育类运动起源于生产劳动、典礼祭祀、军事战争、娱乐健身等，是经过历代传承、具有浓厚民族文化色彩和特征的体育活动。该类运动的主要特点是地域特色鲜明、技法形式多元、健身养生一体、文化形态多样。中华传统体育类运动项目可分为武术类运动项目（如长拳、形意拳、八卦掌、中国式摔跤、太极拳、射箭、射弩等）和其他民族民间传统体育类运动项目（如舞龙、舞狮、摇旱船、跳竹竿、赛龙舟、荡秋千、抢花炮、珍珠球、毽球、蹴球等）。

6）新兴体育类运动

新兴体育类运动是指在国际上比较流行、在国内开展不久或国内外新创的、大众运动色彩浓郁、深受青少年喜爱的体育活动。该类运动的主要特点是形式新颖，具有较强的时尚性和挑战性。新兴体育类运动项目可分为生存探险类项目（如定向运动、野外生存、远足、登山、攀岩等）和时尚运动类项目（如花样跳绳、轮滑滑板、极限飞盘、跆拳道、独轮车、小轮车、飞镖等）。

5. 跨学科主题学习

跨学科融合一直是学生提高运动能力、学习健康知识和传承中华优秀传统体育的重要方式和途径。体育与健康课程应融合多门课程，充分发挥育人功能，以促进学生全面发展。体育与健康课程的跨学科主题学习部分主要立足于核心素养，结合课程的目标体系，设置有助于实现体育与德育、智育、美育、劳动教育和国防教育相结合的多学科交叉融合的教学内容。

十三、艺术

（一）课程目标

艺术课程围绕审美感知、艺术表现、创意实践、文化理解等核心素养确立课程目标。其具体内容如下。

1. 审美感知

审美感知是对自然世界、社会生活和艺术作品中美的特征及其意义与作用的发现、感受、认识和反应能力。在审美感知方面，学生的学习目标是感知、发现、体验和欣赏艺术美、自然美、生活美、社会美，提升审美感知能力。

2. 艺术表现

艺术表现是在艺术活动中创造艺术形象、表达思想感情、展现艺术美感的实践能力。在艺术表现方面，学生的学习目标是丰富想象力，运用媒介、技术和独特的艺术语言进行表达与交流，运用形象思维创作情景生动、意蕴健康的艺术作品，提高艺术表现能力。

3. 创意实践

创意实践是综合运用多学科知识，紧密联系现实生活，进行艺术创新和实际应用的能力。在创意实践方面，学生的学习目标是发展创新思维，积极参与创作、表演、展示、制作等艺术实践活动，学会发现并解决问题，提升创意实践能力。

4. 文化理解

文化理解是对特定文化情境中艺术作品人文内涵的感悟、领会、阐释能力。在文化理解方面，学生的学习目标主要包括以下两个。

（1）感受和理解我国深厚的文化底蕴和党的百年奋斗重大成就，传承和弘扬中华优秀传统文化、革命文化、社会主义先进文化，坚定文化自信，铸牢中华民族共同体意识。

（2）了解不同地区、民族和国家的历史与文化传统，理解文化与构建人类命运共同体的关系，学会尊重、理解和包容。

（二）课程内容

艺术课程包括音乐、美术、舞蹈、戏剧（含戏曲）、影视（含数字媒体艺术）5 个学科，以艺术实践为基础，以学习任务为抓手，有机整合学习内容，构建一体化的内容体系。

艺术实践包括欣赏（欣赏·评述）、表现（造型·表现）、创造（设计·应用）和联系/融合（综合·探索），是学生学习艺术、提升艺术素养必须经历的活动和过程。其学习内容是学生在艺术实践中需要掌握并有效运用的基础知识和基本技能。其学习任务是艺术实践的具体化，是学生在现实生活或特定情境中综合运用所学知识、技能等完成的项目、解决的问题等。

在义务教育阶段，1～2 年级开设唱游·音乐、造型·美术；3～7 年级开设音乐、美术，融入舞蹈、戏剧（含戏曲）、影视（含数字媒体艺术）；8~9年级开设艺术选项，包括音乐、美术、舞蹈、戏剧（含戏曲）、影视（含数字媒体艺术），每名学生至少选择两项学习。有条件的地区和学校，可在7年级开设舞蹈、戏剧（含戏曲）、影视（含数字媒体艺术），供学生选择。

十四、劳动

（一）课程目标

劳动课程围绕劳动观念、劳动能力、劳动习惯和品质、劳动精神等核心素养确立课程目标。其具体内容如下。

1. 劳动观念

劳动观念是指在劳动实践中逐渐形成的，对劳动、劳动者、劳动成果等方面的认知和总体看法，以及在此基础上形成的基本态度和情感。完成劳动课程的学习后，学生应形成基本的劳动意识，树立正确的劳动观念，具体包括以下几个目标。

（1）形成对劳动与人类生活、社会发展、个人成长之间关系的正确认识，懂得人人都要劳动、劳动创造财富、劳动创造美好生活等基本道理。

（2）体验劳动的艰辛和快乐，形成劳动效率意识、劳动质量意识。

（3）具有热爱劳动、热爱劳动人民、尊重普通劳动者的积极情感。

（4）树立劳动最光荣、劳动最崇高、劳动最伟大、劳动最美丽的观念。

2. 劳动能力

劳动能力是指顺利完成与个体年龄及生理特点相适宜的劳动任务所需的胜任力，是个体的劳动知识、技能、行为方式等在劳动实践中的综合表现。完成劳动课程的学习后，学生应发展初步的筹划思维，形成必备的劳动能力，具体包括以下几个目标。

（1）能够从目标和任务出发，系统分析可利用的劳动资源和约束条件，制订具体的劳动方案，发展初步的筹划思维，发展基本的设计能力。

（2）能够使用常用工具与基本设备，采用一定的技术、工艺与方法，完成劳动任务，形成基本的动手能力。

（3）能够综合运用多学科知识和多方面经验解决劳动中出现的问题，发展创造性劳动的能力。

（4）在劳动过程中学会自我管理、团队合作。

3. 劳动习惯和品质

劳动习惯和品质是指通过经常性劳动实践形成的稳定行为倾向和品格特征。完成劳动课程的学习后，学生应养成良好的劳动习惯，塑造基本的劳动品质，具体包括以下几个目标。

（1）能够自觉自愿地劳动，养成安全规范、有始有终的劳动习惯。

（2）体悟劳动成果的来之不易，珍惜劳动成果。

（3）能够辛勤劳动、诚实劳动、协作劳动和创造性劳动，养成吃苦耐劳、持之以恒、责任担当的品质。

4. 劳动精神

劳动精神是指在劳动观念、劳动能力、劳动习惯和品质的培养过程中形成和发展的，在劳动实践中秉持的关于劳动的信念信仰和人格特质。完成劳动课程的学习后，学生应培育积极的劳动精神，弘扬劳模精神和工匠精神，具体包括以下几个目标。

（1）培养勤俭、奋斗、创新、奉献的劳动精神。

（2）具有继承中华民族勤俭节约、敬业奉献优良传统的积极愿望。

（3）弘扬爱岗敬业、甘于奉献的劳模精神和精益求精、追求卓越的工匠精神。

（4）具有不畏艰辛、锐意进取、为社会发展和国家建设付出辛勤劳动的奋斗精神。

（二）课程内容

劳动课程以培养学生的核心素养为导向，围绕日常生活劳动、生产劳动和服务性劳动设置 10 个任务群。各个学段劳动课程内容结构如表 7-7 所示。

表 7-7　各个学段劳动课程内容示意图

任务群		第一学段（1～2年级）	第二学段（3～4年级）	第三学段（5～6年级）	第四学段（7～9年级）
日常生活劳动	清洁与卫生	√	√		
	整理与收纳	√	√	√	√
	烹饪与营养	√	√	√	√
	家用器具使用与维护		√	√	√
生产劳动	农业生产劳动	√	√	√	√
	传统工艺制作	√	√	√	√
	工业生产劳动			√	√
	新技术体验与应用			√	√
服务性劳动	现代服务业劳动			√	√
	公益劳动与志愿服务		√	√	√

学以致用

"践行课程标准，启航教育梦想"课程教学模拟大赛

活动目的

学生应通过课程教学模拟大赛，加深对义务教育课程标准的理解，培养自觉践行课程标准的意识。

"学以致用"
实训报告 7-2

活动要求

（1）各组任意选择一门课程，了解其课程目标和内容，并自主决定具体的教学主题和教学内容，撰写一份详细的教学方案。

（2）各组通过手工板书或制作演示文稿的方式，在班级内进行模拟教学。

活动过程

各组成员分工合作，参照表 7-8 所示的内容，开展实践活动。

表 7-8　活动名称及实施步骤

活动名称	实施步骤
准备工作	（1）全班学生按照 4~6 人为一组，分成若干小组
	（2）各组成员熟悉所选课程的目标和内容
实施过程	（3）各组成员展开讨论，确定教学主题和教学内容，并分工合作撰写教学方案
	（4）主持人组织各组组长现场抽签，以确定教学模拟的顺序
	（5）各组按照抽签顺序进行模拟教学
总结活动	（6）各组讨论本组成员在此次模拟教学中的综合表现，各组成员总结自己在活动中的收获

心得体会

项目检测

一、不定项选择题

1. 义务教育应培养学生"具有维护民族团结，捍卫国家主权、尊严和利益的意识"，这是培养目标关于（　　）的要求。

   A．有理想　　　　　　　　　　B．有本领

   C．有担当　　　　　　　　　　D．有作为

2. 学校课程实施方案需报（　　）备案，作为对学校开展教育督导的重要依据。

   A．上级教育行政主管部门　　　B．市级教育行政部门

   C．省级教育行政部门　　　　　D．国务院教育行政部门

3. （　　）是课程实施的责任主体。

   A．教师　　　　　　　　　　　B．学校

   C．学生　　　　　　　　　　　D．教育行政部门

4. （　　）是社会主义建设者和接班人必须具备的思想基础。

   A．政治认同　　　　　　　　　B．法制观念

   C．道德修养　　　　　　　　　D．责任意识

5. 英语课程要培养的核心素养，主要包括（　　）。

   A．语言能力　　　　　　　　　B．文化意识

   C．思维品质　　　　　　　　　D．学习能力

6. 中国现代史自中华人民共和国成立至今，叙述了全国各族人民在中国共产党的领导下，（　　）等历程。

   A．进行社会主义革命　　　　　B．建立社会主义制度

   C．走中国特色社会主义道路　　D．全面建设社会主义现代化国家

7. 化学课程设置了科学探究与化学实验、物质的性质与应用、物质的组成与结构、物质的化学变化、化学与社会·跨学科实践5个主题。下列选项中，属于物质的组成与结构内容的有（　　）。

   A．化学科学本质　　　　　　　B．物质的组成

   C．元素、分子、原子与物质　　D．研究物质的组成与结构的意义

8. 下列选项中，属于田径类运动的有（　　）。

   A．中长跑　　　　　　　　　　B．跳高

   C．推铅球　　　　　　　　　　D．羽毛球

二、判断题

1. 国务院教育行政部门要统筹规划国家课程、地方课程和校本课程这3类课程的实施。（   ）

2. 义务教育课程应加强与生产劳动和社会实践的结合，优化综合实践活动的实施方式与路径。（   ）

3. 语文课程可以包含日常生活方面的主题。（   ）

4. 数学课程包含数与代数、图形与几何、统计与概率、综合与实践4个学习领域。（   ）

5. 历史解释是指对获取的史料进行辨析，并运用可信史料努力重现真实历史的态度与方法。（   ）

6. 科学课程围绕科学观念、科学思维、探究实践和态度责任等核心素养确立课程目标。（   ）

7. 体育与健康课程内容中的基本运动技能包括移动性技能和非移动性技能。（   ）

8. 在艺术课程中，艺术表现是综合运用多学科知识，紧密联系现实生活，进行艺术创新和实际应用的能力。（   ）

三、简答题

1. 义务教育课程应遵循哪些基本原则？
2. 义务教育课程的实施要点是什么？
3. 在义务教育阶段，语文、数学和英语的课程目标分别是什么，它们有哪些课程内容？
4. 简述各个学段劳动课程内容的结构。

四、案例分析题

某小学三年级举办了一次"自立周"活动。在活动的第一天，学校为学生安排了一堂家政课，邀请了专业讲师到校教授基本的烹饪技巧和家务技能。课程结束后，学生们根据要求制订了一周的生活计划，包括早餐制作、房间整理、衣物清洗等。在活动的最后一天，学生将计划的执行情况交由家长评价并签字。通过这次活动，学生们不仅学会了制作简单的三明治和家常菜，还能够分担一些家务劳动。

学校举办上述活动的做法是否与劳动课程的培养目标相符？请详细说明理由。

项目七 践行科学教育，培育祖国未来

预期学习成果评价

教师应对学生的理论知识学习情况、实践技能掌握情况、素养目标达成情况、实践活动成果等进行评价，请各位学生配合指导教师共同完成预期学习成果评价表（见表7-9）。

表7-9 预期学习成果评价表

班级		姓名		学号		
组号		指导教师		日期		
评价维度	评价标准			分值	评分		
					自评	互评	师评
基本知识 30分	能够简述义务教育课程方案的基本内容			15			
	能够简要概括义务教育各个课程的课程目标和课程内容			15			
实践技能 30分	能够辨别教师是否按照义务教育课程方案来培养学生			15			
	能够辨别义务教育课程教学是否符合课程标准			15			
综合素质 20分	能够按时、按要求完成所有的课堂互动、实践活动			10			
	具有良好的语言表达能力和较强的逻辑思维能力，能够主动参与团队决策，与团队其他成员之间相互协作、积极沟通			10			
活动成果 20分	小组分工明确，团队成员配合默契			5			
	主题墙报主题清晰明确，内容丰富，形式别具一格			5			
	模拟教学时表述清晰、准确、生动			5			
	活动总结内容全面、逻辑清晰			5			
合计				100			
总评	自评（30%）+互评（30%）+师评（40%）=						
教师评语				教师（签名）：			

项目八

牢筑安全防线，保障师生安全

项目导读

校园安全关系到万千家庭的幸福和整个社会的和谐。近年来，校园安全事故频繁发生，严重威胁着广大教职工和学生的生命安全。因此，学校应加强安全意识教育，完善安全设施，提高应急管理能力，为广大教职工和学生创造一个安全、和谐、健康的校园环境。本项目将系统地介绍校园安全防护工作的相关规定。

学习目标

知识目标

- 熟悉校园安全的动静态管理规定。
- 熟悉校园安全教育工作的相关规定。
- 理解安全事故的归责情形。
- 掌握安全事故的处理程序。
- 理解安全事故损害的赔偿规定和对责任者的处理规定。

能力目标

- 能够正确判断校园的安全防护工作是否到位，并提出改进建议。
- 能够遵守相关法律法规，确保学生在校安全。

素养目标

- 树立安全观念，增强责任意识。
- 提高心理承受能力和自我调节能力，面对校园安全事故时能够保持冷静和理性。

项目八 牢筑安全防线，保障师生安全

任务一 熟悉校园安全管理

构筑安全堡垒，为学生保驾护航

校园安全工作是学校开展其他工作的基础，容不得半点马虎。某小学深知此理，一直把安全工作作为各项工作的重中之重，始终坚持"生命至上，安全第一"的原则，将"保护学生的生命健康"作为全体教职工的共同使命，确保人人参与、人人有责，为学生构筑了一道坚实的安全屏障。

为了确保在校学生的安全，该校积极开展"三防"建设，全力维护校园安全。

在人防方面，该校配备了两名训练有素的专职保安员，并建立了由他们带领的内部安全保卫队，全面负责校园的安全防护工作。同时，该校组建了由教职工和家长志愿者组成的护校队。在学生上学、放学的高峰时段，护校队在学校大门口协助保安员维护秩序、疏导交通，以确保学生的出入安全。

在物防方面，该校在校门口设置了门卫值班室，并根据值班人员的数量配备了防卫器械、报警设备和通信设备，以防外来人员非法闯入。同时，该校在重点区域和重要场所修建了照明设施，安装了防护装置，在教室走廊、设备间等场所修建了消防设施，配备了消防器材等，从各个方面有效地保障了学生的安全。

在技防方面，该校安装了48个高清摄像头，并将校园内的部分监控与公安系统的天网工程相连，大大增强了校园的安全防护能力。

除了"三防"建设，该校还有针对性地对学生开展安全教育，定期组织学生参加消防安全、交通安全、防骗、防溺水、防侵害等方面的演练，以增强学生的安全防护意识和自我救护能力。同时，该校制订了安全事故应急预案，建立了安全事故处理机制，并定期开展安全检查和隐患排查，确保各项安全措施落实到位。

（1）学校的安全管理工作应包括哪些内容？各项工作分别应符合哪些规定？

（2）校园安全教育应包含哪些内容？

校园安全管理工作是学校其他工作顺利开展的前提和保障。《中华人民共和国未成年人保护法》《中小学幼儿园安全管理办法》《学生伤害事故处理办法》《中小学幼儿园安全防范

203

工作规范（试行）》《校车安全管理条例》等法律法规对学校的安全管理工作做出了规定。学校应当严格遵守相关规定，做好安全管理工作，为学生的健康成长保驾护航。

一、校园安全管理概述

（一）校园安全管理的概念和重要性

校园安全管理是指学校为保障校内学生和教职工的人身安全和财产安全，维护正常的教育教学秩序，按照法律法规的规定开展的涉及环境、设施、食品、交通、活动等多个方面的管理活动。校园安全管理的有效性，直接关系到学生和教职工的生命安全。因此，学校教职工必须牢固树立安全责任意识，落实各项校园安全管理措施，以保障学生和自身的安全。

（二）校园安全管理的方针

《中小学幼儿园安全管理办法》第三条规定了校园安全管理的方针："学校安全管理遵循积极预防、依法管理、社会参与、各负其责的方针。"该方针为学校的安全管理工作指明了方向。具体而言，该方针包含以下几层含义。

（1）积极预防。学校应当通过调研，摸清学生易发生事故的环节、地点和时段，以便采取积极的措施，预防各类安全事故的发生。同时，学校应当有针对性地健全安全制度，消除安全隐患，确保学生的生命安全。

（2）依法管理。学校应当按照法律法规的规定，开展校园安全管理工作，确保安全管理行为合法合规。

（3）社会参与。校园安全管理工作需要全社会的参与和支持，学校应当团结一切社会力量形成校园安全管理联动机制，为学生的健康成长保驾护航。

（4）各负其责。学校应当建立健全安全责任制度和事故责任追究制度，明确各岗位的安全保卫职责，确保责任到人。

（三）校园安全管理的内容

校园安全管理的内容主要包括建立安全管理制度、构建安全工作保障体系、健全安全预警机制、建立校园周边整治协调工作机制、加强安全教育、制订事故应急预案等。《中小学幼儿园安全管理办法》第四条对校园安全管理工作的主要内容做出了规定。根据规定，学校应当从以下几个方面开展安全管理工作。

（1）构建校园安全工作保障体系，全面落实安全工作责任制和事故责任追究制，保障校园安全工作规范、有序进行。

（2）健全校园安全预警机制，制订突发事件应急预案，完善事故预防措施，及时排除安全隐患，不断提高校园安全工作管理水平。

（3）建立校园周边整治协调工作机制，维护学校周边的环境安全。

（4）加强安全宣传教育培训，提高师生的安全意识和防护能力。

（5）制订事故应急预案，在事故发生后立即启动应急预案，救治伤亡人员，并在事后进行责任追究等。

学校应当明确安全管理工作的重点，严格按照相关规定开展安全管理工作，以保障在校学生和教职工的安全。

二、校园安全的静态管理

校园安全的静态管理是指学校通过制度建设、科学决策和有效监管，确保校内的安保人员、物理环境、设施设备等处于有序工作状态，以维持学校的安全和稳定。它主要体现为学校日常的安全管理活动，如明确各岗位的安全保卫职责、检查与维护校内的设施设备、安装与维护校内的安全技术防范系统等，这些管理活动一般不会随时间变化而频繁变动。下面从人防建设规范、物防建设规范、技防建设规范等方面介绍校园安全静态管理的相关规定。

（一）人防建设规范

人防建设规范是指学校组织各岗位职工防范、处置安全风险时应当遵守的行为准则。人防建设是校园安全防护体系的基础，主要包括建立健全内部安全保卫组织和制度、落实安全保卫岗位职责、配备专业的安保人员和校车安全管理人员等。

《国务院办公厅关于加强中小学幼儿园安全风险防控体系建设的意见》第九条指出，"学校要明确安全是办学的底线，切实承担起校内安全管理的主体责任，对校园安全实行校长（园长）负责制，健全校内安全工作领导机构，落实学校、教师对学生的教育和管理责任，狠抓校风校纪，加强校内日常安全管理，做到职责明确、管理有方"。同时，《中小学幼儿园安全管理办法》对学校各岗位职工的安全保卫职责做出了规定。

1. 学校创办者方面职责

根据《中小学幼儿园安全管理办法》第十四条第一项的规定可知，学校创办者应当履行以下安全保卫职责。

（1）确保学校符合基本办学标准，保证学校围墙、校舍、场地、教学设施、教学用具、生活设施和饮用水源等办学条件符合国家安全质量标准。

（2）配置紧急照明装置和消防设施与器材，确保学校教学楼、图书馆、实验室、师生宿舍等场所的照明、消防条件符合国家安全规定。

（3）定期对校舍进行安全检查，对需要维修的，及时予以维修；对危房及时予以改造。

此外，创办学校的地方人民政府应当依法维护学校周边的秩序，保障师生和学校的合法权益，为学校提供安全保障。有条件的学校创办者应当为学校购买责任保险。

2. 学校校长职责

学校实行校长负责制，校长是学校安全保卫工作的第一责任人。《中小学幼儿园安全管理办法》第十六条规定，"学校应当建立校内安全工作领导机构，实行校长负责制"。同时，《中小学幼儿园安全防范工作规范（试行）》第三条规定，"中小学校长、幼儿园园长是学校内部安全保卫工作第一责任人"。据此，学校应当建立校内安全工作领导机构，细化校长的安全管理职责，确保学校的安全管理工作有序推进。

3．学校教师职责

教师除承担教育教学工作职责外，还应当关注学生的安全问题。《中小学幼儿园安全管理办法》第三十五条第二款规定："学校教师应当遵守职业道德规范和工作纪律，不得侮辱、殴打、体罚或者变相体罚学生；发现学生行为具有危险性的，应当及时告诫、制止，并与学生监护人沟通。"教师应当增强安全防范意识，履行安全保卫职责，切实保障学生安全。同时，教师应当服从学校安排，参与护校工作。根据《中小学幼儿园安全防范工作规范（试行）》第七条第二款的规定，学校应当"组织教师和家长志愿者在学校及校门口开展护校工作"。

课堂互动

> 赵老师在组织学生开展体育活动时，发现操场上的羽毛球网存在安全隐患，但她没有及时向领导汇报这个情况。她认为学校设施设备的安全检查和维修不属于她的职责，就算不汇报相关情况，负责安全检查的工作人员在例行检查时也会发现该安全隐患。你如何看待赵老师的行为？请结合所学知识谈谈你的看法。

4．卫生保健人员职责

《中小学幼儿园安全管理办法》第二十三条第一款规定："学校应当按照国家有关规定配备具有从业资格的专职医务（保健）人员或者兼职卫生保健教师，购置必需的急救器材和药品，保障对学生常见病的治疗，并负责学校传染病疫情及其他突发公共卫生事件的报告。有条件的学校，应当设立卫生（保健）室。"学校应当配备卫生保健人员，并为卫生保健人员提供必要的工作支持，确保他们能有效地开展卫生保健工作。

5．安保人员职责

《中小学幼儿园安全管理办法》第十六条规定，学校"应当设立保卫机构，配备专职或者兼职安全保卫人员，明确其安全保卫职责"。该办法第十七条第一款规定："学校应当健全门卫制度，建立校外人员入校的登记或者验证制度，禁止无关人员和校外机动车入内，禁止将非教学用易燃易爆物品、有毒物品、动物和管制器具等危险物品带入校园。"同时，根据《中小学幼儿园安全防范工作规范（试行）》第三条的规定可知，学校应当设立安全管理机构，配备符合规定的安保人员，明确安保人员的安全保卫职责，并将安保人员的配备和管理情况报县（区）级教育行政部门和公安机关进行备案。

《中小学幼儿园安全防范工作规范（试行）》第六条至第八条对安保人员的安全保卫职责做出了规定。根据规定，学校安保人员应当履行以下职责。

（1）熟悉校园安全管理、治安保卫相关法律法规、安全标准和规章制度，熟悉学校及其周边的治安特点，掌握校内安全防范工作的重点；值勤时按有关规定穿着保安服或者佩戴学校保卫人员标识，携带安全防卫器械和应急处置装备，并熟悉这些器械和装备的使用方法。

（2）确保学校门口24小时有人值守，其他出入口开启时有人值守；做好车辆、人员进

项目八 牢筑安全防线,保障师生安全

出登记,防止未经许可人员进入学校;每日巡查学校重点部位及周边区域不少于 5 次。

(3)在学生上学、放学时段,在有人员、车辆进出的门口值守,以便维护人员、车辆出入秩序,做好安全巡查工作。对于发现的与违法犯罪有关的可疑情况,及时报警;对于正在发生的侵害师生的违法犯罪行为,迅速使用防卫器械先期处置。

(4)在寄宿制学校,放学后及夜间时段,确保至少有 1 名安保人员在岗值勤。

学校应当根据上述规定细化安保人员的安全保卫职责与要求,督促安保人员履行安全保卫职责,切实保障在校学生和教职工的人身安全。

(二)物防建设规范

物防建设规范是指学校在有目的、有计划地规划和实施物防措施、建立实体防护系统(即利用建筑物、实体屏障、设施设备等防范风险事件发生的一系列活动)的过程中应当遵守的行为准则。物防建设能够有效预防和减少意外事故的发生,阻止外来人员的非法侵入,维持学校的正常秩序。学校应当按照相关规定做好物防建设,为学生和教职工构筑坚实的物理防护屏障。下面从校园周边物防建设、校园内部物防建设和校车安全管理等方面介绍学校物防建设的相关规定。

1. 校园周边物防建设

《中小学幼儿园安全防范工作规范(试行)》对围墙、校门及其周边区域等的物防建设做出了规定。对于围墙,根据该规范第九条的规定可知,学校应当设置高度不低于 2 米的围墙或者其他实体屏障,实行封闭式管理。对于校门及其周边区域,根据该规范第十一条的规定可知,学校应当针对校园周边的治安特点,设置相应的安全防控设施,强化校门及其周边区域的安全防范能力。

2. 校园内部物防建设

《中小学幼儿园安全管理办法》《中小学幼儿园安全防范工作规范(试行)》从定期检查和隐患排查,防卫器械(见图8-1)和报警、通信设备,警示标志和防护设施,消防设施,水电气设施设备,交通标志,危险物品存放等方面对学校内部物防建设做出了规定,学校应当严格遵守相关规定,做好校内的物防建设,为学生创造安全的成长环境。

校园内部物防建设的要求

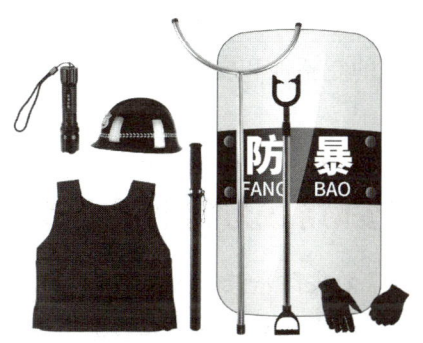

图 8-1 防卫器械

3. 校车安全管理

《校车安全管理条例》《中小学幼儿园安全管理办法》对校车安全管理做出了规定，使用校车的学校应当按照相关规定，对校车使用许可、校车安全设备、校车通行安全、校车乘车安全等进行管理和监督，建立完善的校车安全管理制度，明确乘车规则和注意事项，确保学生出行安全。

《校车安全管理条例》

（三）技防建设规范

技防建设规范是指学校在有目的、有计划地规划、设计、安装和运行各种技防设施，构建技术防护系统的过程中应当遵守的行为准则。技防即技术防范，是指利用传感、通信、计算机、信息处理与控制、生物特征识别等技术，提高风险探测能力、风险延迟能力、风险反应能力的防护手段。技防建设的内容主要包括在学校大门、教学楼、仓库、重要出入口、校园周边复杂路段等场所安装视频监控（见图8-2）、门禁系统、报警装置等。技防建设主要通过技术手段实现对学校内部环境的实时监控，能够有效增强学校对安全风险的探测能力和应对能力，从而提高学校的安全防范水平。

图 8-2 视频监控

学校应当按照相关规定，安装符合国家标准、行业标准和地方标准的安全技术防范系统。《中小学幼儿园安全防范工作规范（试行）》第十三条规定："学校安全技术防范系统的设计、评审、施工、验收、使用和维护，以及系统中所使用的产品，应当符合国家现行相关法律、法规、国家标准、行业标准、地方标准的规定。"同时，该规范第十四条对技防设施的安装做出了规定，第十五条对安全技术防范系统的维护做出了规定，学校应当按照相关规定进行安全防范，确保技防设施的完整性和安全技术防范系统的有效性。

博闻多识

智慧安防系统为校园安全保驾护航

随着相关技术的发展，传统的安防系统正由数字化、网络化，逐步走向智慧化。智慧安防系统具有多项功能，能够自动实现对异常情况的检测和识别，并及时预警或报警。例如，其门禁控制功能可以实现人员信息录入、人脸识别、人员测温数据统计等；其移动侦测功能可以通过行为分析监测异常情况，如打架斗殴、徘徊滞留、非法聚集等；其远程监控功能可以实现防尾随、周边安全防范监测、区域跨越预警等。

在校园内运用智慧安防系统，除了可以实现师生无感知刷脸出入，还可以通过人工智能实时监测通道口、走廊、楼梯等重点区域的人流密度，防范拥挤踩踏、聚众打架等安全事故的发生。一旦发现有翻越栏杆、登高等危险行为，智慧安防系统会自动发出语音提醒现场师生，并及时发送预警信息，通知安保人员进行处置。

三、校园安全的动态管理

校园安全的动态管理是指学校根据实际情况，对教育教学活动的安全管理策略和措施进行灵活调整和优化的活动过程。在学校的教育教学活动中，存在许多不稳定因素，这些不稳定因素增加了校园安全管理的难度和复杂性。通过校园安全的动态管理，学校能对这些不稳定因素进行实时监控和风险评估，进而及时发现和处理安全问题，保障学生的安全。下面从教育教学活动的安全管理和集体实践活动的安全管理两个方面介绍校园安全动态管理的相关规定。

（一）教育教学活动的安全管理

学校教育教学活动的安全管理直接关系到学生的身心健康和生命安全。在日常教育教学活动中，学校应当采取有效措施，积极预防可能发生的风险，确保教育教学活动安全有序。《中小学幼儿园安全管理办法》第二十八条第一款规定："学校在日常的教育教学活动中应当遵循教学规范，落实安全管理要求，合理预见、积极防范可能发生的风险。"该办法第三款规定："学校以及接受学生参加教育教学活动的单位必须采取有效措施，为学生活动提供安全保障。"

学校应当按照相关规定，落实教育教学活动的安全管理措施，其内容应当涵盖教育教学活动的各个环节。

例如，学校应当按照相关规定，做好体育活动的安全保护措施。《中小学幼儿园安全管理办法》第三十条规定："学校应当按照《学校体育工作条例》和教学计划组织体育教学和体育活动，并根据教学要求采取必要的保护和帮助措施。学校组织学生开展体育活动，应当避开主要街道和交通要道；开展大型体育活动及其他大型学生活动，必须经过主要街道和交通要道的，应当事先与公安机关交通管理部门共同研究并落实安全措施。"

又如，学校应当合理安排学生在下课时离开教学楼的时间及其进出教室、上下楼道的顺序，确保学生有序流动，避免人员拥挤和秩序混乱。《中小学幼儿园安全管理办法》第三十二条第一款规定："学生在教学楼进行教学活动和晚自习时，学校应当合理安排学生疏散时间和楼道上下顺序，同时安排人员巡查，防止发生拥挤踩踏伤害事故。"

总之，学校必须将安全管理纳入教育教学活动的每一个环节，为学生的健康成长提供坚实的安全保障。

(二) 集体实践活动的安全管理

集体实践活动是学校教育活动的重要组成部分，学校应当排除集体实践活动中的安全隐患，预防学生受到意外伤害。《中小学幼儿园安全管理办法》第二十九条对大型集体活动的安全管理做出了规定。根据规定，学校在组织学生参加大型集体活动时应当采取以下安全措施：① 成立临时的安全管理组织机构；② 有针对性地对学生进行安全教育；③ 安排必要的管理人员，明确其所承担的安全职责；④ 制订安全应急预案，并配备相应的设施。

同时，该办法第二十八条第二款规定："学校组织学生参加的集体劳动、教学实习或者社会实践活动，应当符合学生的心理、生理特点和身体健康状况。"

此外，根据该办法第三十三条的规定可知，学校不能组织学生参加抢险等应当由专业人员或者成人从事的活动，不得组织学生参与制作烟花爆竹、有毒化学品等具有危险性的活动，不得组织学生参加商业性活动。

除上述规定外，《中小学幼儿园安全管理办法》还对学校场地的使用、异常状况学生的相关安排做出了规定。根据该办法第三十四条的规定可知，学校不得将场地租给他人从事易燃、易爆、有毒、有害等危险品的生产、经营活动；学校不得将校园内场地出租用于停放校外机动车辆，也不得利用学校用地建设社会停车场。同时，根据该办法第三十七条第二款的规定可知，对于有异常生理或者心理状况的学生，学校应当给予适当的关注和照顾，并采取相应的措施，确保学生的安全和健康。

四、校园安全教育

校园安全教育是指学校通过一系列有计划、有组织的教育活动，给在校学生和教职工普及安全知识，以增强他们的安全防范意识和自我保护能力的工作。校园安全教育对保障学校和教职工的人身安全、促进学生的健康成长至关重要。学校应当按照相关规定，做好安全教育工作。下面介绍教职工安全教育和学生安全教育的相关规定。

(一) 教职工安全教育

教职工接受安全教育的主要形式是安全教育培训。按照组织培训的主体划分，安全教育培训可以分为有关部门组织的安全管理培训和学校组织的安全教育培训。有关部门组织的安全管理培训面向学校校长、校园安全管理的主管人员和安保人员，目的是让他们了解最新的安全管理理念，掌握相关的方法和技能，从而提高他们的安全管理能力。《中小学幼儿园安全管理办法》第四十四条规定："教育行政部门应当组织负责安全管理的主管人员、学校校长、幼儿园园长和学校负责安全保卫工作的人员，定期接受有关安全管理培训。"

学校组织的安全教育培训面向学校全体教职工，目的是通过安全讲座、安全教育研讨会、事故应急演练等途径，使他们掌握急救常识和危机处理方法，并将这些知识和技能传授给学生，以便在遇到紧急情况时他们能够有效保护学生安全，同时增强学生的自我保护意识和能力。《中小学幼儿园安全管理办法》第四十五条规定："学校应当制定教职工安全教育培训计划，通过多种途径和方法，使教职工熟悉安全规章制度、掌握安全救护常识，学会指导学生预防事故、自救、逃生、紧急避险的方法和手段。"

学校应当按照上述规定，督促学校教职工参加安全教育培训，促使他们增强安全意识和保护学生的能力。

（二）学生安全教育

学校应当将安全教育纳入日常教育教学工作，根据实际情况，有针对性地对学生开展安全教育，以全面增强学生的安全意识和自我保护能力。《中小学幼儿园安全管理办法》第三十八条规定："学校应当按照国家课程标准和地方课程设置要求，将安全教育纳入教学内容，对学生开展安全教育，培养学生的安全意识，提高学生的自我防护能力。"该办法第三十九条规定："学校应当在开学初、放假前，有针对性地对学生集中开展安全教育。新生入校后，学校应当帮助学生及时了解相关的学校安全制度和安全规定。"

学生安全教育的内容主要包括实验用品安全防护教育、用水用电安全教育、防火防盗安全教育、交通安全教育、消防安全教育、防溺水安全教育等。

《中小学幼儿园安全管理办法》第四十条规定："学校应当针对不同课程实验课的特点与要求，对学生进行实验用品的防毒、防爆、防辐射、防污染等的安全防护教育。学校应当对学生进行用水、用电的安全教育，对寄宿学生进行防火、防盗和人身防护等方面的安全教育。"

该办法第四十一条规定："学校应当对学生开展安全防范教育，使学生掌握基本的自我保护技能，应对不法侵害。学校应当对学生开展交通安全教育，使学生掌握基本的交通规则和行为规范。学校应当对学生开展消防安全教育，有条件的可以组织学生到当地消防站参观和体验，使学生掌握基本的消防安全知识，提高防火意识和逃生自救的能力。学校应当根据当地实际情况，有针对性地对学生开展到江河湖海、水库等地方戏水、游泳的安全卫生教育。"

学校应当严格遵守上述规定，对学生进行安全教育，使他们掌握基本的安全知识和自我保护技能，提高对潜在危险的识别能力，从而降低意外伤害事故发生的概率。

除进行安全教育外，学校还应当按照相关规定，定期组织学生和教职工进行事故应急演练。《中小学幼儿园安全管理办法》第四十二条规定："学校可根据当地实际情况，组织师生开展多种形式的事故预防演练。学校应当每学期至少开展一次针对洪水、地震、火灾等灾害事故的紧急疏散演练，使师生掌握避险、逃生、自救的方法。"

如果学校不按照相关规定履行安全管理和安全教育的职责，那么学校主要负责人和其他直接责任人将会受到相应的处分或者处罚。根据《中小学幼儿园安全管理办法》第六十二条的规定，学校不履行安全管理和安全教育职责，对重大安全隐患未及时采取措施的，有关主管部门应当责令其限期改正；拒不改正或者有下列情形之一的，教育行政部门应当对学校负责人和其他直接责任人员给予行政处分；构成犯罪的，依法追究刑事责任：① 发生重大安全事故、造成学生和教职工伤亡的；② 发生事故后未及时采取适当措施、造成严重后果的；③ 瞒报、谎报或者缓报重大事故的；④ 妨碍事故调查或者提供虚假情况的；⑤ 拒绝或者不配合有关部门依法实施安全监督管理职责的。《中华人民共和国民办教育促进法》及其实施条例另有规定的，依其规定执行。

时代楷模

地震中实现零伤亡的"最牛校长"

"我一生的梦想就是办一所好学校。"这是四川省绵阳市安县（今安州区）桑枣中学原校长叶志平生前常挂在嘴边的一句话。为了这个梦想，叶志平除了严抓教学工作，还十分重视校园安全管理。

自从担任桑枣中学的校长起，叶志平就对一栋存在安全隐患的实验教学楼持续进行改造加固。他请来正规的建筑公司，重新为楼板灌注了混凝土，并将整栋楼的22根承重柱加粗。对学校后来新建的教学楼，他更是严要求、细观察。

叶志平不仅执着于修建结实的教学楼，还执着于在校内开展安全应急演练。从2005年开始，他每学期都会组织一次全校应急疏散演练。学校为每个班规定了疏散路线，要求两个班的学生在疏散时合用一个楼梯，而且每个班的学生必须排成单行。此外，学校对每个班的学生在教室里怎样疏散，以及疏散到操场上的哪个位置都做出了明确规定。

他还规定，学校每周二要对学生进行安全教育，由教师专门讲解交通安全和饮食卫生等方面的知识。

"5·12"汶川特大地震来袭时，全校2 000多名师生从不同的教学楼和教室迅速冲到操场，并以班级为单位站好。叶志平和全体师生共同创造了零伤亡的奇迹，他也因此被人们亲切地称为"最牛校长"。

（资料来源：吴浩，《绵阳桑枣中学原校长叶志平：地震中学校零伤亡的"最牛校长"》，《四川日报》2019年8月4日，有改动）

学以致用

安全知识竞答活动

活动目的

学生应通过安全知识竞答活动，加强对校园安全管理工作的认识和理解，熟悉学校人防建设、物防建设、技防建设、安全教育的相关规定。

活动要求

（1）竞答题目应围绕校园安全的静态管理与动态管理、校园安全教育设计。

"学以致用"
实训报告 8-1

项目八　牢筑安全防线，保障师生安全

（2）教师读题完毕，各组组长举手争夺答题机会。
（3）各组每次选派的答题者不能重复。

活动过程

各组成员分工合作，参照表 8-1 所示的内容，开展实践活动。

表 8-1　活动名称及实施步骤

活动名称	实施步骤
准备工作	（1）全班学生按照 4~6 人为一组，分成若干小组，并选出组长
	（2）各组成员复习所学知识，准备安全知识竞答的题目及其答案
安全知识竞答	（3）各组组长将准备好的竞答题目交给教师，教师随机抽取题目并读题
	（4）各组成员抢答题目，答对者加 1 分，答错者减 1 分。抢答结束时，小组得分多者获胜
活动小结	（5）安全知识竞答活动结束后，教师对本次活动进行总结

心得体会

_____
_____
_____

任务二　掌握安全事故处理方法

情景导入

拔河比赛中的学生伤害事故

某小学计划组织一场拔河比赛。尽管比赛当天刮起了风，但鉴于风力不会对拔河比赛的效果造成实质性影响，学校决定如期举行活动。比赛开始后，拔河绳中央用于标示比赛胜负的红布条总是随风飘动，于是，相关人员便在红布条下端系上了一个直径 2.4 厘米的铁螺母。比赛正在激烈进行时，拔河绳突然绷断。红布条上的螺母因惯性被甩起，直接砸向学生刘某的头部。教师们随即将刘某送往医院，最终，刘某被诊断为重度开放性颅脑损伤，其认知能力、语言能力和运动能力将受到严重影响。

任务清单

（1）上述案例中，学校是否应对学生伤害事故承担责任并做出赔偿？为什么？

（2）学校应当承担事故责任的情形有哪些？

安全事故处理是指在发生安全事故后，学校采取的一系列应对措施。安全事故的有效处理能够最大限度地减少事故对学生造成的伤害，保护学生的生命安全，并减轻事故带来的负面影响。学校应当按照相关规定，做好安全事故处理工作。

《学生伤害事故处理办法》对学生伤害事故责任人的主要职责，以及事故发生后的追责与处理做出了详细的规定。该办法第三条规定："学生伤害事故应当遵循依法、客观公正、合理适当的原则，及时、妥善地处理。"学校应当遵循上述原则，依法建立安全事故处理机制，以便及时、妥善地应对安全事故。

一、安全事故与归责情形

按照事故责任的主体划分，安全事故可分为学校责任事故、学生监护人责任事故、第三方责任人事故、学校意外事故和其他责任事故。其中，学校责任事故是指学校因故意或者过失（疏忽大意或者存有侥幸心理）而未尽到相应的职责与义务，由此造成的学生伤害事故。学生监护人责任事故是指由学生或者监护人的过错造成的学生伤害事故。第三方责任事故是指由学校、学生及监护人以外的主体的过错造成的学生伤害事故。学校意外事故是指在学校已经履行相应的职责、行为并无不当的情况下，由不可预料、不可避免的情形造成的学生伤害事故。其他责任事故是指在学校行为并无不当的情况下，由学校职责范围外的其他因素造成的学生伤害事故。

不同类型的安全事故，由其相应的事故责任主体依法承担责任。《学生伤害事故处理办法》明确规定了不同类型学生伤害事故的归责情形，具体如下。

（一）学校应当承担事故责任的情形

《学生伤害事故处理办法》第九条对学校应当承担事故责任的情形做出了规定。根据规定，由下列情形之一造成的学生伤害事故，学校应当依法承担相应的责任。

（1）学校的校舍、场地、其他公共设施，以及学校提供给学生使用的学具、教育教学和生活设施、设备不符合国家规定的标准，或者有明显不安全因素的。

（2）学校的安全保卫、消防、设施设备管理等安全管理制度有明显疏漏，或者管理混乱，存在重大安全隐患，而未及时采取措施的。

（3）学校向学生提供的药品、食品、饮用水等不符合国家或者行业的有关标准、要求的。

（4）学校组织学生参加教育教学活动或者校外活动，但未对学生进行相应的安全教育，并未在可预见的范围内采取必要的安全措施的。

（5）学校知道教师或者其他工作人员患有不适宜担任教育教学工作的疾病，但未采取必要措施的。

（6）学校违反有关规定，组织或者安排学生从事未成年人不宜参加的劳动、体育运动或者其他活动的。

（7）学生有特异体质或者特定疾病，不宜参加某种教育教学活动，学校知道或者应当知道，但未予以必要的注意的。

（8）学生在校期间突发疾病或者受到伤害，学校发现，但未根据实际情况及时采取相应措施，导致不良后果加重的。

（9）教师或者其他工作人员体罚或者变相体罚学生，或者在履行职责过程中违反工作要求、操作规程、职业道德或者其他有关规定的。

（10）教师或者其他工作人员在负有组织、管理学生的职责期间，发现学生行为具有危险性，但未进行必要的管理、告诫或者制止的。

（11）对学生擅自离校等与学生人身安全直接相关的信息，学校发现或者知道，但未及时告知学生的监护人，导致学生因脱离监护人的保护而发生伤害的。

（12）学校有未依法履行职责的其他情形的。

上述规定明确了学校应当承担事故责任的情形，同时也对学校的安全管理工作提出了要求。学校应当加强对校舍、场地、设施设备、教具、食品与药品、教育教学活动等方面的安全管理，为学生提供全面的安全保障。

（二）学生监护人应当承担事故责任的情形

《学生伤害事故处理办法》第十条对学生监护人应当承担事故责任的情形做出了规定。根据规定，由下列情形之一造成的学生伤害事故，学生监护人应当依法承担相应的责任。

（1）学生违反法律法规的规定，违反社会公共行为准则、学校的规章制度或者纪律，实施按其年龄和认知能力应当知道具有危险或者可能危及他人的行为的。

（2）学生的行为具有危险性，学校、教师已经告诫、纠正，但学生不听劝阻、拒不改正的。

（3）学生监护人知道学生有特异体质，或者患有特定疾病，但未告知学校的。

（4）学生的身体状况、行为、情绪等有异常情况，监护人知道或者已被学校告知，但未履行相应的监护职责的。

（5）学生监护人有其他过错的。

（三）第三方责任人应当承担事故责任的情形

根据《学生伤害事故处理办法》第十一条的规定可知，学校安排学生参加活动，由提供场地、设备、交通工具、食品及其他消费与服务的经营者，或者学校以外的活动组织者的过错所造成的学生伤害事故，有过错的当事人应当依法承担相应的责任。例如，某学校组织学生参加校外活动，租用了某公司的大型客车。在去活动现场的途中，司机疲劳驾驶导致客车发生侧翻，车上学生均受到了不同程度的伤害。该事故就属于第三方责任事故，主要由客车所属公司及司机承担事故责任。

（四）学校无法律责任的情形

无法律责任是指在特定情形下，个人或者组织不需要对事故承担法律上的责任。《学生伤害事故处理办法》第十二条对学校无法律责任的情形做出了规定。根据规定，由下列情形造成的学生伤害事故，学校已履行了相应职责，且行为并无不当的，无法律责任。

（1）地震、雷击、台风、洪水等不可抗的自然因素造成的。

（2）来自学校外部的突发性、偶发性侵害造成的。

（3）学生有特异体质、特定疾病或者异常心理状态，学校不知道或者难于知道的。

（4）学生自杀、自伤的。

（5）在对抗性或者具有风险性的体育竞赛活动中发生意外伤害的。

（6）其他意外因素造成的。

需要注意的是，学校无法律责任并不等同于其在道德上或者伦理上无责任。也就是说，学校可能需要承担道德责任等其他责任。因此，学校即使无法律责任，也应当采取适当的措施预防意外伤害的发生或者减轻意外伤害的后果，尽力确保学生的安全。

（五）学校不承担事故责任的情形

《学生伤害事故处理办法》第十三条对学校不承担事故责任的情形做出了规定。根据规定，下列情形下发生的造成学生人身损害后果的事故，学校行为并无不当的，不承担事故责任。

（1）在学生自行上学、放学、返校、离校途中发生的。

（2）在学生自行外出或者擅自离校期间发生的。

（3）在放学后、节假日或者假期等学校工作时间以外，学生自行滞留学校或者自行到校发生的。

（4）其他在学校管理职责范围外发生的。

上述情形下发生的学生伤害事故，其责任应当按照有关法律法规或者其他有关规定认定。

此外，《学生伤害事故处理办法》第十四条规定："因学校教师或者其他工作人员与其职务无关的个人行为，或者因学生、教师及其他个人故意实施的违法犯罪行为，造成学生人身损害的，由致害人依法承担相应的责任。"

> **课证融通**
>
> （2024年上半年小学教师资格考试"综合素质"卷 单选题）李某和张某同为某校学生，二人在校内发生了争执。李某父亲是该校教师。放学后，李某父亲在回家路上打伤了张某。在这起事故中，应承担赔偿责任的是（　　）。
>
> A．李某父亲　　　　　　　　B．学校和李某父亲
> C．张某父亲　　　　　　　　D．学校
>
> 解析：本题主要考查安全事故归责情形的相关知识。《学生伤害事故处理办法》第十四条规定："因学校教师或者其他工作人员与其职务无关的个人行为，或者因学生、教师及其他个人故意实施的违法犯罪行为，造成学生人身损害的，由致害人依法承担相应的责任。"题干中，李某父亲虽为学校教师，但其打伤学生张某的行为是在放学后实施的与其职务无关的个人行为。那么，造成的学生人身伤害，应由李某父亲依法承担相应的责任。因此，本题选 A。

> **小贴士**
>
> 不承担事故责任不同于无法律责任。前者是指学校在某些特定情况下，无须对学生伤害事故承担法律责任，它强调事故责任的归属，即虽有事故责任但予以免除；后者是指在某些特定情况下，学校在法律上没有义务或者责任去承担由学生伤害事故所引发的法律后果，它强调法律意义上的责任免除。两者的适用情形不同。

二、安全事故处理程序

《学生伤害事故处理办法》对安全事故处理的程序做出了规定，当发生安全事故时，学校应当按照法律法规的相关规定，妥善处理安全事故。

（一）及时救助

在发生安全事故时，学校应当及时采取救助措施，并通知受伤害学生家长。《学生伤害事故处理办法》第十五条规定："发生学生伤害事故，学校应当及时救助受伤害学生，并应当及时告知未成年学生的监护人；有条件的，应当采取紧急救援等方式救助。"同时，《中小学幼儿园安全管理办法》第五十六条规定："校园内发生火灾、食物中毒、重大治安等突发安全事故以及自然灾害时，学校应当启动应急预案，及时组织教职工参与抢险、救助和防护，保障学生身体健康和人身、财产安全。"这要求学校必须建立完善的应急响应机制，确保在发生事故时能及时采取措施，保障学生的安全。

（二）向上报告

当发生安全事故且情形严重时，学校应当及时向有关部门报告，以便有关部门能够及时了解情况并采取适当的措施（如指派专业人员指导学校的救援工作等）。《学生伤害事故处理

办法》第十六条规定："发生学生伤害事故，情形严重的，学校应当及时向主管教育行政部门及有关部门报告；属于重大伤亡事故的，教育行政部门应当按照有关规定及时向同级人民政府和上一级教育行政部门报告。"

（三）恢复秩序

在发生安全事故后，学校应当尽快恢复正常的教育教学秩序，确保学生的生活和学习不受过多影响。在这个过程中，学校可以请求有关部门支持和协助，依靠有关部门的专业力量应对和处理事故。《学生伤害事故处理办法》第十七条规定："学校的主管教育行政部门应学校要求或者认为必要，可以指导、协助学校进行事故的处理工作，尽快恢复学校正常的教育教学秩序。"

（四）做好善后

在发生安全事故后，学校应当妥善安抚受伤害学生及其家长，做好善后工作。具体而言，学校与受伤害学生家长可以通过以下几种方式商讨事故处理方案。

（1）协商。《学生伤害事故处理办法》第十八条第一款规定，"发生学生伤害事故，学校与受伤害学生或者学生家长可以通过协商方式解决"。

（2）调解。根据《学生伤害事故处理办法》第十八条第一款的规定，学校与受伤害学生家长双方自愿，可以书面请求主管教育行政部门进行调解。

（3）诉讼。协商和调解都是在双方自愿的基础上进行的，如果受伤害学生的家长不愿意协商或者调解，则可以依法直接提起诉讼。《学生伤害事故处理办法》第十八条第二款规定："成年学生或者未成年学生的监护人也可以依法直接提起诉讼。"

调解的原则

总之，在发生安全事故后，学校应当积极与受伤害学生家长进行沟通，寻求合理的解决方案。同时，学校应当遵循法律法规的相关规定，在维护受伤害学生的合法权益的同时，确保自身的合法权益不受侵害。

（五）汇报结果

在事故处理结束后，学校应当对事故的处理过程和结果进行总结，并将事故处理结果以书面形式报告给有关部门，以便有关部门全面了解事故情况，更好地指导和监督学校的工作，预防类似事故的再次发生。《学生伤害事故处理办法》第二十二条规定："事故处理结束，学校应当将事故处理结果书面报告主管的教育行政部门；重大伤亡事故的处理结果，学校主管的教育行政部门应当向同级人民政府和上一级教育行政部门报告。"

三、安全事故损害的赔偿责任

《学生伤害事故处理办法》对安全事故损害的赔偿责任做出了规定。该办法第二十三条

项目八 牢筑安全防线,保障师生安全

规定:"对发生学生伤害事故负有责任的组织或者个人,应当按照法律法规的有关规定,承担相应的损害赔偿责任。"同时,该办法第二十四条第一款规定:"学生伤害事故赔偿的范围与标准,按照有关行政法规、地方性法规或者最高人民法院司法解释中的有关规定确定。"根据该办法的规定,安全事故损害的赔偿责任主要包括学校的赔偿责任、学校工作人员的赔偿责任、学生监护人的赔偿责任。

(一)学校的赔偿责任

学校对安全事故负有责任时,应当根据责任的大小,给予受伤害学生适当的经济赔偿,如医疗费用、交通费用、护理费用等,赔偿金额应根据实际情况确定,不能过高或过低;赔偿范围仅限于与救助受伤害学生、赔偿相应经济损失有直接关系的事项。《学生伤害事故处理办法》第二十六条第一款规定:"学校对学生伤害事故负有责任的,根据责任大小,适当予以经济赔偿,但不承担解决户口、住房、就业等与救助受伤害学生、赔偿相应经济损失无直接关系的其他事项。"

同时,该办法第二十六条第二款规定:"学校无责任的,如果有条件,可以根据实际情况,本着自愿和可能的原则,对受伤害学生给予适当的帮助。"这些帮助通常包括为受伤害学生提供心理辅导、协助有关部门解决学生家庭困难等,以体现学校的人文关怀和社会责任。

(二)学校工作人员的赔偿责任

对于由学校工作人员的过错造成的学生伤害事故,学校在赔偿后可以依法向相关工作人员进行追偿。《学生伤害事故处理办法》第二十七条规定:"因学校教师或者其他工作人员在履行职务中的故意或者重大过失造成的学生伤害事故,学校予以赔偿后,可以向有关责任人员追偿。"这意味着学校可以要求相关工作人员承担部分或全部赔偿费用,以弥补学校的经济损失。同时,学校应当加强对工作人员的安全培训和教育,增强他们的安全意识和责任意识,降低由个人过失造成学生伤害事故的发生概率。

 修身笃学

学生烫伤的赔偿责任

某小学的贾老师在下课期间,端了一杯开水在教室外行走。在经过教室门口时,一年级学生小宇突然跑出来撞到了贾老师身上。贾老师被撞到后,杯中的开水洒了出来,烫伤了小宇。贾老师见状,立即带小宇去医务室进行初步处理,并通知了小宇的家长。随后,小宇被送往医院治疗。经医生诊断,小宇的右耳、颈部、右肩等多处重度烧伤。小宇家长共支付了1.7万余元医疗费。小宇家长要求学校承担赔偿责任,但学校认为这笔医疗费应由贾老师支付。

请思考:学校应如何处理小宇烫伤的赔偿责任?

（三）学生监护人的赔偿责任

当学生的行为侵害了学校工作人员的合法权益（如财产权、隐私权等）且造成损失时，学生监护人应依法给予被侵害人赔偿。《学生伤害事故处理办法》第二十八条第二款规定："学生的行为侵害学校教师及其他工作人员以及其他组织、个人的合法权益，造成损失的，成年学生或者未成年学生的监护人应当依法予以赔偿。"

四、对安全事故责任者的处理

《学生伤害事故处理办法》对安全事故责任者的处理做出了规定。有关部门应按照相关规定，对学校有关责任人、学校、家长和其他人员做出相应的处理。

（一）对学校有关责任人的处理

学校对安全事故负有责任，且事故情节严重的，有关部门应依法对学校的有关责任人做出相应的处理。《学生伤害事故处理办法》第三十二条规定："发生学生伤害事故，学校负有责任且情节严重的，教育行政部门应当根据有关规定，对学校的直接负责的主管人员和其他直接责任人员，分别给予相应的行政处分；有关责任人的行为触犯刑律的，应当移送司法机关依法追究刑事责任。"

（二）对学校的处理

对于存在重大安全隐患的学校，有关部门应责令其限期整顿，以消除安全隐患；对于不积极解决问题的学校，有关部门应依法做出相应的处理。《学生伤害事故处理办法》第三十三条规定："学校管理混乱，存在重大安全隐患的，主管的教育行政部门或者其他有关部门应当责令其限期整顿；对情节严重或者拒不改正的，应当依据法律法规的有关规定，给予相应的行政处罚。"

（三）对家长和其他人员的处理

对于在事故处理过程中扰乱学校正常的教育教学秩序或者侵犯学校及其工作人员的合法权益的家长或者其他人员，学校应当依法采取相应的措施。《学生伤害事故处理办法》第三十六条规定："受伤害学生的监护人、亲属或者其他有关人员，在事故处理过程中无理取闹，扰乱学校正常教育教学秩序，或者侵犯学校、学校教师或者其他工作人员的合法权益的，学校应当报告公安机关依法处理；造成损失的，可以依法要求赔偿。"

总之，保护学生安全是学生家庭、学校和社会的共同责任，三方要共同努力，各负其责，为学生筑起安全防线，保障学生安全、健康地成长。

学以致用

安全事故处理情景模拟

活动目的

学生应通过安全事故处理情景模拟，加强对安全事故处理程序的认识，提高运用相关法律规定解决实际问题的能力。

"学以致用"
实训报告 8-2

活动要求

（1）各组设定的安全事故应当较为常见，且具有典型性。
（2）各组的情景模拟应当尽量生动，以便给观看者留下深刻的印象。
（3）活动结束后，每人写一篇总结，内容应当包括自己参与情景模拟的感受和观看情景模拟的体会。

活动过程

各组成员分工合作，参照表 8-2 所示的内容，开展实践活动。

表 8-2　活动名称及实施步骤

活动名称	实施步骤
准备工作	（1）全班学生按照 4~6 人为一组，分成若干小组，并选出组长
	（2）各组成员通过多种渠道搜集相关资料并构思安全事故（如学生受伤、发生火灾等）处理情景
	（3）各组成员分配角色，并进行排练
实施过程	（4）各组轮流进行情景模拟
	（5）各组在观看其他组的安全事故处理情景模拟时，认真记录情景模拟的主要内容，包括情景模拟中的合规行为、违规行为，以及小组成员之间的配合情况等
活动小结	（6）情景模拟结束后，各组组长和教师担任评委，从事故责任判定、事故处理流程、事故责任者的处理等方面对各组的活动成果进行评价，并投票选出"最佳团队协作奖"

心得体会

项目检测

一、不定项选择题

1. 校园安全静态管理的相关规定包括（　　）。
   A．人防建设规范　　　　　　　　B．物防建设规范
   C．技防建设规范　　　　　　　　D．消防建设规范

2. 学校在教学楼进行教育教学活动时，应当（　　）。
   A．避开主要街道和交通要道
   B．制订接送的交接制度
   C．合理安排学生在下课时离开教学楼的时间及其进出教室、上下楼道的顺序
   D．安排人员巡查

3. 根据《中小学幼儿园安全管理办法》的规定，学校在组织学生参加大型集体活动时，做法错误的是（　　）。
   A．安排必要的管理人员，明确其所承担的安全职责
   B．在主要街道上开展相关活动
   C．成立临时的安全管理组织机构
   D．制订安全应急预案，并配备相应的设施

4. 根据《中小学幼儿园安全管理办法》的规定，如果学校不按照相关规定履行安全管理和安全教育的职责，那么学校主要负责人和其他直接责任人将会受到相应的处分或者处罚的情形有（　　）。
   A．发生重大安全事故、造成学生和教职工伤亡的
   B．发生事故后未及时采取适当措施、造成严重后果的
   C．瞒报、谎报或者缓报重大事故的
   D．妨碍事故调查或者提供虚假情况的

5. 某个学生因体质特殊，不宜参加体育活动，学校知道该情况但未给予必要的照护。这种情形造成的学生伤害事故，应当由（　　）承担事故责任。
   A．学校　　　　　　　　　　　　B．学校和学生的监护人
   C．教师　　　　　　　　　　　　D．学生的监护人

6. 下列有关对安全事故责任者处理的说法中，正确的是（　　）。
   A．对于存在重大安全隐患的学校，有关部门应责令其限期整顿
   B．发生学生伤害事故，学校有关责任人的行为触犯刑律的，应当给予相应的行政处分
   C．受伤害学生的家属若在事故处理过程中无理取闹，学校可以报告公安机关依法处理
   D．受伤害学生的家属若在事故处理过程中给学校造成损失的，学校可以依法要求赔偿

二、判断题

1. 校园安全管理应遵循积极预防、依法管理、社会参与、各负其责的方针。（ ）
2. 防卫器械、通信设备、消防设施、门禁系统、交通标志均属于物防设施设备。（ ）
3. 技术防范是指利用传感、通信、计算机、信息处理与控制、生物特征识别等技术，提高风险探测能力、风险延迟能力、风险反应能力的防护手段。（ ）
4. 地震、雷击、台风、洪水等不可抗的自然因素造成的安全事故，学校应承担事故责任。（ ）
5. 学校对安全事故负有责任时，应根据责任的大小，给予受伤害学生适当的经济赔偿。（ ）

三、简答题

1. 简述校园安全的动态管理规范。
2. 简述校园安全教育的内容。
3. 简述不同类型学生伤害事故的归责情形。
4. 在哪些情形下，学校应当对学生承担安全事故责任？
5. 简述学校处理安全事故的程序。

四、案例分析题

某小学的王老师在组织一年级学生开展户外活动时，采取了全面的安全防护措施，并时刻提醒学生注意安全。在活动过程中，学生昊昊突然晕倒，并从高处跌落至地面。王老师见状，立即将昊昊送到医务室进行抢救，并通知了昊昊的家长李某。当昊昊苏醒后，王老师和李某一起将昊昊送往医院接受进一步的诊治。经医院诊断，昊昊患有严重的缺铁性贫血症，这导致昊昊晕倒跌落、右手骨折。对于昊昊患病这一事实，学校并不知情，李某也从未告知学校相关情况。事后，李某认为昊昊是在学校晕倒并受伤的，学校应当承担一定的赔偿责任，于是请求学校给予赔偿。学校拒绝了李某的请求。此后，李某便每天到学校闹事，严重扰乱了学校正常的教育教学秩序。

（1）王老师在发现昊昊晕倒后所采取的措施是否符合法律规定？
（2）对于昊昊晕倒并受伤这件事，学校应当承担责任吗？
（3）面对李某闹事这种情况，学校应当如何处理？

预期学习成果评价

教师应对学生的理论知识学习情况、实践技能掌握情况、素养目标达成情况、实践活动成果等进行评价，请各位学生配合指导教师共同完成预期学习成果评价表（见表8-3）。

表8-3 预期学习成果评价表

班级		姓名		学号		
组号		指导教师		日期		
评价维度	评价标准		分值	评分		
				自评	互评	师评
基本知识 35分	能够阐述校园安全管理的重要性、方针和内容		6			
	能够简要概括校园安全的静态管理规定和动态管理规定		10			
	能够简述校园安全教育的内容		4			
	能够简述安全事故的归责情形和处理程序		6			
	能够简述安全事故损害赔偿责任的规定		4			
	能够简述对安全事故责任者的处理规定		5			
实践技能 30分	能够正确判断校园的安全防护工作是否到位，并提出改进建议		10			
	能够遵守相关法律法规，保障学生的在校安全		10			
	能够认识到校园安全管理的重要性，并积极提升自己的安全意识		10			
综合素质 20分	能够按时、按要求完成所有的课堂互动、实践活动		10			
	具有良好的语言表达能力和较强的逻辑思维能力，能够与团队成员相互协作、积极沟通		10			
活动成果 15分	小组分工明确，团队成员积极参与答题		5			
	情景模拟生动、组员配合默契		5			
	交流分享时表述清晰、准确、生动		5			
	合计		100			
总评	自评（30%）+互评（30%）+师评（40%）=					
教师评语				教师（签名）：		

参考文献

[1] 余维武，朱丽．教师的职业道德修养［M］．福州：福建教育出版社，2019．

[2] 钱焕琦．教师职业道德［M］．上海：华东师范大学出版社，2020．

[3] 檀传宝．教师职业道德［M］．北京：北京师范大学出版社，2020．

[4] 曲中林，李静．教师职业道德［M］．北京：北京师范大学出版社，2020．

[5] 雷明，王妍，杨丹凤．教师职业道德与教育法律法规［M］．北京：清华大学出版社，2022．

[6] 付世秋，吴津钰．教育政策法规与教师职业道德［M］．北京：清华大学出版社，2022．

[7] 王萍．教师职业道德［M］．北京：北京师范大学出版社，2024．

[8] 付世秋，石育澄．教师职业道德与教育政策法规［M］．北京：清华大学出版社，2024．